河南省"十四五"普通高等教育规划教材

智能财税科技实用教程（下册）

——电子票据验签技术与应用

孙飞显　靳晓婷◎主　编
库向芳◎副主编

中国铁道出版社有限公司
CHINA RAILWAY PUBLISHING HOUSE CO., LTD.

内 容 简 介

本书是河南省"十四五"普通高等教育规划教材，以高素质应用型复合人才培养为目标，以智能财税科技应用为主线，以电子票据工程信息系统应用为重点，以财政电子票据管理服务平台为抓手，以"立体"教材的形式，按照由浅入深、从易到难的规律，以任务驱动的方式，在概述电子票据含义、电子发票、全电发票、非税收入电子票据、财政电子票据等基础知识的基础上，重点讲述电子票据的制样与赋码、电子票据生成过程数字签名、电子票据传输与数据交换、电子票据验签与查验、电子票据存储技术与应用、电子票据入账归档等实用知识，并以实际电子票据管理服务平台为例进行分析。

本书适合作为应用型本科、职业教育本科智能财税、财税科技等相关课程的教材，也可供计算机科学与技术、数据科学与大数据技术、智能科学与技术等计算机类本科专业学生开发、运维信息工程类项目参考。

图书在版编目（CIP）数据

智能财税科技实用教程．下册，电子票据验签技术与应用 / 孙飞显，靳晓婷主编．—北京：中国铁道出版社有限公司，2023.6
河南省"十四五"普通高等教育规划教材
ISBN 978-7-113-30251-1

Ⅰ. ①智… Ⅱ. ①孙…②靳… Ⅲ. ①财税 - 管理信息系统 - 高等学校 - 教材 ②税收管理 - 管理信息系统 - 应用软件 - 高等学校 - 教材 Ⅳ. ① F810-39 ② F812.423-39

中国国家版本馆 CIP 数据核字（2023）第 089969 号

书　　名：智能财税科技实用教程（下册）——电子票据验签技术与应用
作　　者：孙飞显　靳晓婷

策　　划：祁　云　　　　**编辑部电话：**（010）63549508
责任编辑：陆慧萍　包　宁
封面设计：刘　颖
责任校对：苗　丹
责任印制：樊启鹏

出版发行：中国铁道出版社有限公司（100054，北京市西城区右安门西街 8 号）
网　　址：http://www.tdpress.com/51eds/
印　　刷：三河市燕山印刷有限公司
版　　次：2023 年 6 月第 1 版　2023 年 6 月第 1 次印刷
开　　本：787 mm × 1 092 mm　1/16　**印张：**15　**字数：**410 千
书　　号：ISBN 978-7-113-30251-1
定　　价：45.00 元

前言

推进数字中国、数字政府建设，是以习近平同志为核心的党中央从推进国家治理体系和治理能力现代化全局出发，准确把握全球数字化、网络化、智能化发展趋势和特点而做出的重大决策部署。依托计算机和网络技术手段，完善和推广运用非税收入征管系统票据管理功能，实现电子开票、自动核销、信息共享、强化监督、高效便民，充分发挥财政电子票据“以票管收”的作用，已成为财政票据电子化管理的必然趋势。2020年以来，围绕财政“强监管”、单位“提效率”、群众“少排队”的改革目标，全国各地的高校、医院、公安等行政事业单位的非税收入收缴电子化和财政电子票据管理改革全面展开并普及应用。

在此背景下，为了顺应科技进步和社会经济发展趋势，顺应数字中国和数字政府建设要求，顺应财政电子票据管理创新模式应用，满足财政电子票据管理改革需求，顺应“计算机+财税”“财税+科技”“智能财经”等跨学科、高素质、应用型技能人才培养的需要，特编写了本书。

本书具有如下特点:

（1）突出应用——内容坚持“理论以必需、够用为度，实践以实际应用为目的”的原则，紧跟财税票据电子化、办事网络化、管理智能化等实际，体现“计算机+财税”“财税+科技”复合、应用型特点。

（2）紧跟时代步伐——以电子票据为主线，以财政电子票据的“制样、赋码、开具、传输、查验、入账和归档”管理流程为线索，在概述电子票据之后，重点阐释财政电子票据的制样与赋码、电子票据生成过程数字签名、电子票据传输与数据交换、电子票据签名验证与查验、电子票据存储技术、电子票据入账归档等实用知识。

（3）真实案例——以官网公示的实际电子票据管理服务平台为案例，阐释项目目标、需求分析、建设方案、技术路线等内容。

本书由孙飞显、靳晓婷任主编，库向芳任副主编，黄勇、李坡涛参与编写。具体分工如下：库向芳编写第1章和附录，孙飞显编写第2、3、4章，李坡涛编写第5章，黄勇编写第6章，靳晓婷编写第7、8章。全书由孙飞显负责统稿、定稿。

本书在编写过程中，参考了财政部、航天信息股份有限公司、国家信息安全技术研究中心、福建博思软件股份有限公司、马鞍山市人民政府等相关部门及单位的资料，以及一些国内外的学术专著、教材和相关研究成果，谨向相关部门及作者表示诚挚的感谢！中国铁道出版社有限公司的编辑为本书的出版倾注了大量心血，在此表示诚挚的谢意。

由于编者水平有限，书中疏漏与不足之处难免，还请广大同仁和读者不吝赐教。

编　者

2023 年 2 月

目录

第1章

电子票据概述

本章以企业、行政事业等单位的常见业务往来凭证为例，在简要说明什么是电子票据的基础上，概述涉税的电子发票及非税电子票据的基础知识，并重点以甘肃省为例说明财政电子票据及其应用情况，最后概述电子发票和非税电子票据平台的相关知识。通过学习，旨在让读者知悉电子票据及其使用、应用情况，了解信息技术在财税科技领域的应用，为将来从事财税科技的设计开发、现实应用、运行维护等工作打下基础。

1.1 电子票据是什么

1.1.1 电子票据的概念

票据的概念有广义和狭义之分。广义上的票据包括各种有价证券和凭证，如股票、企业债券、发票、提单等；狭义上的票据，即我国《票据法》中规定的“票据”，包括汇票、银行本票和支票，是指由出票人签发的、约定自己或者委托付款人在见票时或指定的日期向收款人或持票人无条件支付一定金额的有价证券。

电子票据是将实物票据电子化，可以如同实物票据一样进行转让、贴现、质押、托收等行为。非税电子票据就是指各级国家政府部门、事业单位、社会团体以及其他组织依据有关法律、法规和省人民政府有关规定，征收或者收取非税收入时，向缴款义务人开具的收（缴）款凭证，非税电子票据是单位财务收支的法定凭证和会计核算的原始凭证，是财政、审计、监察等部门和非税收入管理机构进行监督检查的重要依据。

随着新一代信息技术的不断发展，以及电子票据的流转效率高、操作便捷、安全性好、交易方式灵活和存续期限长等优点，电子票据不仅应用于企业，而且在国家机关、事业单位、具有公共管理或者公共服务职能的社会团体等机构陆续开始应用，实现了数字赋能，达到了提质增效目的。

为简单起见，此处以企业电子票据业务为例，主要罗列企业常见的电子票据业务类型和操作如下：

① 企业申请开办电子票据业务。

② 企业网上申请、签发电子票据。

③ 企业电子票据背书转让。

④ 企业网上申请电子票据贴现。

⑤ 托收电子票据，出票行兑付。

⑥ 追索、清偿。

电子票据银行方业务：

① 转贴现（买断式与回购式）。

② 再贴现（买断式与回购式）。

1.1.2 电子票据与纸质票据的区别

电子票据借鉴和继承了纸质票据的基本功能，包括票据签发、转让、承兑、付款等行为，但两者存在诸多差异和区别，具体包括以下几个方面：

1. 载体形式不同

传统票据存在形式是纸质票据，属于客观实体，票据权利和纸质票据密不可分。而电子票据是通过数据电文制作而成，不存在具象化的权利载体，其存在形式是数据信息，但国家规定：电子数据所承载的证据信息并不依附于其存储介质，且电子数据与其存储介质之间具有独立性和可分离性。

2. 形式要件不同

电子票据与纸质票据形式要件不同，主要有以下三个方面：一是从表现形式看，纸质票据必须采用书面形式，并具有要式性，要求在票据规定位置载明各类事项；而电子票据以电子数据的形式出现，无书面形式，也无规定格式及位置的要求。二是从流通形式看，传统票据流通时必须以原件形态传递，以证明票据的唯一性和真实性；而电子票据是电子数据，不存在原件。三是从签名形式看，纸质票据当事人必须在票据上签章，也就是必须亲自作出签章行为；而电子票据在网络生成和流通，不可能要求当事人亲笔签章，取而代之的是电子签名。

3. 流通范围不同

纸质票据传递在开放的社会环境中进行，而电子票据的流通则是在计算机系统中，如目前电子商业汇票只能在电子商业汇票系统中转让，电子票据流通范围比纸质票据狭窄，并与真实商品交易脱离，难以做到“一手交货，一手交钱”。

4. 票据当事人不同

纸质票据当事人包括出票人、付款人、收款人、背书人、被背书人等，而电子票据还增加票据提出行、票据提入行、票据交换所等。

5. 业务流程不同

电子票据无实物凭证，因此其业务操作中删除了基于纸质票据的操作流程，如为防范假票风险，纸质票据要经过查询查复和人工验票等审核环节，而电子票据无此流程；纸质票据贴现时，加收3天利息，到期托收时需要提前几天提交开户银行，而电子票据即时办理即可；纸质票据号码是票据印制时按照银行机构代码、省别代码、票据种类等要素编制的，电子票据号码是计算机自动生成的。

小贴士：无论是银行的电子票据，还是国家机关、事业单位用到的财政电子票据，其设计、实现、运行和维护均离不开计算机硬、软件技术。换句话说，纸质票据被电子票据的取代过程一定与信息科技息息相关。

1.2 电子发票

税务领域的电子票据主要指的是电子发票，包括增值税电子普通发票、增值税电子专用发票，以及自2021年12月1日起在内蒙古自治区、上海市和广东省（不含深圳市）三个地区开始推行全面数字化的电子发票（简称“全电发票”）。为了便于读者理解信息技术在智能财税系统设计、实现、应用、运行和维护中的作用，本节简要说明电子发票的基本知识。

1.2.1　电子发票概览

电子发票是信息时代的产物，同普通发票一样，采用税务局统一发放的形式给商家使用，发票号码采用全国统一编码，采用统一防伪技术，分配给商家并在电子发票上附有电子税务局的签名机制。

电子发票都离不开数字签名技术。增值税电子普通发票、增值税电子专用发票的票样分别如图1-1和图1-2所示。

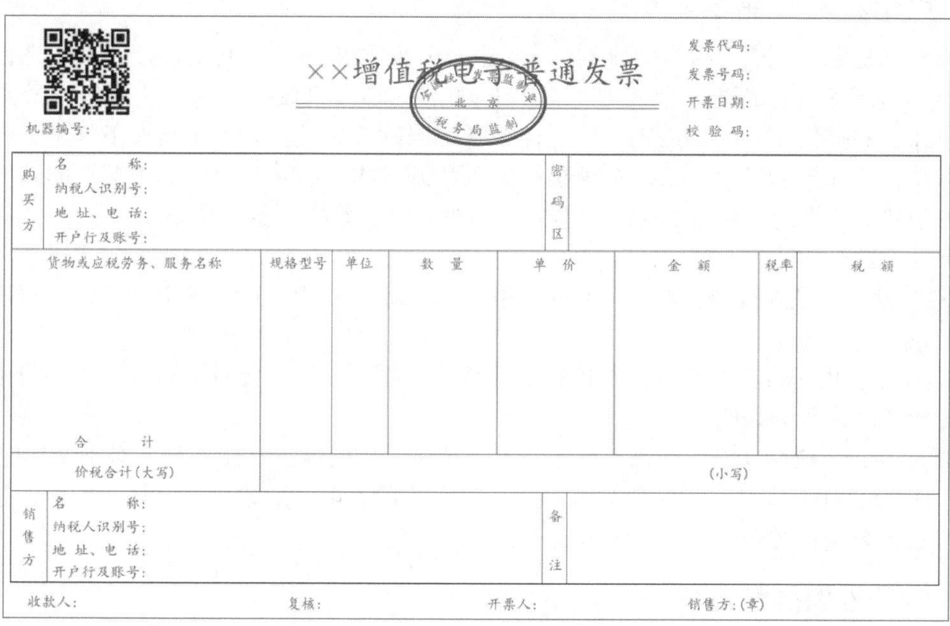

××增值税电子普通发票

机器编号：

发票代码：
发票号码：
开票日期：
校验码：

购买方	名称： 纳税人识别号： 地址、电话： 开户行及账号：				密码区		
货物或应税劳务、服务名称	规格型号	单位	数量	单价	金额	税率	税额
合计							
价税合计（大写）					（小写）		
销售方	名称： 纳税人识别号： 地址、电话： 开户行及账号：				备注		

收款人：　复核：　开票人：　销售方：（章）

图 1-1　增值税电子普通发票票样

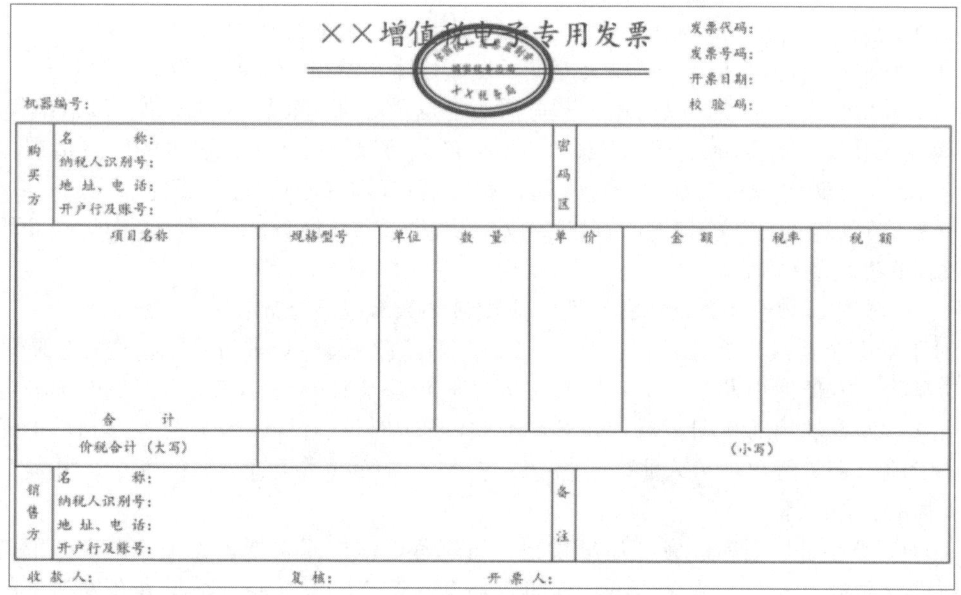

××增值税电子专用发票

机器编号：

发票代码：
发票号码：
开票日期：
校验码：

购买方	名称： 纳税人识别号： 地址、电话： 开户行及账号：				密码区		
项目名称	规格型号	单位	数量	单价	金额	税率	税额
合计							
价税合计（大写）					（小写）		
销售方	名称： 纳税人识别号： 地址、电话： 开户行及账号：				备注		

收款人：　复核：　开票人：

图 1-2　增值税电子专用发票票样

“仅就发票一项成本支出来看，原来企业开具纸质发票的综合成本大概是10元/张，而电子发票的成本仅为0.1元/张，两者相差100倍，对企业而言，增值税专用发票电子化后的成本支出将会大幅降低。”从上述企业人士的表述不难看出基于信息科技的电子发票在企业降本增效中的作用。

电子发票突破了传统纸质发票的概念；采取电子签章实现发票签名、电子盖章，实现电子发票唯一性、不可抵赖性、防篡改；通过数字媒体形式传送与保存发票内容，可通过网络、移动通信等方式传送给接收方。

1.2.2 电子发票的推行意义

传统发票是由税务部门指定印刷的、含有防伪标识的纸质件，其防伪模式是物理性的，真伪需要专业人员鉴定。而电子发票是存储在税务部门的发票数据信息，其防伪模式是电子化的，可以通过扫描发票上的二维码、登录税务官方网站等方式查验，无须人工判定。电子票据杜绝了假票、克隆票的风险，采用全国统一编码和统一防伪技术，确保电子票据的真实性和有效性。电子票据数据统一存储，便于开票方和消费者对发票的保存和管理。

推行电子发票具有以下意义：

① 实时性：开票速度快，配合支付宝的发票抬头管理能力，可以解决开票慢、易出错等开票难题。

② 交互性：电子发票与企业内部的ERP等系统相结合，发票资料全面电子化并集中处理，有助于企业本身的账务处理。

③ 低成本：节约企业打印设备、配送、人工成本，同时减少纸张油墨，有利于环保。

④ 易存储：配合支付宝的发票管家功能，可以将所有电子发票进行归集、保管、整理，便于受票方进行查询，对接后续发票使用需求。

1.2.3 电子发票的特点

电子发票是纸质发票的电子映像和电子记录，不需要纸质载体，不需要经过传统纸质发票的印制环节，开户登记、在线生成、发票开具、数据传输等环节都可以通过统一的电子发票系统在互联网上进行。与传统纸质发票相比，电子发票具有以下特点：

① 电子发票没有印制环节，可以大大降低发票成本，提升节能减排效益。

② 纳税人申领发票手续得以简化，不再需要往返税务部门领取纸质发票，降低纳税成本。

③ 纳税人开票数据实时上传税务部门，税务部门可以及时掌握纳税人的开票情况，对开票数据进行查询、统计、分析，加强了税收征管和发票管理，提高了信息管税水平。

④ 受票方可以在发生交易的同时收取到发票，并可以在税务部门网站查询验证发票信息，减少接收到假发票的损失。

另外，电子发票对于开票企业和受票企业或自然人有以下好处：

① 对于受票企业或自然人：在交易的同时拿到电子发票并且进行查验，这样也降低了收到假发票的风险；方便使用发票、保存发票，也可随时登录服务平台查询、下载已加盖电子签章的发票信息；发票随用随打印，对打印机和纸张没有限制，对打印次数没有限制，也无须担心发票丢失影响报销或维权；可入账、可报销，省去了传统纸质凭证入账的环节，并提升受票企业财务人员的工作效率。

② 对于开票企业：若是无须印制纸质票，可远程领取电子发票，无须往返税务部门以及无须保险柜进行存放，开具发票之后不用打印、邮寄，这样则大大降低纳税人在发票上的成本；对于电商行业而言，还能有效解决货票分离的经营模式带来的邮寄的额外负担、发票开具问

题；电子发票系统可与企业内部的ERP、CRM、SCS等系统进行结合，将发票资料全面电子化并集中处理，有利于企业本身的账务处理，从而大大提升了企业财务人员的工作效率；红字发票和发票作废开具更简便易行，避免和消费者因丢失纸质发票售后维修的纠纷或产生退货；电子发票在保管、查询、调阅时更加方便，能及时提供企业经营者决策支持。

1.2.4　电子发票 VS 纸质发票

因为传统的纸质发票是定额的或根据需要开具金额，所以会存在“大头小尾”的情况。而电子发票是义务人自行留存空白发票，通过互联网录入数据，然后开具给客户，完全可以避免这种情况，不但增强了税务部门对市场的监管，也降低了开票的成本。

电子发票是信息时代的产物，同普通发票一样，采用税务局统一发放的形式给商家使用，在电子发票上附有电子税局的签名。

增值税电子普通发票的开票方和受票方需要纸质发票的，可以自行打印增值税电子普通发票的版式文件，其法律效力、基本用途、基本使用规定等与税务部门监制的增值税普通发票相同；也就意味着增值税电子发票无论是在报销、维修还是作为凭证进行记账，都等同于纸质发票。

1.2.5　电子发票的获取

消费者可以在淘宝等电子网站购物时选择“电子发票”、支付宝扫描商家开票二维码、勾选行程、扫描账单等方式申请开具电子发票。开票基本流程如图1-3所示。

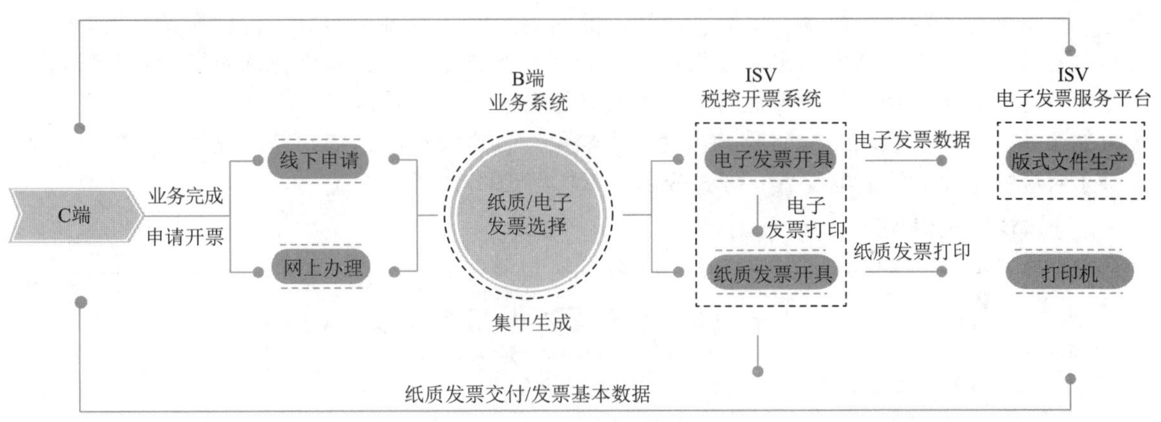

图 1-3　客户申请开具电子发票流程图

小贴士：从增值税电子普通发票、增值税电子专用发票票样可以看出，电子发票票面上的名称、纳税人识别号、地址、电话、开户行及账号等购买方和销售方信息，以及名称、规格型号、单位、数量、金额、税率、税额等货物或应税劳务、服务信息都存储在数据库中，并基于数据库理论和方法进行票据信息的查询、增加、删除、修改等操作。因此，数据库理论与技术在财税系统中的应用是不言而喻的。

1.3　全 电 发 票

1.3.1　什么是“全电发票”

全电发票就是全面数字化的电子发票，包括带有“增值税专用发票”字样的全电发票、带有“普通发票”字样的全电发票等。全电发票的法律效力、基本用途等与现有纸质发票相同。

全电发票由各省、自治区、直辖市和计划单列市税务局监制。

通过电子发票服务平台开具的纸质专票和纸质普票，其法律效力、基本用途和基本使用规定与现有纸质专票、纸质普票相同；全电发票密码区不再展示发票密文，改为展示电子发票服务平台赋予的20位发票号码及全国增值税发票查验平台网址。全电发票的20位发票号码含义：第1～2位代表公历年度后两位，第3～4位代表各省、自治区、直辖市和计划单列市行政区划代码，第5位代表全电发票开具渠道等信息，第6～20位代表顺序编码等信息。

1.3.2 全电发票的试点背景

为落实中共中央办公厅、国务院办公厅印发的《关于进一步深化税收征管改革的意见》要求，全面推进税收征管数字化升级和智能化改造，降低征纳成本，国家税务总局建设了全国统一的电子发票服务平台。2021年12月1日起，国家税务总局在广东省（不含深圳市）、内蒙古自治区和上海市（以下简称“试点地区”）开展了全面数字化的电子发票试点工作，系统运行平稳。

为进一步推进全面数字化的电子发票试点工作，经国家税务总局同意，自2022年7月18日起，福建、河南、湖北、陕西、重庆等省、直辖市的纳税人仅作为受票方，接收由试点地区的部分纳税人通过电子发票服务平台开具的全电发票。

1.3.3 全电发票样式

全电发票的票面内容包括二维码、发票号码、开票日期、购买方信息、销售方信息、项目名称、规格型号、单位、数量、单价、金额、税率/征收率、税额、合计、价税合计（大写、小写）、备注、开票人。其中，电子发票服务平台为从事特定行业、发生特殊应税行为及特定应用场景业务（包括：稀土、建筑服务、旅客运输服务、货物运输服务、不动产销售、不动产经营租赁服务、农产品收购、光伏收购、代收车船税、自产农产品销售、差额征税等）的纳税人提供了对应特定业务的全电发票，样式分别如图1-4至图1-17所示。

1. 增值税专用发票

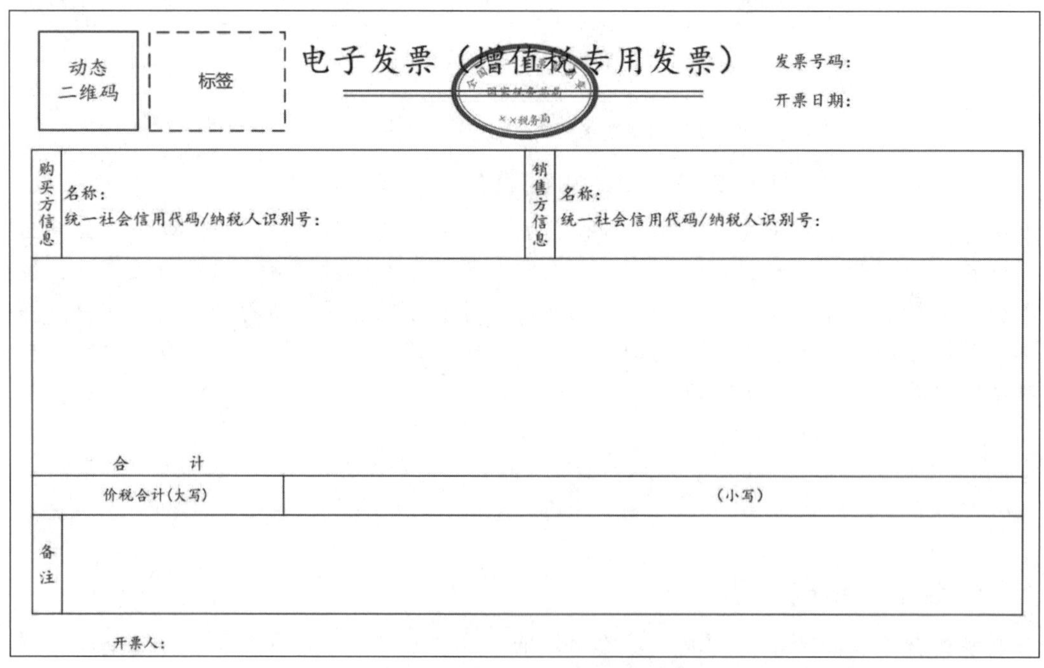

图 1-4　全电发票样式——增值税专用发票

2. 普通发票

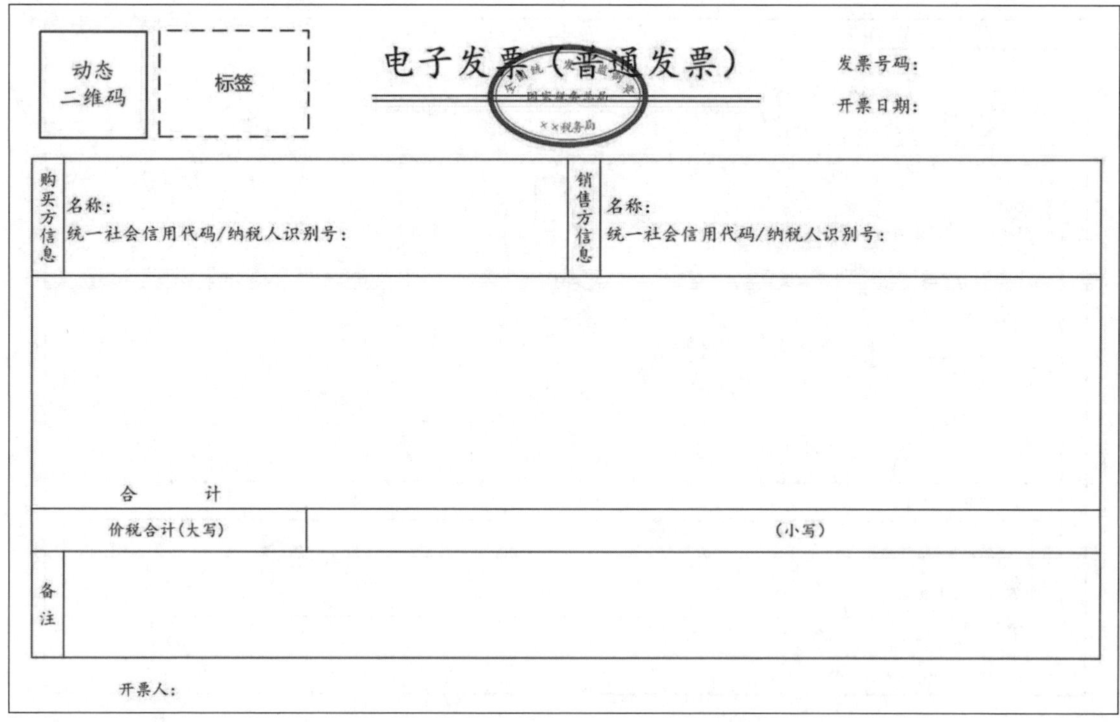
动态二维码
标签
电子发票（普通发票）
发票号码：
开票日期：
购买方信息 名称：
统一社会信用代码/纳税人识别号：
销售方信息 名称：
统一社会信用代码/纳税人识别号：
合　计
价税合计（大写）　（小写）
备注
开票人：

图 1-5　全电发票样式——增值税普通发票

3. 稀土电子发票

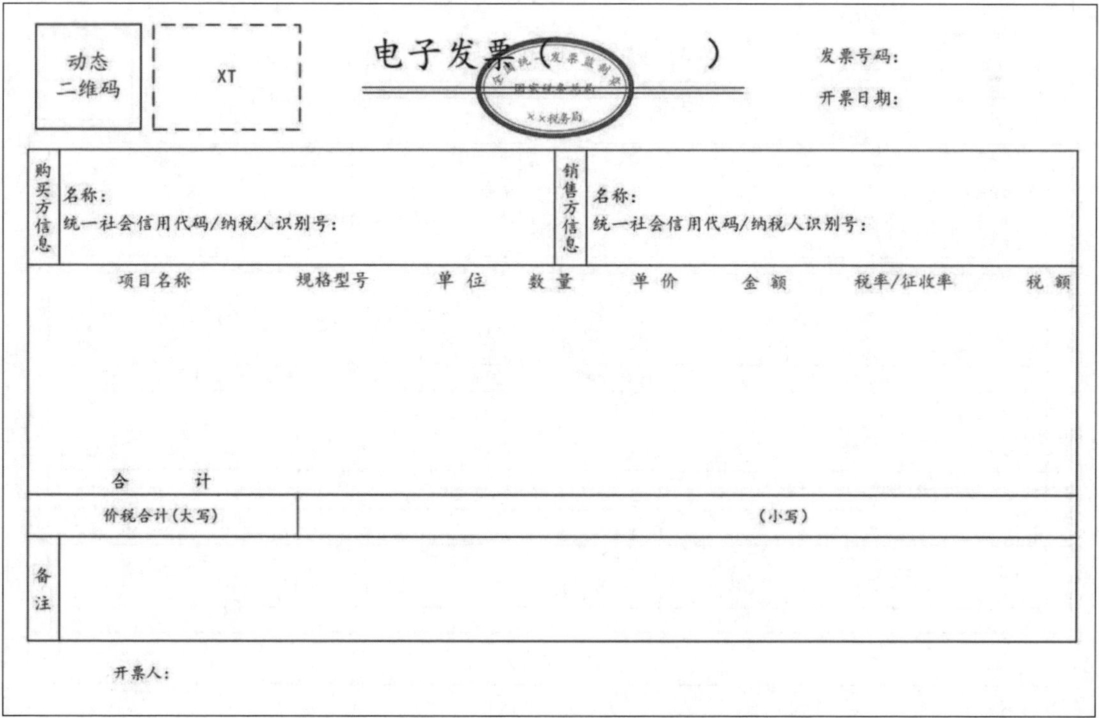
动态二维码
XT
电子发票（　　）
发票号码：
开票日期：
购买方信息 名称：
统一社会信用代码/纳税人识别号：
销售方信息 名称：
统一社会信用代码/纳税人识别号：
项目名称　规格型号　单位　数量　单价　金额　税率/征收率　税额
合　计
价税合计（大写）　（小写）
备注
开票人：

图 1-6　全电发票样式——稀土电子发票

4. 建筑服务电子发票

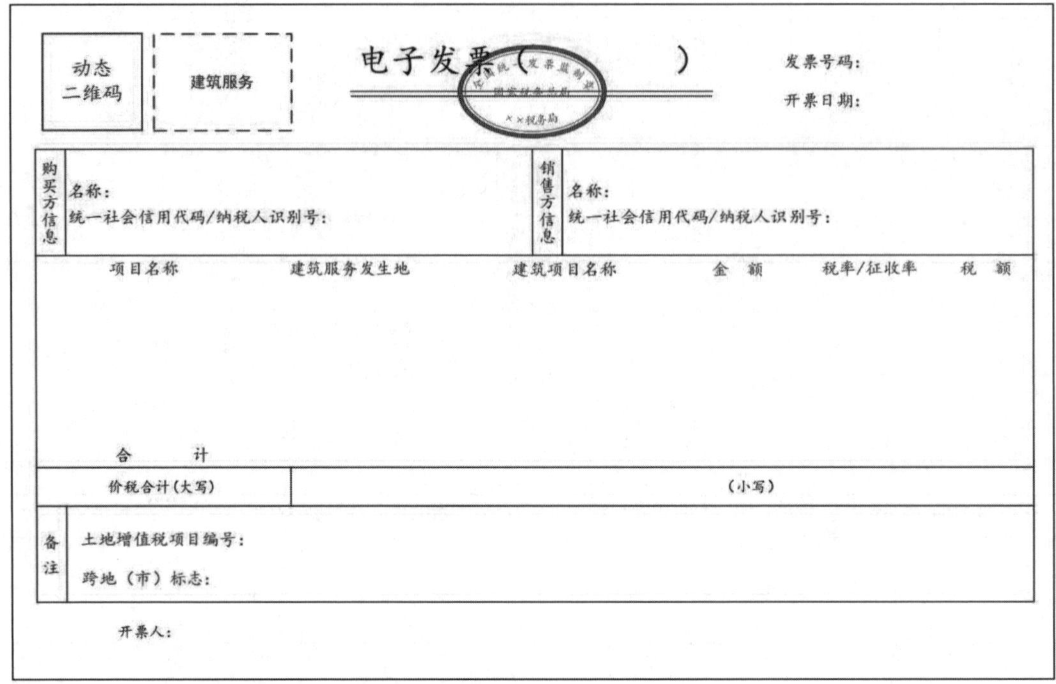

动态二维码　建筑服务　电子发票（　　）　发票号码：　开票日期：

购买方信息	名称： 统一社会信用代码/纳税人识别号：	销售方信息	名称： 统一社会信用代码/纳税人识别号：

项目名称	建筑服务发生地	建筑项目名称	金额	税率/征收率	税额
合计					
价税合计（大写）			（小写）		

备注	土地增值税项目编号： 跨地（市）标志：

开票人：

图 1-7　全电发票样式——建筑服务电子发票

5. 旅客运输服务电子发票

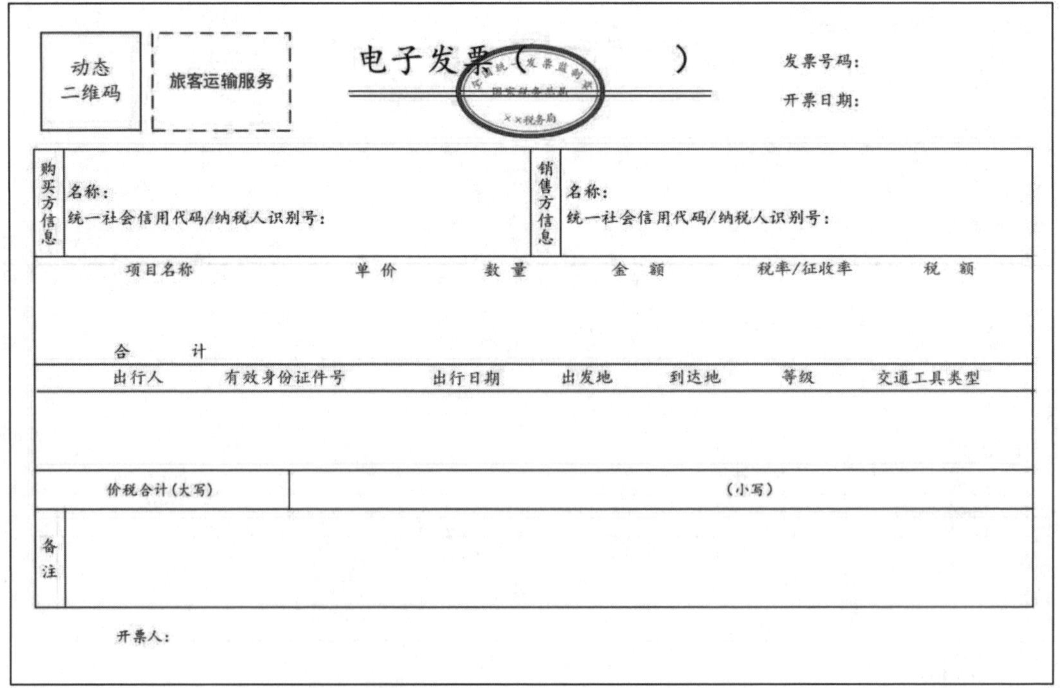

动态二维码　旅客运输服务　电子发票（　　）　发票号码：　开票日期：

购买方信息	名称： 统一社会信用代码/纳税人识别号：	销售方信息	名称： 统一社会信用代码/纳税人识别号：

项目名称	单价	数量	金额	税率/征收率	税额	
合计						
出行人	有效身份证件号	出行日期	出发地	到达地	等级	交通工具类型
价税合计（大写）			（小写）			

备注	

开票人：

图 1-8　全电发票样式——旅客运输服务电子发票

6．货物运输服务电子发票

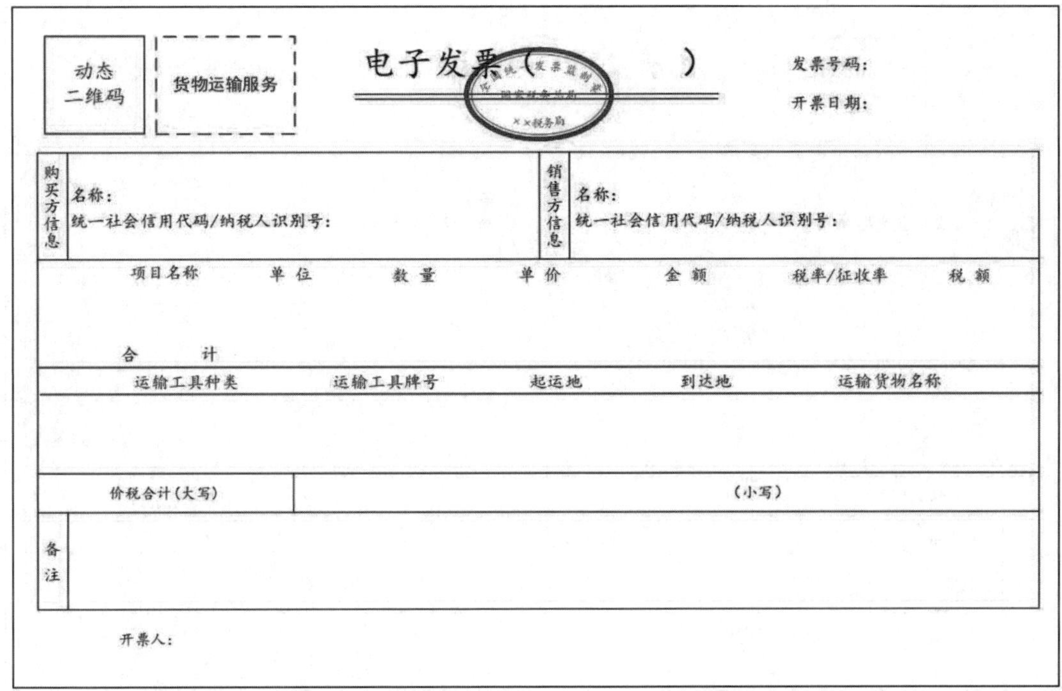

动态二维码　货物运输服务　电子发票（　　　）　发票号码：
开票日期：

购买方信息	名称： 统一社会信用代码/纳税人识别号：	销售方信息	名称： 统一社会信用代码/纳税人识别号：

项目名称	单位	数量	单价	金额	税率/征收率	税额
合计						

运输工具种类	运输工具牌号	起运地	到达地	运输货物名称

价税合计（大写）	（小写）
备注	

开票人：

图 1-9　全电发票样式——货物运输服务电子发票

7．不动产销售电子发票

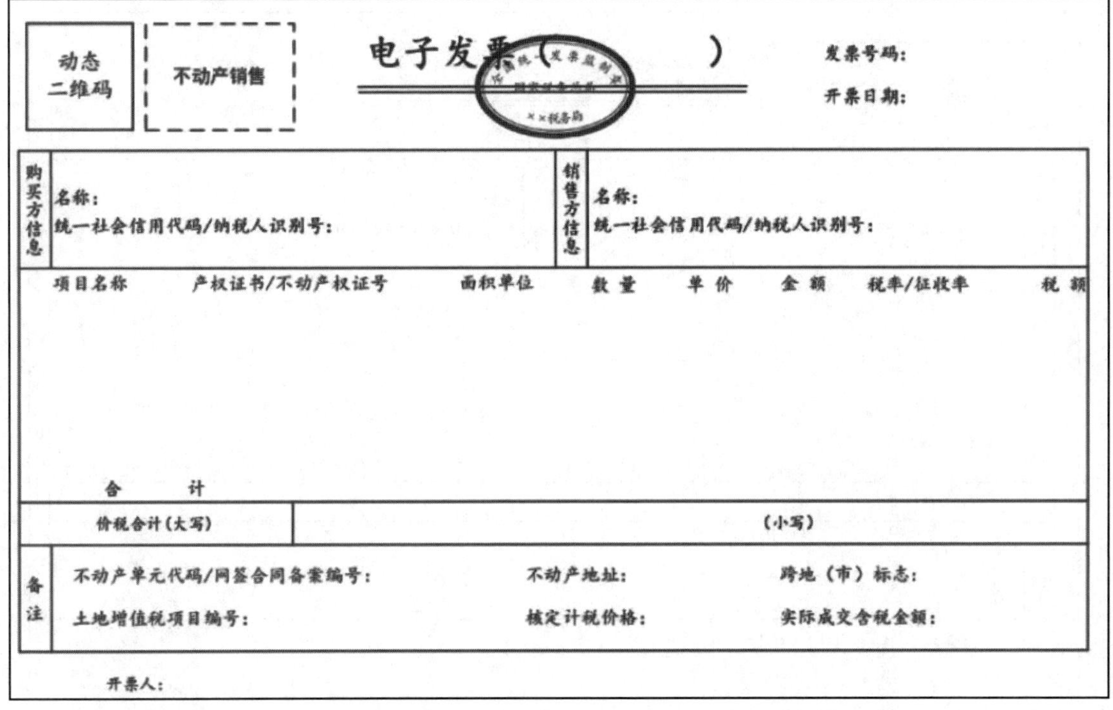

动态二维码　不动产销售　电子发票（　　　）　发票号码：
开票日期：

购买方信息	名称： 统一社会信用代码/纳税人识别号：	销售方信息	名称： 统一社会信用代码/纳税人识别号：

项目名称	产权证书/不动产权证号	面积单位	数量	单价	金额	税率/征收率	税额
合计							

价税合计（大写）	（小写）		
备注	不动产单元代码/网签合同备案编号：	不动产地址：	跨地（市）标志：
	土地增值税项目编号：	核定计税价格：	实际成交含税金额：

开票人：

图 1-10　全电发票样式——不动产销售电子发票

8. 不动产经营租赁服务电子发票

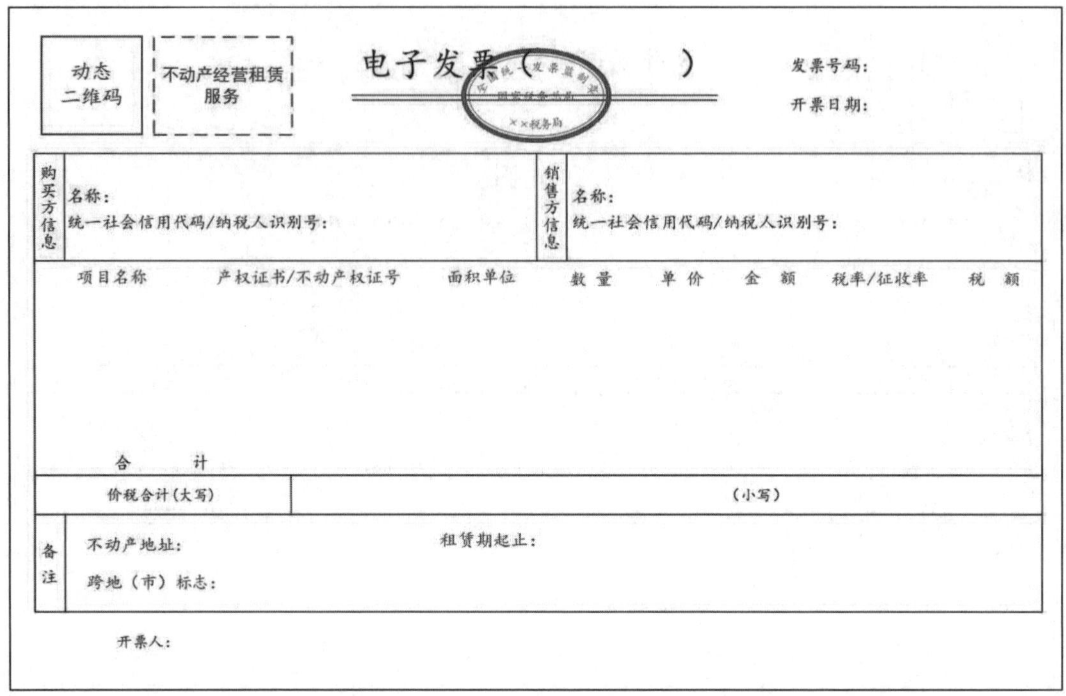

动态二维码　不动产经营租赁服务

电子发票（　　）

发票号码：

开票日期：

购买方信息	名称： 统一社会信用代码/纳税人识别号：	销售方信息	名称： 统一社会信用代码/纳税人识别号：

项目名称	产权证书/不动产权证号	面积单位	数量	单价	金额	税率/征收率	税额
合计							

价税合计（大写）	（小写）

备注	不动产地址：　租赁期起止： 跨地（市）标志：

开票人：

图 1-11　全电发票样式——不动产经营租赁服务电子发票

9. 农产品收购电子发票

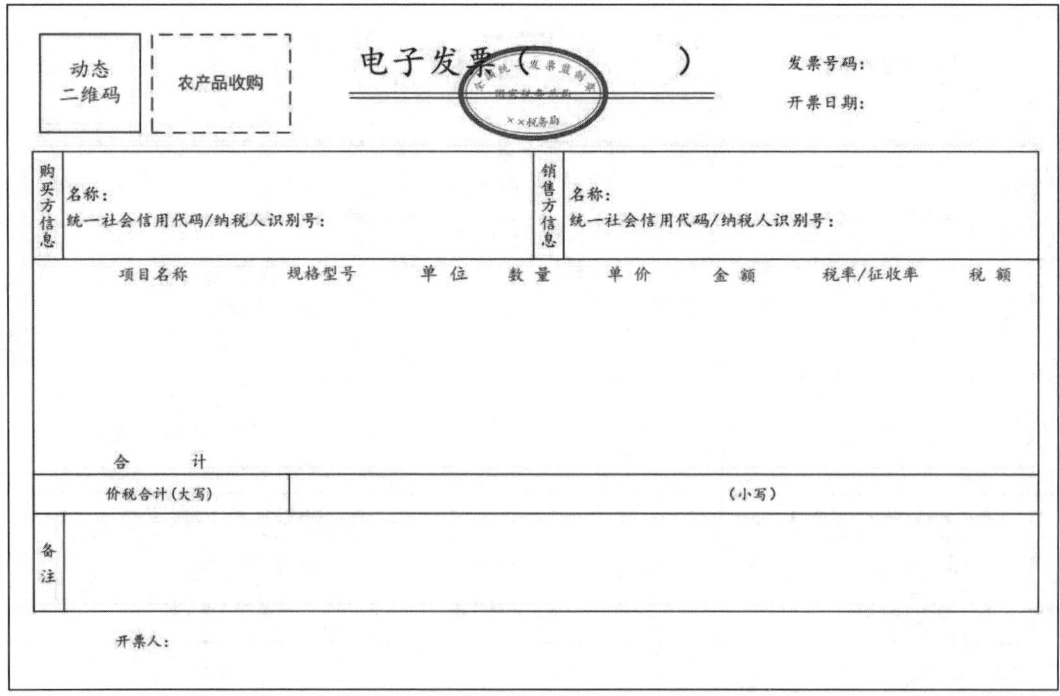

动态二维码　农产品收购

电子发票（　　）

发票号码：

开票日期：

购买方信息	名称： 统一社会信用代码/纳税人识别号：	销售方信息	名称： 统一社会信用代码/纳税人识别号：

项目名称	规格型号	单位	数量	单价	金额	税率/征收率	税额
合计							

价税合计（大写）	（小写）

备注	

开票人：

图 1-12　全电发票样式——农产品收购服务电子发票

10. 光伏收购电子发票

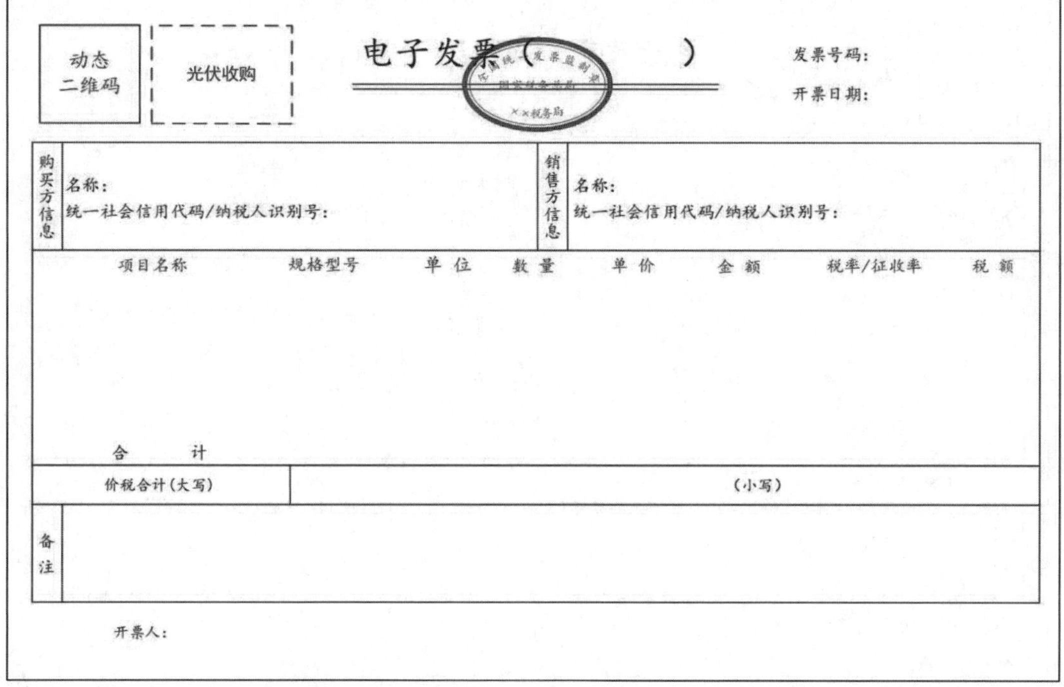

动态二维码　光伏收购

电子发票（　　　）

发票号码:

开票日期:

购买方信息	名称: 统一社会信用代码/纳税人识别号:	销售方信息	名称: 统一社会信用代码/纳税人识别号:

项目名称	规格型号	单位	数量	单价	金额	税率/征收率	税额
合计							
价税合计（大写）				（小写）			
备注							

开票人:

图 1-13　全电发票样式——光伏收购电子发票

11. 代收车船税电子发票

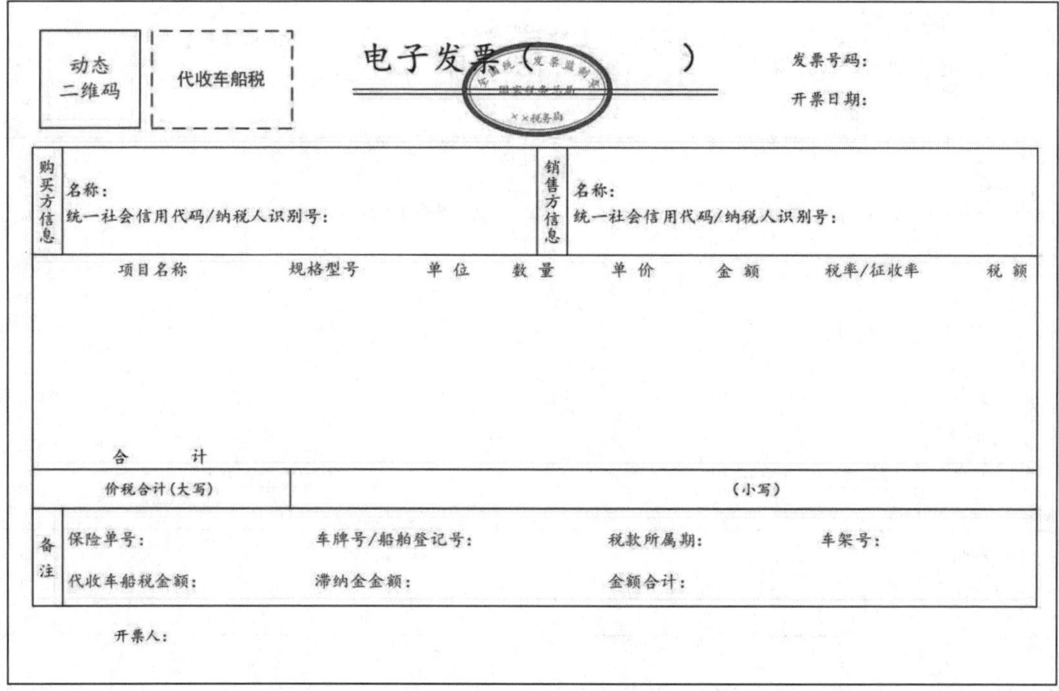

动态二维码　代收车船税

电子发票（　　　）

发票号码:

开票日期:

购买方信息	名称: 统一社会信用代码/纳税人识别号:	销售方信息	名称: 统一社会信用代码/纳税人识别号:

项目名称	规格型号	单位	数量	单价	金额	税率/征收率	税额
合计							
价税合计（大写）				（小写）			

备注				
	保险单号:	车牌号/船舶登记号:	税款所属期:	车架号:
	代收车船税金额:	滞纳金金额:	金额合计:	

开票人:

图 1-14　全电发票样式——代收车船税电子发票

12. 自产农产品销售电子发票

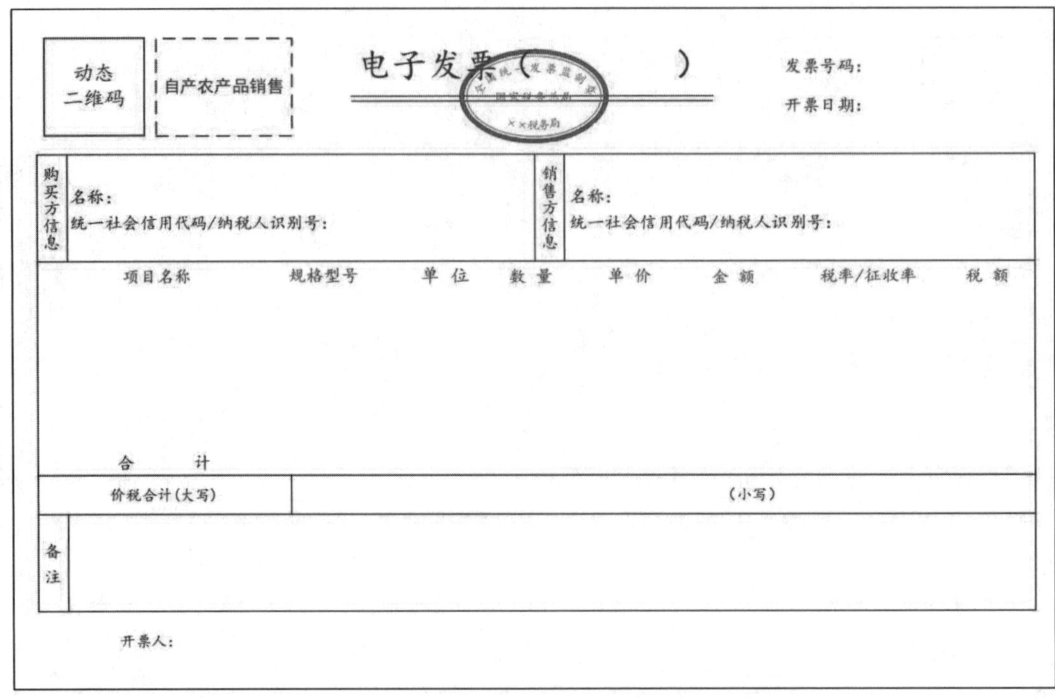

动态二维码

自产农产品销售

电子发票（　　　）

发票号码：

开票日期：

××税务局

购买方信息	名称： 统一社会信用代码/纳税人识别号：	销售方信息	名称： 统一社会信用代码/纳税人识别号：

项目名称	规格型号	单位	数量	单价	金额	税率/征收率	税额
合计							

价税合计（大写）	（小写）
备注	

开票人：

图 1-15　全电发票样式——自产农产品销售电子发票

13. 差额征税电子发票（差额开票）

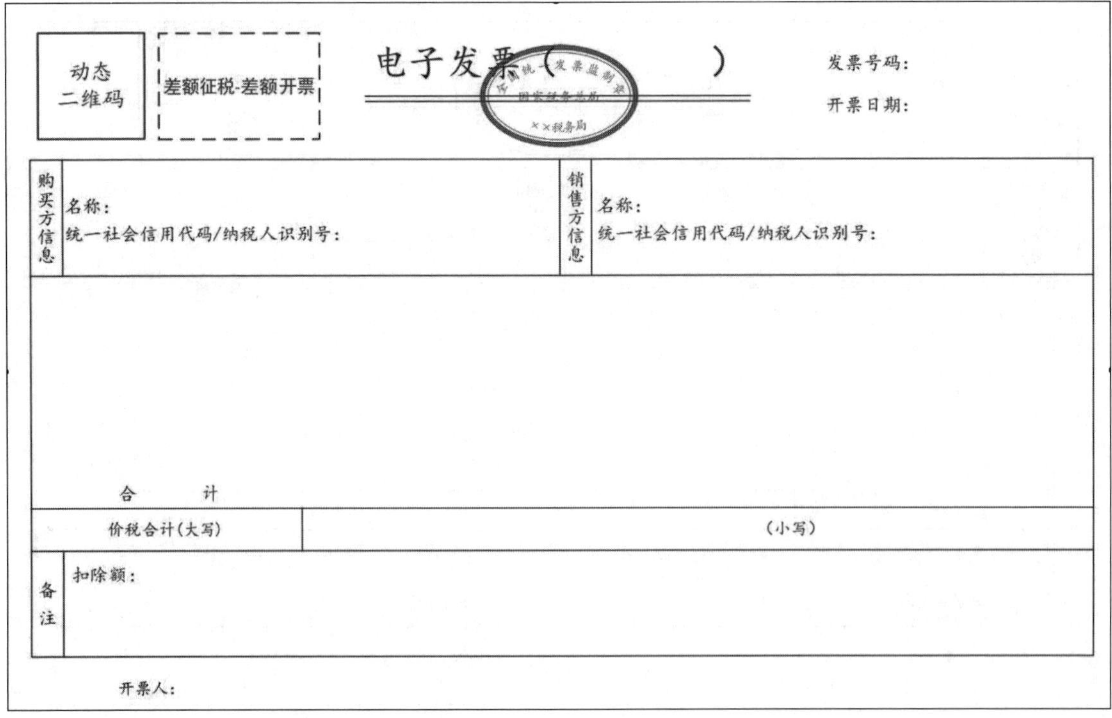

动态二维码

差额征税-差额开票

电子发票（　　　）

发票号码：

开票日期：

××税务局

购买方信息	名称： 统一社会信用代码/纳税人识别号：	销售方信息	名称： 统一社会信用代码/纳税人识别号：

合计

价税合计（大写）	（小写）
备注	扣除额：

开票人：

图 1-16　全电发票样式——差额征税电子发票（差额开票）

14. 差额征税电子发票（全额开票）

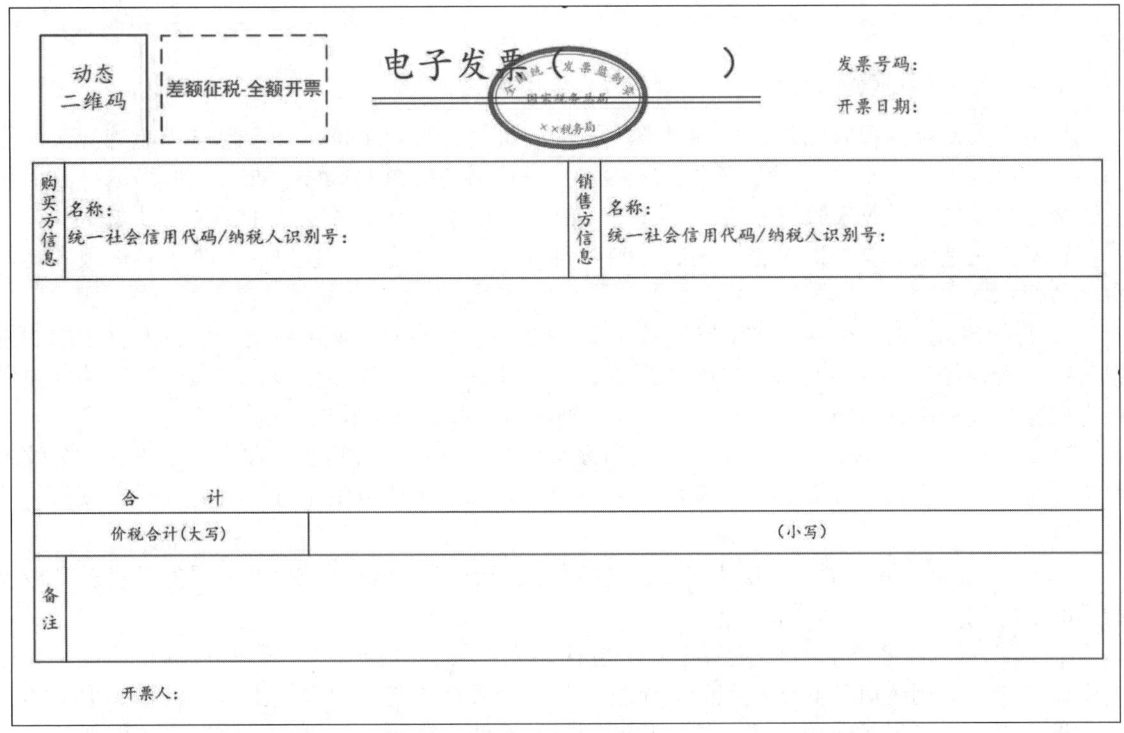

动态二维码

差额征税-全额开票

电子发票（　　）

发票号码：

开票日期：

购买方信息	名称： 统一社会信用代码/纳税人识别号：	销售方信息	名称： 统一社会信用代码/纳税人识别号：
合　计			
价税合计（大写）		（小写）	
备注			

开票人：

图 1-17　全电发票样式——差额征税电子发票（全额开票）

1.3.4　全电发票 VS 传统电子发票

对比增值税电子普通发票、增值税电子专用发票样式，不难发现，全电发票作为一种全新的票种，与传统电子发票相比有很大不同，主要表现如下：

① 全电发票无联次，也就是只有一联。

② 全电发票没有发票代码，只有发票号码。

③ 购货方信息变得更加简洁，只有名称和税号，没有银行账号和地址。

④ 无须使用税控专用设备，只需要UKey即可，无须办理发票票种核定，无须领用，使用电子发票服务平台即可开票。

⑤ 全电发票不带发票专用章。

⑥ 文件格式不同，增值税电子普通发票、增值税电子专用发票是PDF格式，但全电发票是OFD①格式，需用增值税电子发票阅读器打开。

小贴士：从全电发票样式所示的票面内容不难知道，与增值税电子普通发票、增值税电子专用发票一样，全电发票的发票号码、开票日期、购买方信息、销售方信息、项目名称、规格型号、单位、数量、单价、金额、税率/征收率、税额、合计、价税合计（大写、小写）、备注、开票人等信息的存储和管理，仍然依赖于数据库理论和技术。对于计算机类读者来说，全电发票票面信息数据库的优化设计与实现，以及全电发票的查询与管理等，都是值得思考的问题。

① OFD（Open Fixed-layout Document，开放版式文档）是我国国家版式文档格式标准，是属于我国的一种自主格式，安全可控，版面固定、不跑版、所见即所得，可以视为计算机时代的“数字纸张”，旨在打破政府部门和党委机关电子公文格式不统一的局面，以方便地进行电子文档的存储、读取以及编辑。

1.4 非税收入电子票据

1.4.1 非税收入概述

非税收入是指除税收以外，由各级政府、国家机关、事业单位、代行政府职能的社会团体利用政府权力、政府信誉、国家资源、国有资产或提供特定公共服务、准公共服务取得的财政性资金。《政府非税收入管理办法》（财税〔2016〕33号）于2016年3月15日颁布并施行。

非税收入是政府参与国民收入初次分配和再分配的一种形式。政府非税收入管理范围具体主要包括：

① 行政事业性收费收入：指国家机关、事业单位、代行政府职能的社会团体及其他组织根据法律、行政法规、地方性法规等有关规定，依照国务院规定程序批准，在向公民、法人提供特定服务的过程中，按照成本补偿和非营利原则向特定服务对象收取的费用。

② 政府性基金收入：指各级政府及其所属部门根据法律、行政法规和中共中央、国务院有关文件规定，为支持某项公共事业发展，向公民、法人和其他组织无偿征收的具有专项用途的财政资金。

③ 罚没收入：指法律、行政法规授权的执行处罚的部门依法实施处罚取得的罚没款和没收物品的折价收入。

④ 国有资源（资产）有偿使用收入：包括国家机关、实行公务员管理的事业单位、代行政府职能的社会团体以及其他组织的固定资产和无形资产出租、出售、出让、转让等取得的收入，世界文化遗产保护范围内实行特许经营项目的有偿出让收入和世界文化遗产的门票收入，利用政府投资建设的城市道路和公共场地设置停车泊位取得的收入，以及利用其他国有资产取得的收入。

⑤国有资本收益：是政府非税收入的重要组成部分，包括国有资本分享的企业税后利润，国有股股利、红利、股息，企业国有产权（股权）出售、拍卖、转让收益和依法由国有资本享有的其他收益。

⑥ 彩票公益金收入：是政府为支持社会公益事业发展，通过发行彩票筹集的专项财政资金。

⑦ 特许经营收入：是指国家依法特许企业、组织或个人垄断经营某种产品或服务而获得的收入。

⑧ 中央银行收入：中央银行的收入，包括利息收入、业务收入、其他收入。其他收入是指与中央银行业务活动没有直接关系的收入，包括对外投资收益、租赁收入、赔款收入等。

⑨ 以政府名义接受的捐赠收入：指以各级政府、国家机关、实行公务员管理的事业单位、代行政府职能的社会团体以及其他组织名义接受的非定向捐赠货币收入，不包括定向捐赠货币收入、实物捐赠收入以及以不实行公务员管理的事业单位、不代行政府职能的社会团体、企业、个人或者其他民间组织名义接受的捐赠收入。

⑩ 主管部门集中收入：主要指国家机关、实行公务员管理的事业单位、 代行政府职能的社会团体及其他组织集中所属事业单位收入，这部分收入必须经同级财政部门批准。

⑪ 政府财政资金产生的利息收入：是指税收和非税收入产生的利息收入，按照中国人民银行规定计息，统一纳入政府非税收入管理范围。

⑫ 其他非税收入。

需要提醒的是，非税收入不包括社会保险费、住房公积金（指计入缴存人个人账户部分）。非税收入可以由财政部门直接征收，也可以由财政部门委托的部门和单位（简称执收单位）征收。

1.4.2　非税收入特点

非税收入是政府参与国民收入初次分配和再分配的一种形式，是为公共服务或准公共服务融资，或是因拥有资源产权或特许权取得的收益。非税收入无论征收主体还是使用主体都应该是政府，属于财政性资金，由财政部门统一管理使用。非税收入主要有如下四个特点：

① 强制性与自愿性并存。在政府的非税收入中，有些收入是国家行政部门、司法部门或国家授权的机构依法行使国家权力向公民、法人或其他组织强制收取的，如部分行政性收费、罚没收入以及政府性基金等，具有典型的强制性特点；有些收入则体现了一定的自愿性，如事业性单位在提供服务时所收取的补偿性费用等，如果公民不愿享受某项服务就不用缴费。

② 非固定性。政府非税收入的非固定性主要表现为征收时间和征收数额的非固定性。征收时间的非固定性是指有些政府非税收入项目是政府为了某一特定时期的特定需要而在特定条件下设立的，一旦完成了既定目标或任务，通常会取消。而征收数额的非固定性则是说部分政府非税收入项目的征收数额与其所对应的特定的征收对象及行为有密切关系，一旦该对象或行为消失或剧减，相关征收数额也会随之消失或减少。

③ 有偿性。与税收无偿性不同，政府非税收入的征收对象在缴纳各类非税款项后，往往会获得直接对等的服务或收益。

④ 资金专用性。政府非税收入的使用一般与其来源相关联。这意味着多数非税收入具有专款专用的特点。例如，行政事业性收费基本用于补偿政府提供公共服务的成本，政府性基金大都支持相关的社会经济建设，等等。

1.4.3　非税收入票据

1. 基本含义与分类

非税收入票据就是指各级国家政府机关、事业单位、社会团体以及其他组织依据有关法律、法规和省人民政府有关规定，征收或者收取非税收入时，向缴款义务人开具的收（缴）款凭证。非税收入票据是单位财务收支的法定凭证和会计核算的原始凭证，是财政、审计、监察等部门和非税收入管理机构进行监督检查的重要依据。

根据2021年1月1日起施行的《财政部关于修改〈财政票据管理办法〉的决定》（中华人民共和国财政部令第104号）之规定，非税收入类票据包括“非税收入通用票据”和“非税收入一般缴款书”，前者是指行政事业单位依法收取政府非税收入时开具的通用凭证，后者是指实施政府非税收入收缴管理制度改革的行政事业单位收缴政府非税收入时开具的通用凭证。

2021年之前，非税收入票据包括非定额和定额两种形式。非定额非税收入票据包括票据名称、票据号码、票据字轨、票据监制章、项目、标准、数量、金额、交款人、开票日期、联次及其用途、开票单位、开票人、复核人等内容；定额非税收入票据包括票据名称、票据号码、票据字轨、票据监制章、项目、交款人、金额、开票日期、联次及其用途、开票单位、开票人等内容，但从2021年1月1日起，根据财政电子票据管理改革实践，取消了非税收入专用票据和定额票据。

2. 非税收入票据电子化

非税收入收缴电子化管理，是以全国统一的标准化体系为基础，构建全国统一的缴款渠道，使用全国统一的执收项目识别码和缴款识别码进行收缴，彻底打破了传统纸质票据“区域”的限制，提升了非税收入收缴效率，实现非税收入管理信息化、规范化和便民化。

全面推行政府非税收入收缴电子化管理，是提高财政管理水平的现实需要，也是推进创建服务型政府、“数字政府”，促进优化营商环境的重要举措。2021年底，财政部印发通知，要求从提高业务水平、简化工作流程、规范票据管理三方面推进非税收入收缴电子化管理，并决定在中央部门和地方财政部门稳步推广电子非税收入一般缴款书，打通收缴电子化“最后一公里”。

电子《非税收入一般缴款书》，以数字信息代替纸质票据，以电子签名代替手工签章，实现非税收入收缴全流程电子化和无纸化。同时在优化营商环境、切实惠企利民、提升财政治理、推动防范乱收费等方面发挥重要作用。财政部要求，2022年底前，结合非税收入收缴电子化，通过非税收入收缴管理系统，实现电子缴款书制样、赋码、生成、传输、查验、核销、入账、报销和归档等全流程电子化管理，构建全程无纸化、渠道多元化和入账电子化的非税收入收缴管理体系，逐步推进全国非税收入收缴信息和电子缴款书汇总、共享和反馈。

财政电子票据是非税电子票据的重要组成部分，为方便起见，本书将在1.5节介绍。

1.4.4 电子缴款书

1. 电子缴款书概述

电子缴款书是电子《非税收入一般缴款书》的简称，是指从2021年8月开始试点，由中华人民共和国财政部监管、执收单位依法收缴政府非税收入时，运用计算机和信息网络技术开具、存储、传输和接收的数字电文形式的凭证，是以电子数据形式表现的财政票据，电子缴款书和纸质缴款书具有同等法律效力。

电子缴款书是一种财政非税票据，是预算外资金管理的重要手段，也是我国政府实施非税收入收缴管理制度改革中行政事业单位收缴政府非税收入时开具的通用凭证。非税收入一般缴款书适用于包括行政事业性收费、政府性基金、国有资源有偿使用收入、国有资产有偿使用收入、国有资本经营收益、彩票公益金、罚没收入、以政府名义接收的捐赠收入及主管部门集中收入等，其数据规范详见附录A。

非税收入改革取消了单位的收入过渡户，应缴非税收入直接缴入相应的政府非税收入财政专户，在指定的代理银行开设财政专户，并将以往“单位开票、单位收费”的征缴方式，改为实行非税收入“单位开票、银行代收、实时入库（或专户）”的征缴方式。

传统的纸质版非税收入一般缴款书一般设置“五联”，包括回单联、借方凭证、贷方凭证、收据联、存根联。回单联退执收单位，借方凭证和贷方凭证分别由缴款人、收款人开户银行留存，收据联由缴款人收执，存根联由执收单位留存。

2. 电子缴款书的管理流程

《关于稳步推广电子非税收入一般缴款书的通知》（财库〔2021〕46号）规定：财政部负责发放电子缴款书；执收单位负责开具电子缴款书并发送至缴款人；缴款人可通过服务平台等查验电子缴款书真伪；执收单位和缴款人可使用真实有效的电子缴款书进行入账处理；电子缴款书可分别由财政部、执收单位和缴款人进行归档保存。

电子缴款书的基本管理流程如下：

① 制样：财政部通过非税收入收缴管理系统财政端制作形成电子缴款书票据模板文件，实行全国统一的票据式样、编码规则和数据规范。电子缴款书数据规范包括数据要素、数据结构、数据格式和防伪方法等内容。电子缴款书应当套印全国统一式样的财政票据监制章。

② 赋码：由财政部向执收单位发放电子缴款书票号，保证票号唯一性。赋码模式原则上为执收单位开票时系统按照财政部设定规则自动分配。对确有需要的执收单位，由执收单位向财政部申请后，财政部向执收单位预发票号，执收单位按顺序使用。

③ 生成：执收单位通过非税收入收缴管理系统开具电子缴款书（仅有缴款通知功能），包含单位电子签名。缴款人持电子缴款书上携带的缴款码，通过代理银行向财政缴纳款项后，财政端验证电子票号唯一性、执收单位签名有效性，追加财政监制电子签名，生成完整的电子缴款书。执收单位具有业务系统的，可与非税收入收缴管理系统对接，通过其业务系统开具电子缴款书。

④ 传输：执收单位可使用非税收入收缴管理系统，通过系统自带的通知方式（电子邮件）发送电子缴款书给缴款人；也可将电子缴款书下载后，通过短信、电子邮件等多种方式发送至缴款人。传输过程中发生的形式变化不得影响电子缴款书内容的真实性和完整性。

⑤ 查验：缴款人通过非税收入收缴公共服务网站查验电子缴款书的真伪。

⑥ 入账：执收单位和缴款人可凭电子缴款书进行入账、报销等财务处理。执收单位、缴款人及有记账需要的其他受票单位不得使用电子缴款书重复记账。

⑦ 核销：执收单位应按照票据管理规定，定期对已使用电子缴款书开票金额和实际执收金额进行核对，确保一致后申请核销，上传财政端自动审核。

⑧ 归档：财政部、执收单位、缴款人分别按照《会计档案管理办法》有关规定进行归档，形成符合长期保管要求的电子会计档案。执收单位以电子缴款书的纸质打印件作为报销入账归档依据的，必须同时保存打印该纸质件的电子会计凭证。财政部归档作为备查依据，执收单位归档可作为记账依据，缴款人归档可作为报销凭据。符合档案管理要求的电子会计档案与纸质档案具有同等法律效力。除法律、行政法规另有规定外，电子会计档案可不再另以纸质形式保存。

1.4.5　非税电子票据应用案例

1. 案例1

2022年2月18日，乌苏农商银行成功办理首笔自治区非税收入电子化收缴业务，标志着新疆农村信用社（以下简称“新疆农信”）全面实现了非税收入收缴电子化。也就是说，缴款人持“新疆维吾尔自治区政府非税收入缴款通知单”或“20位缴款码”到新疆农信任意网点均可办理非税收入电子化收缴业务，实现了非税收入管理的信息化、规范化和便民化。

新疆农信作为全区网点数量最多、覆盖面最广、客户量最大的地方性金融机构，为配合自治区财政厅全面实施非税收入收缴电子化管理，新疆农村信用社联合社（以下简称“自治区联社”）积极组织多部门高效协同，先后完成系统改造、开发及多轮业务联调测试，仅用时1个月就圆满实现自治区财政非税收入收缴电子化，通过高效、可靠的技术手段为缴款人提供快速、便捷的缴款服务，为新疆税收现代化建设提供高质量服务。

据悉，新疆农信目前已开通了柜面、手机银行、网上银行、自助设备等非税缴款渠道。下一步，自治区联社将按照自治区财政厅统一安排部署，加快技术开发力度，推出缴款人通过自治区财政厅官网进行非税缴款的功能，最大限度满足缴款义务人便捷缴款的需要，进一步实现便民利民全覆盖，优化服务无死角。

2. 案例2

2020年7月，北京一零一中学通过智慧缴费服务平台，开出了学校历史上第一张非税电子票据。由此，北京一零一中学成为北京普教领域首个实现了财务收入管理全流程电子化的学校，建设智慧教育场景又迈出了新的一步。

北京一零一中学开出“非税电子票据”之前，学校的全场景智慧缴费服务平台陆续上线了包含全校全部十余项收费项目，如高中学费、伙食费、住宿费、社会实践活动报名费、国际生学费、教材费、体检费等。学生、家长只需在手机端关注学校微信公众号后登录，查看本人的账单或者确认订单项目及金额后，即可通过微信支付进行缴费，解决了过往收取现金、卡批扣等带来的内控风险、审计风险和业务断点问题。

1.5　财政电子票据

1.5.1　什么是财政电子票据

传统纸质财政票据开具效率低、流转不便捷、管理成本高、报销入账程序复杂的问题，以数字电文形式呈现的财政票据，提升了现有纸质财政票据管理模式，充分运用计算机和信息网络手段。自2021年1月1日开始实施的《财政票据管理办法》规定：“财政电子票据是指由财政部门监管的，国家机关、事业单位、具有公共管理或者公共服务职能的社会团体及其他组织在依法收取政府非税收入或者从事非营利性活动收取财物时，运用计算机和信息网络技术开具、存储、传输和接收的数字电文形式的凭证，是单位财务收支和会计核算的原始凭证，是财会监督、审计监督等的重要依据，具有与纸质票据同等的法律效力。其基本特征是以数字信息代替纸质文件、以电子签名代替手工签章，通过网络手段进行传输流转，通过计算机等电子载体进行存储保管。”

财政电子票据自2018年前后开始，先后在全国推行，其政策依据主要包括：《中华人民共和国电子签名法》、《会计档案管理办法》（财政部国家档案局令第79号）、《财政票据管理办法》（财政部令第70号）、《财政部关于印发〈关于稳步推进财政电子票据管理改革的试点方案〉的通知》（财综〔2017〕32号）、《财政部关于全面推开财政电子票据管理改革的通知》（财综〔2018〕62号）、《财政部关于统一全国财政电子票据式样和财政机打票据式样的通知》（财综〔2018〕72号）、《财政部关于全面推行医疗收费电子票据管理改革的通知》（财综〔2019〕29号）、《财政部关于修改〈财政票据管理办法〉的决定》（中华人民共和国财政部令第104号）。

《财政部关于修改〈财政票据管理办法〉的决定》（中华人民共和国财政部令第104号）自2021年1月1日起实施后，非税收入类、结算类和其他所有类别的财政票据都应当包括票据名称、票据编码、票据监制章、项目、标准、数量、金额、交款人、开票日期、开票单位、开票人、复核人等内容。同时规定，财政电子票据可以作为正式的会计凭证入账，与财政纸质票据具有相同的法律效力，可作为缴款凭证和维权的法律依据。

通过管理平台，可实现财政电子票据开具、管理、传输、查询、存储、报销入账和社会化应用等全流程无纸化、电子化控制，提升了财政、开票单位及交款人的业务办理便捷性。财政电子票据的相关方及流程图如图1-18所示。

在图1-18中，开票单位在开具财政电子票据时，减少了纸质票据的领取、运输、打印、保管等环节，节省了人力和物力，同时避免了纸质票据在流转、保管时出现遗失、损毁等风险。交款人在缴费后即时获取票据信息，通过财政电子票据服务平台获取财政电子票据，节省了排队取票或缴款后换票的时间成本。

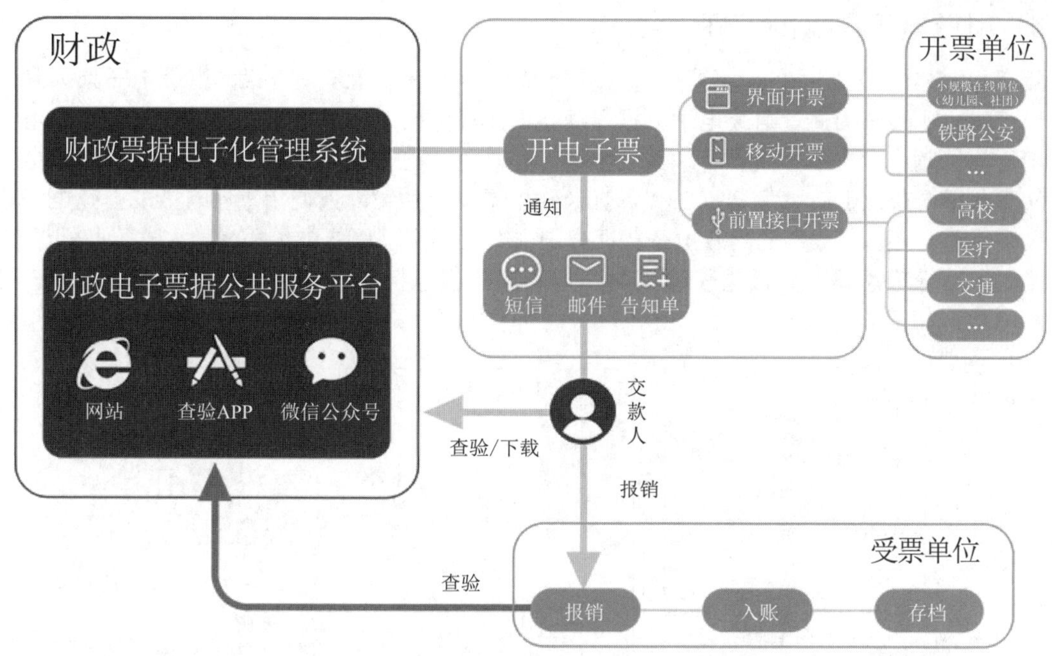

图 1-18　财政电子票据的相关方及流程图

1.5.2　财政电子票据的特点

相对于传统的纸质票据而言，财政电子票据具有以下特点：降低纸张消耗，绿色环保；无感数据传输，缴款人便捷取票；无须打印耗材，降低使用成本；减少人工流程，提升管理效率；数据信息存储，节约保管成本；根源杜绝假票，减少票据欺诈。同时，对缴款人和单位带来了如下便利：

对于缴款人：大大提高了缴款人取票效率，电子票据不丢失、无损毁，提升了便民服务水平，彻底避免假票风险。

对于用票单位：优化内控管理流程，有效减轻财务人员负担，提高财务核算效率，进一步规范单位内部监管。

1.5.3　财政电子票据的类别

目前，国内各省财政电子票据的种类不尽相同。例如，2019年1月1日起，河南省财政厅开展财政电子票据管理改革试点工作，在试点单位和行业选择上，主要涉及网上报名考试、交通罚没、教育收费、医疗收费等与群众生活密切相关的部门以及收费项目；2019年12月，河南省财政厅面向全省开始启用医疗、往来、捐赠等七种财政电子票据式样。

截至2021年12月，贵州省已启用的财政电子票据种类有：《贵州省政府非税收入一般缴款书（电子）》《贵州省政府非税收入统一票据（电子）》《贵州省行政事业单位资金往来结算票据（电子）》《贵州省社会团体会费统一票据（电子）》《贵州省公益事业捐赠统一票据（电子）》《贵州省医疗门诊收费票据（电子）》《贵州省医疗住院收费票据（电子）》，下一步将陆续启用法院诉讼费、住宅维修基金等专用财政电子票据。

截至2021年10月，甘肃省启用的财政电子票据主要包括《甘肃省非税收入统一票据》《甘肃省行政事业单位资金往来结算票据》《甘肃省社会团体会费统一票据》《甘肃省公益事业捐赠统一票据》《甘肃省医疗门诊收费票据》《甘肃省医疗住院收费票据》。

1.5.4 财政电子票据的管理流程

截至2022年8月，国内的财政电子票据主要依托各省财政厅统一建设的财政电子票据管理系统进行管理。财政部门通过财政电子票据管理系统生成财政电子票据模板文件，发放财政电子票据；用票单位通过财政电子票据管理系统申领、开具财政电子票据；缴款人通过省级财政电子票据公共服务平台获取财政电子票据，查验真伪；用票单位和缴款人使用真实有效的财政电子票据进行入账处理。开具完成后的财政电子票据分别由财政部门、用票单位和缴款人进行归档保存。

按照上述管理思路，财政电子票据的基本管理流程包括制样、赋码、开具、传输、查验、入账和归档，如图1-19所示。

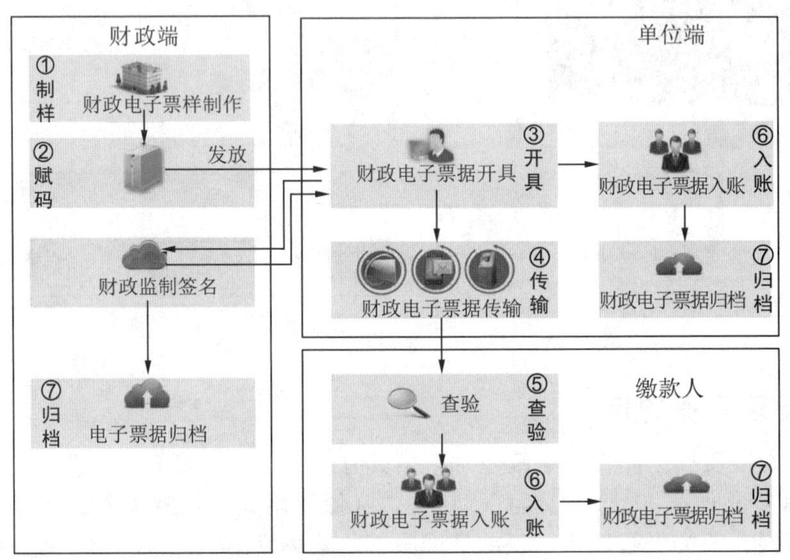

图 1-19 财政电子票据的管理流程图

① 制样。由财政端描述电子票据的数据要素及可视化样式，制作形成电子票据模板文件。

② 赋码。由财政部门向单位发放电子票号，保证财政电子票据票号唯一性。可采用两种赋码模式：一是财政部门向用票单位预发电子票据票号，单位按顺序使用电子票据票号；二是用票单位开票时系统按照财政部门设定规则自动分配电子票据票号。

③ 开具。用票单位可以使用系统单位端开具财政电子票据，或者通过单位自有业务系统和财政电子票据管理系统接口自动开具财政电子票据。开票信息中需包含单位的数字签名信息。单位开具生成含有单位签名的票据信息后，通过系统自动上传到财政端，财政端验证电子票号唯一性、单位签名有效性无误后，追加财政监制签名，制作生成完整的财政电子票据。

④ 传输。财政电子票据信息通过短信、微信、电子邮件、电子票据专用App等多种方式发送给缴款人。缴款人可以通过财政票据管理服务网站等方式获取财政电子票据。

⑤ 查验。缴款人通过财政票据管理服务网站或应用工具等查验票据真伪。

⑥ 入账。由开票单位和缴款单位进行财政电子票据入账处理。财政部门应提供支持财政电子票据入账接口，单位可以建立单位财务管理系统与财政电子票据管理系统接口，自动获取、查验本单位的财政电子票据，生成记账凭证。在过渡阶段，开票单位可以将财政电子票据打印到纸质财政票据上，交缴款人入账。

⑦ 归档。由财政部门、开票单位、缴款单位分别按照《会计档案管理办法》的有关规定进行归档，形成符合长期保管要求的电子会计档案。财政部门归档作为备查依据，开票单位归档

作为记账依据，缴款单位归档作为报销凭据。

1.5.5　财政电子票据管理系统

目前，国内各省的财政电子票据管理系统大都采用省级统一部署、各级财政分级实施的模式，该管理系统部署在政务云，并分为财政端和单位端。

虽然各省财政电子票据管理系统（财政端）的登录网址不同，但大都提供“账密登录”“CA登录”两种模式，登录方法基本相同。如甘肃省财政电子票据管理系统财政端、单位端的登录界面分别如图1-20和图1-21所示。

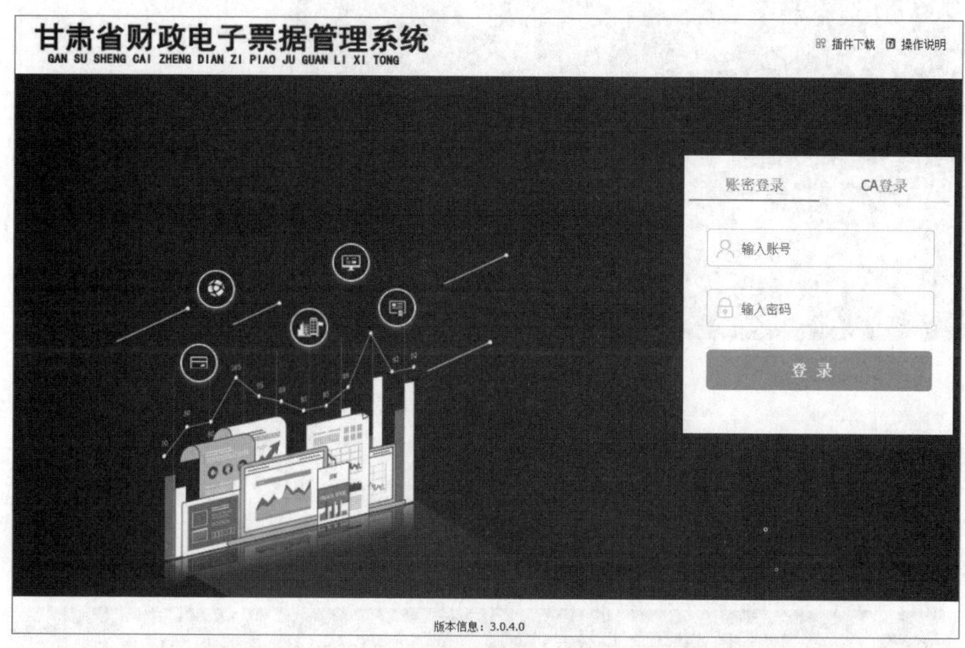

图 1-20　甘肃省财政电子票据管理系统财政端登录界面

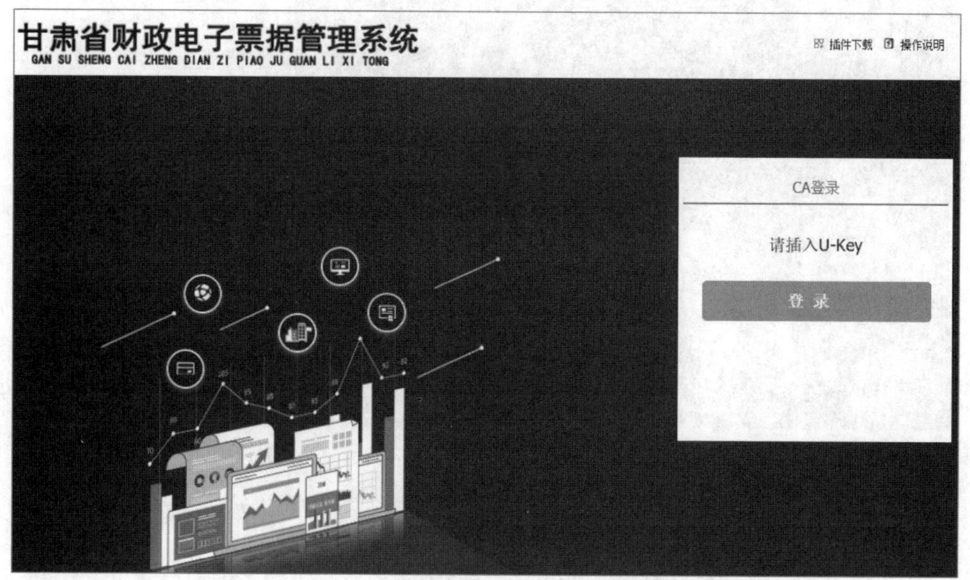

图 1-21　甘肃省财政电子票据管理系统单位端登录界面

山东省财政电子票据管理系统财政端、单位端的登录界面分别如图1-22和图1-23所示。

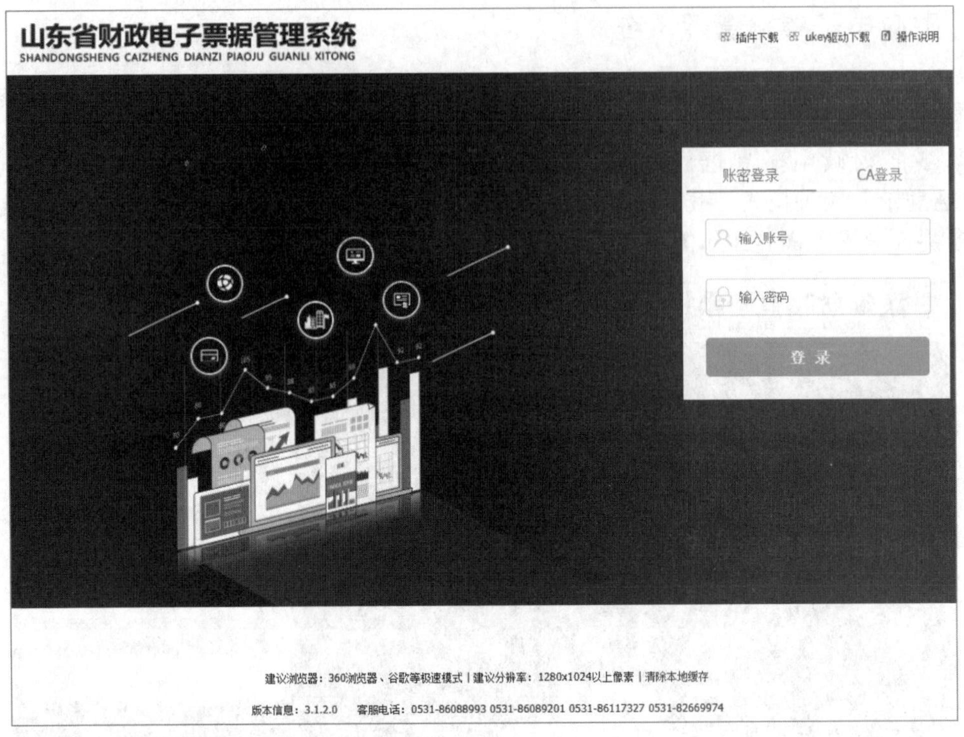

图 1-22　山东省财政电子票据管理系统财政端登录界面

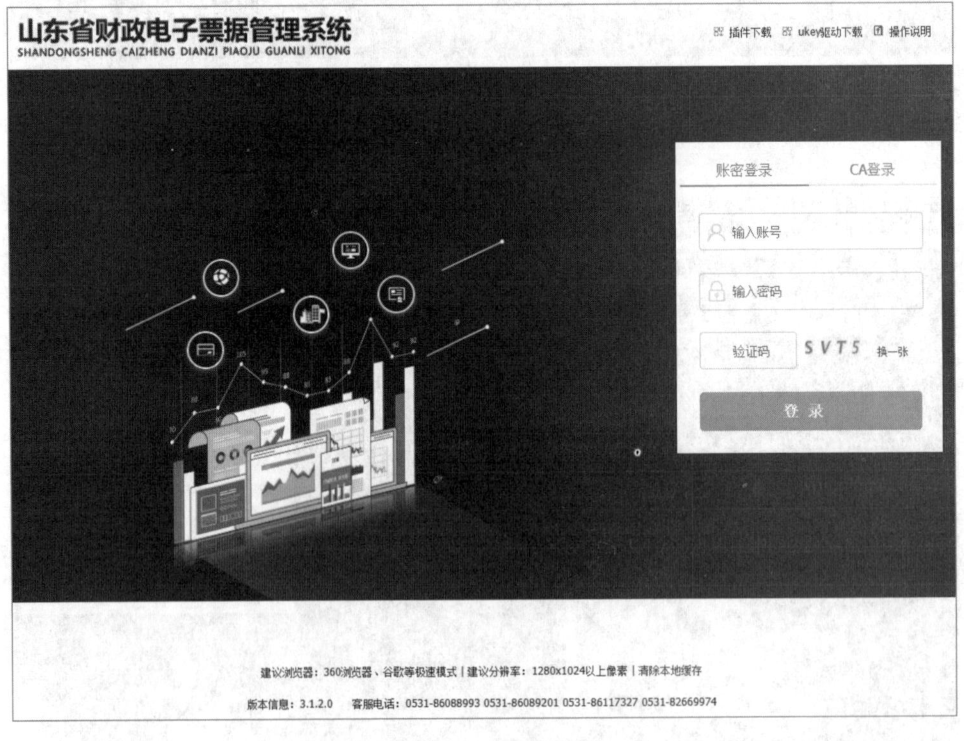

图 1-23　山东省财政电子票据管理系统单位端登录界面

1.5.6　财政电子票据的安全性

目前，财政电子票据按照国家信息系统安全等级保护①基本要求，符合第三等级要求的财政电子票据管理体系和安全保障制度，从系统、数据、管理等多个维度构建安全体系，确保财政电子票据在生成、传输、存储等过程中，始终保持真实、完整、未被更改。在系统建设上，做到身份鉴别、访问控制、安全审计、通信完整性、通信保密性等方面的安全防护；在数据管理上，通过数字签名技术等手段，保障财政电子票据数据信息存储安全；在操作管理上，加强对财政部门和用票单位管理人员数字证书的发放、保管、使用等方面的监管，防范人为数据泄露风险。

财政电子票据借助安全支撑体系，实现电子签名、数字证书管理等，所有数字证书都在财政部门统一备案，符合《中华人民共和国电子签名法》的相关规定要求。具有唯一性、防篡改、不可抵赖的特性。

1.5.7　财政电子票据的查验

截至2022年9月，除了大连、厦门、湖南、青海外，全国其他省、自治区和直辖市的财政电子票据均已接入全国查验平台，页面如图1-24所示。

图 1-24　财政部全国财政电子票据查验平台界面

① 信息安全等级保护（简称“等保”），是对信息和信息载体按照重要性等级分级别进行保护的一种工作，信息安全等级从低到高分为自主保护级、指导保护级、监管保护级、强制性保护级、专控保护级，共计5个等级。

习题与实践

一、判断题

1. 广义上的票据包括各种有价证券和凭证，如股票、企业债券、发票、提单等。（　　）

2. 电子票据是将实物票据电子化，可以如同实物票据一样进行转让、贴现、质押、托收等行为。（　　）

3. 电子发票的实施离不开数字签名技术。（　　）

4. 全电发票无联次，也就是只有一联。（　　）

5. 非税收入票据是指各级国家政府部门、事业单位、社会团体以及其他组织依据有关法律、法规和省级人民政府的有关规定，征收或者收取非税收入时，向缴款义务人开具的收（缴）款凭证。（　　）

6. 2021年1月之后，非税收入类票据包括“非税收入通用票据”和“非税收入一般缴款书”，前者是指行政事业单位依法收取政府非税收入时开具的通用凭证，后者是指实施政府非税收入收缴管理制度改革的行政事业单位收缴政府非税收入时开具的通用凭证。（　　）

7. 财政电子票据的基本管理流程包括制样、赋码、开具、传输、查验、入账和归档。（　　）

二、单项选择题

1. 从计算机技术设计和实现视角看，服务器上电子发票票面上的名称、纳税人识别号、地址、电话、开户行及账号等购买方和销售方信息，以及名称、规格型号、单位、数量、金额、税率、税额等货物或应税劳务、服务信息，都存储在（　　）中。

A. 操作系统　　B. 数据库　　C. 内存　　D. TXT文件

2. 以下关于“全电发票”的说法正确的是（　　）。

A. 全电发票没有发票代码，只有发票号码

B. 购货方信息变得更加简洁，只有名称和税号，没有银行账号和地址

C. 无须使用税控专用设备，只需要U-Key即可，无须办理发票票种核定，无须领用，使用电子发票服务平台即可开票

D. 全电发票不带发票专用章

E. 以上说法都正确

三、多项选择题

电子发票的特点有（　　）。

A. 实时性　　B. 交互性　　C. 低成本　　D. 易存储

四、启发与思考

财政电子票据是政府非税收入票据的重要组成部分，但财政电子票据的赋码，离不开计算机编程、数据库技术的支撑；而且财政电子票据开具过程中数字签名信息的嵌入、票据信息的安全传输、票据真伪的查验、票据的入账管理与归档，都需要借助信息科技才能实现。那么，对于计算机类读者来说，在政府非税收入票据电子化过程的分析、设计、实现、应用、运行、维护等阶段，计算机类读者该如何找到适合自己的切入点？

第2章

电子票据的制样与赋码

根据国家财政部颁布的《财政票据管理办法》，财政电子票据的制样是由财政端描述电子票据的数据要素及可视化样式，并制作形成电子票据模板文件的过程；赋码是指由财政部门向单位发放电子票号并保证财政电子票据票号唯一性的过程。以电子票据代替纸质票据，建立在线申领、实时核发流程，变“工厂印制”为“系统生成”，一份票据原来由计划申请到印制完成跨度时间近半年，现在可以线上申领核发，点击鼠标轻松生成，既提高效率又节约成本。

从本章开始，将以第1章所述财政电子票据的制样、赋码、开具、传输、查验、入账和归档全流程管理为线索，从信息技术视角，在介绍各阶段的任务、功能的基础上，重点介绍其设计思想、实现方法，为读者的开发、应用、运行和维护相关管理系统服务。

2.1 财政电子票据制样

为便于说明，本节以当下主流的非税电子票据为例，说明电子票据的出台背景，介绍电子票据制样的含义，并在详细说明财政电子票据的数据规范的基础上给出财政电子票据的样式和财政机打票据的样式。

2.1.1 财政电子票据的政策背景

为进一步深化财政票据领域“放管服”改革，按照个人所得税改革相关要求做好个人所得税专项附加扣除相关工作，加快推进财政电子票据管理改革，根据《财政票据管理办法》（财政部令第70号）、《财政部关于全面推开财政电子票据管理改革的通知》（财综〔2018〕62号）规定，决定统一规范全国财政票据式样，启用全国统一的财政电子票据式样和财政机打票据式样，并从2019年1月1日起开始实施，详见《关于统一全国财政电子票据式样和财政机打票据式样的通知》（财综〔2018〕72号）。

按照我国《财政票据管理办法》的规定：“财政部门是财政电子票据的主管部门，各级财政部门按照‘统一领导、分级管理’的原则，负责本行政区域内的财政电子票据管理工作。其中，省财政厅负责制定全省财政电子票据管理政策；负责全省财政电子票据系统建设以及制样、赋码、存储、查验平台提供等工作。”

2.1.2 财政电子票据的数据要素

财政电子票据的基本要素包括票据名称、票据代码、票据号码、缴款人、收款项目、标准、收款金额、开票单位、开票人、开票日期、开票单位签章、财政部门监制签章。

2.1.3 财政电子票据的数据规范

1. 适用范围

财政电子票据规范规定了财政电子票据的格式、数据要素信息及组织结构，财政电子票据生成、传输、存储时应遵循本规范。

2. 数据类型

财政电子票据数据采用XML①格式进行组织，数据要素类型包括标准XML数据类型和自定义数据类型，见表2-1。

表 2-1 财政电子票据的数据类型信息一览表

序号	类　型	类型名称	说　明
1	String	字符串	标准 XML 字符串类型（xs:string）。长度分为定长和变长两种，例如：长度“8”表示字符串长度固定为 8，长度 [1,100] 表示字符串长度在 1 ~ 100 之间
2	NString	数字串	表示由数字 0 ~ 9 组成的字符串，如：0123456789
3	Integer	整数	标准 XML 整数类型（xs:integer）
4	Decimal	实数	标准 XML 实数类型（xs:decimal）
5	Base64Binary	Base64 编码字符串	标准 XML Base64 编码字符串类型（xs:base64Binary）
6	Date	日期	表示日期，格式为 yyyyMMdd（年月日），长度为 8 位，如 20220722
7	Time	时间	表示时间，格式为 HH:mm:ss（时分秒），长度为 8 位，如 09:29:53
8	DateTime	日期时间	表示日期时间，格式为 yyyyMMddHH:mm:ss（年月日 时分秒），长度为 17 位，如 2016061309:29:53
9	UTCDateTime	UTC 日期时间	表示 UTC 日期时间，格式为 dd MMM yyyyHH:mm:ss z（日月年时分秒 时区），长度为 24 位，如 13 Jun 2016 09:29:53 GMT
10	Currency	金额	表示金额，单位为元，整数部分最长 15 位，小数部分固定两位，不能包含逗号等分隔符，如 12345.67

3. 数据要素及组织结构

财政电子票据数据由电子票据头部、电子票据票面信息、电子票据数字签名三部分构成，其总体结构见表2-2。

表 2-2 财政电子票据数据的数据要素信息一览表

序号	数　据　项	数据项名称	类　型	长度	说明	基数
1	EInvoice	电子票据	根节点			1
2	├ Header	电子票据头部	节点			1
3	├ EInvoiceData	电子票据票面信息	节点			1
4	└ EInvoiceSignature	电子票据数字签名	节点			1

（1）财政电子票据头部

财政电子票据头部包括的要素信息由电子票据标签、电子票据标识、版本三部分构成，见表2-3。

① XML（Extensible Markup Language，可扩展标记语言）是标准通用标记语言的子集，可以用来标记数据、定义数据类型，是一种允许用户对自己的标记语言进行定义的源语言。

表 2-3　财政电子票据头部要素信息一览表

序号	数　据　项	数据项名称	类型	长度	说　　明	基数
1	Header	电子票据头部	节点			1
2	├ EInvoiceTag	电子票据标签	String	8	格式为“财政电子票据标识－监管机构行政区划代码”。其中，财政电子票据标识为“CZ-EI”；区划代码为 2 位数字	1
3	├ EInvoiceID	电子票据标识	String	19	电子票据的唯一标识，生成规则为“票据代码 - 票据号码”的反转	1
4	└ Version	版本	String	5	固定值，财政电子票据规范版本	1

（2）财政电子票据票面信息

财政电子票据票面信息包括的要素信息有：票面基本信息、票面明细信息、辅助明细信息等，见表2-4。

表 2-4　财政电子票据票面信息一览表

序号	数　据　项	数据项名称	类型	长度	说　　明	基数
1	EInvoiceData	电子票据票面信息	节点			1
2	├ Main	票面基本信息	节点			1
3	│├ EInvoiceName	电子票据名称	String	[1,100]		1
4	│├ EInvoiceCode	电子票据代码	NString	8		1
5	│├ EInvoiceNumber	电子票据号码	NString	10		1
6	│├ RandomNumber	校验码	String	6		1
7	│├ EInvoiceSpecimenCode	电子票据模板代码	String	10		1
8	│├ SupervisorAreaCode	电子票据监管机构代码	String	6		1
9	│├ TotalAmount	总金额	Currency			1
10	│├ IssueDate	开票日期	Date			1
11	│├ IssueTime	开票时间	Time			1
12	│├ InvoicingParty	开票单位	节点			1
13	││├ InvoicingPartyCode	开票单位代码	String	[1,30]	一般为组织机构代码	1
14	││├ InvoicingPartyName	开票单位名称	String	[1,100]		1
15	││├ RecName	收款人全称	String	[0,100]	开电子缴款书时填写	0..1
16	││├ RecAcct	收款人账号	String	[0,50]	开电子缴款书时选填	0..1
17	││└ RecOpBk	收款人开户行	String	[0,100]	开电子缴款书时选填	0..1
18	│├ PayerParty	交款人	节点			1
19	││├ PayerPartyType	交款人类型	String	1	1: 个人 2: 单位	1
20	││├ PayerPartyCode	交款人代码	String	[1,30]	单位一般为组织机构代码；个人一般为身份证号	0..1
21	││├ PayerPartyName	交款人名称	String	[1,100]		1
22	││├ PayerAcct	交款人账号	String	[0,50]	开电子缴款书时选填	0..1
23	││└ PayerOpBk	交款人开户行	String	[0,100]	开电子缴款书时选填	0..1
24	│├ PayMode	交款方式	String	[1,2]		0..1
25	│├ BizCode	业务流水号	String	[1,32]		0..1

续表

序号	数　据　项	数据项名称	类型	长度	说　　明	基数
26	│├CurrencyType	货币种类	String			0..1
27	│├ExchangeRate	汇率	Decimal			0..1
28	│├Remark	备注	String			0..1
29	│├HandlingPerson	开票人	String	[1,20]		1
30	│├Checker	复核人	String	[1,20]		1
31	│├SupervisorRemark	财政部门备注	String			0..1
32	│├MainExt	基本信息扩展	节点		基本信息扩展时在此节点下添加	0..1
33	││├RelatedInvoiceCode	相关票据代码	String	8	预留扩展字段，开具红票时在此填写原票据代码	0..1
34	││├RelatedInvoiceNumber	相关票据号码	String	10	预留扩展字段，开具红票时在此填写原票据号码	0..1
35	││├PayCode	缴款码	String	[1,20]	预留扩展字段，开电子缴款书时填写	0..1
36	│├InvoicingPartySeal	开票单位印章	节点			0..1
37	││├SealId	印章编号	String	32		1
38	││├SealName	印章名称	String	[1,100]		1
39	││└SealHash	印章 Hash	String	[1,256]		1
40	│├SupervisorPartySeal	财政部门印章	节点			0..1
41	││├SealId	印章编号	String	32		1
42	││├SealName	印章名称	String	[1,100]		1
43	││└SealHash	印章 Hash	String	[1,256]		1
44	├Details	票面明细信息	节点			1
45	│└Item	项目	节点			1..999
46	│├ItemCode	项目编码	String	[1,30]		1
47	│├ItemName	项目名称	String	[1,100]		1
48	│├ItemAmount	金额	Currency			1
49	│├ItemUnit	单位	String	[1,30]		0..1
50	│├ItemQuantity	数量	Integer			0..1
51	│├ItemStd	标准	Currency			0..1
52	│└ItemExt	明细信息扩展	节点		明细信息扩展时在此节点下添加	0..1
53	└AuxDetails	辅助明细信息	节点		存在辅助明细信息时在此节点下按项目添加	0..1
54	└AuxItem	辅助项目	节点		辅助项目字段在此节点下添加	1..999

2.1.4　财政电子票据的式样

《关于统一全国财政电子票据式样和财政机打票据式样的通知》（财综〔2018〕72号）规定的财政电子票据式样如图2-1所示。

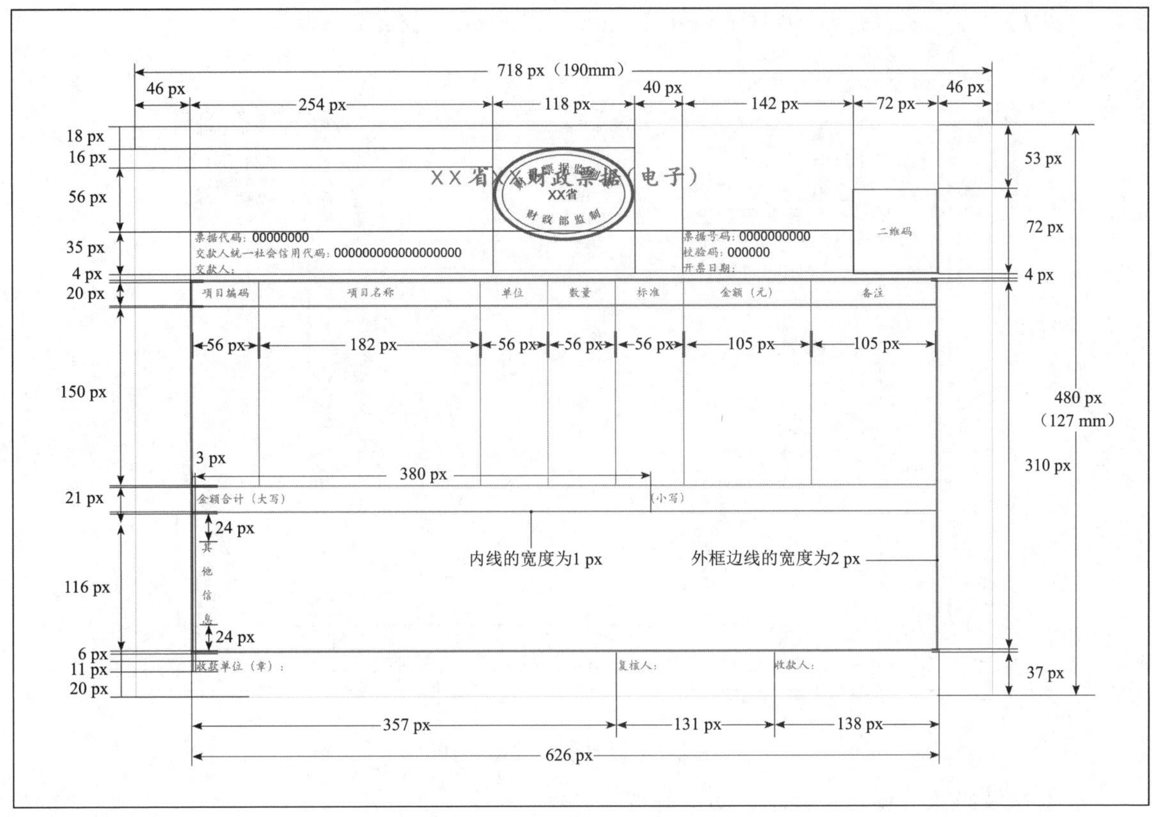

图 2-1　财政电子票据式样

关于财政电子票据式样的几点说明：

① 票面要素。包括财政票据名称、财政票据监制章、票据代码、票据号码、交款人统一社会信用代码、交款人（单位或个人）、校验码、开票日期、二维码、项目编码、项目名称、单位、数量、标准、金额（元）、金额合计（大写）/（小写）、备注、其他信息、收款单位（章）、复核人、收款人等。

② 字体字号。标题为汉仪中楷，20.04 px，居中；正文字体为汉仪楷体，10 px。

③ 规格大小。票据尺寸：718 px×480 px，每英寸96 px。换算成打印尺寸为190 mm×127 mm。

④ 颜色、套章等要求。文字和表格颜色：棕色；在标题正中位置套财政票据监制章（正红色）。

2.1.5　财政机打票据的式样

《关于统一全国财政电子票据式样和财政机打票据式样的通知》（财综〔2018〕72号）规定的财政机打票据式样如图2-2所示。

关于财政机打票据式样的几点说明：

① 票面要素。包括：财政票据名称、财政票据监制章、印制的机打票据代码、印制的机打票据号码、（机打）票据代码、（机打）票据号码、校验码、电子票据代码、电子票据号码、交款人统一社会信用代码、交款人（单位或个人）、开票日期、条形码、项目编码、项目名称、单位、数量、标准、金额（元）、金额合计（大写）/（小写）、备注、其他信息、收款单位（章）、复核人、收款人、联次等。

② 字体字号。标题为汉仪中楷，15磅，居中；正文字体为汉仪楷体，7.5磅。

③ 规格大小。成品尺寸为210 mm × 127 mm，误差不超过0.1 mm。

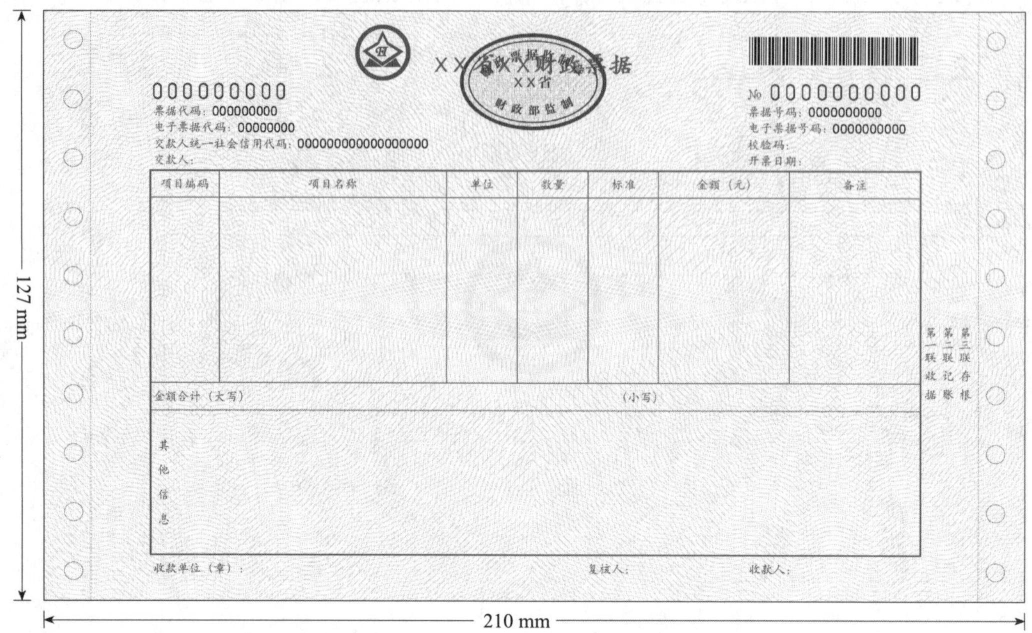

XX省XX财政票据

XX省 财政部监制

000000000

票据代码：000000000

电子票据代码：00000000

交款人统一社会信用代码：000000000000000000

交款人：

№ 0000000000

票据号码：0000000000

电子票据号码：0000000000

校验码：

开票日期：

项目编码	项目名称	单位	数量	标准	金额（元）	备注
金额合计（大写）				（小写）		
其他信息						

第一联 收据　第二联 记账　第三联 存根

收款单位（章）：　　复核人：　　收款人：

图 2-2　财政机打票据式样

④ 联次及纸张、墨色、套章、防伪等要求：

- 票据为三联：分别为收据联、记账联、存根联。省级财政票据监管机构可根据实际需要增减票据联次。
- 收据联纸张采用彩纤无碳复写上纸，克重：45 g/m^2；墨色：棕色（黄色底纹）；号码：左侧9位，右侧10位，防伪荧光红号；在标题正中位置套印财政票据监制章（红色荧光）；在正中位置套印淡黄色财政票据标识（直径30 mm）；距标题左侧5 mm处用无色荧光油墨套印财政票据标识（直径12 mm，在紫外线下显示浅绿色）。若为单联票据，纸张采用彩纤原纸，克重：70 g/m^2。
- 记账联纸张采用彩纤无碳复写中纸，克重：52 g/m^2；墨色：黑色；号码：左侧9位，右侧10位，防伪荧光红号。
- 存根联纸张采用彩纤无碳复写下纸，克重：47 g/m^2；墨色：红色；号码：左侧9位，右侧10位，防伪荧光红号。

小贴士：从本节财政电子票据的数据规范不难知道，财政电子票据信息的String、NString、Integer、Decimal、Base64Binary、Date、Time、DateTime、UTCDateTime、Currency等10种数据类型，与关系数据库中的数据类型基本一致，这些数据类型的定义和约定，为财政电子票据的信息存储、处理和分析提供了基本遵从，也为财政电子票据管理系统的设计和开发提供了依据。此外，财政电子票据的数据要素及其组织方法，也是信息存储技术在财政电子票据管理系统中的具体体现，这种层次化、模块化的数据要素管理办法，也是软件工程思想的完美呈现。

2.2　电子缴款书制样

2.2.1　非税收入一般缴款书（电子）式样

电子缴款书，即非税收入一般缴款书的基本要素包括：缴款码、执收单位编码、执收单位名称、票据代码、票据号码、校验码、填制日期、付款人（全称、账号、开户银行）、收款人（全称、账号、开户银行）、项目编码、收入项目名称、单位、数量、收缴标准、金额、执收单位签章、财政部门监制签章等。《关于印发电子〈非税收入一般缴款书〉有关业务规范和技术标准（试行）的通知》（财办发〔2021〕97号）更新后的电子版《非税收入一般缴款书》式样如图2-3所示。

非税收入一般缴款书

缴款码：

执收单位编码：　　　　票据代码：　　　　校验码：

执收单位名称：　　　　票据号码：　　　　填制日期：

<table>
<tr><td rowspan="3">付
款
人</td><td>全　　称</td><td colspan="2"></td><td rowspan="3">收
款
人</td><td>全　　称</td><td colspan="2"></td></tr>
<tr><td>账　　号</td><td colspan="2"></td><td>账　　号</td><td colspan="2"></td></tr>
<tr><td>开户银行</td><td colspan="2"></td><td>开户银行</td><td colspan="2"></td></tr>
<tr><td colspan="6">币种：　　　　金额（大写）</td><td colspan="2">（小写）</td></tr>
<tr><td colspan="2">项目编码</td><td colspan="2">收入项目名称</td><td>单位</td><td>数量</td><td>收缴标准</td><td>金额</td></tr>
<tr><td colspan="2"></td><td colspan="2"></td><td></td><td></td><td></td><td></td></tr>
<tr><td colspan="2"></td><td colspan="2"></td><td></td><td></td><td></td><td></td></tr>
<tr><td colspan="2"></td><td colspan="2"></td><td></td><td></td><td></td><td></td></tr>
<tr><td colspan="4">执收单位（盖章）　　　　经办人（盖章）</td><td colspan="4">备注：</td></tr>
</table>

图 2-3　非税收入一般缴款书（电子）式样

关于非税收入一般缴款书（电子）的两点说明：

① 缴款码是缴款订单的唯一标识，共计20位，其中10位的顺序号就是缴款书的票据号码。

② 票据代码和号码是电子缴款书唯一标识。

2.2.2　非税收入一般缴款书（电子）技术标准

电子《非税收入一般缴款书》的格式、数据要素信息及组织结构与财政电子票据类似，本节不再赘述，细节详见附录A，技术标准详见附录B。

2.3　通行费电子票据制样

本节所述的“通行费电子票据”是“收费公路通行费财政票据（电子）”的简称，属于财政电子票据的一种特殊形式，适用于征收政府还贷公路的车辆通行费。

2.3.1 通行费电子票据式样

为了全面推进财政电子票据改革，提升收费服务水平，规范政府还贷公路通行费电子票据管理，根据《关于全面推开财政电子票据管理改革的通知》《关于统一全国财政电子票据式样和财政机打票据式样的通知》，2020年4月26日，《财政部关于启用<收费公路通行费财政票据（电子）>的通知》（财综〔2020〕12号）规定的通行费电子票据的式样如图2-4所示。

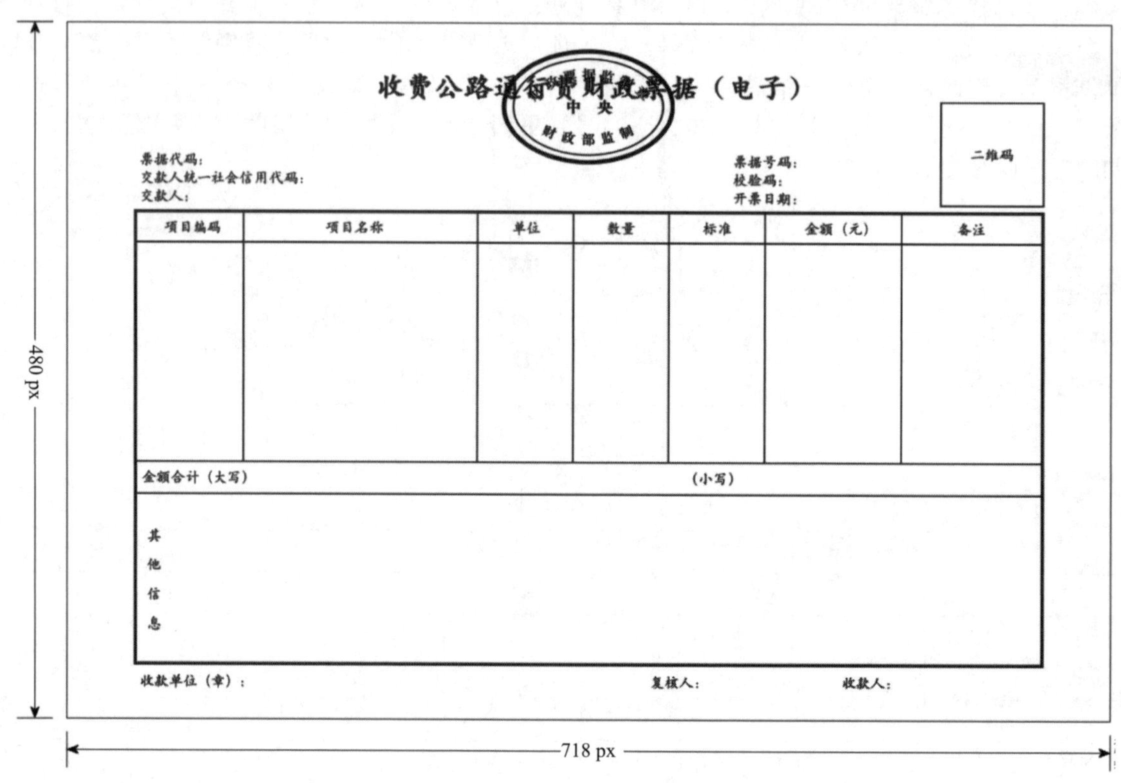

收费公路通行费财政票据（电子）

中央

财政部监制

票据代码：

交款人统一社会信用代码：

交款人：

票据号码：

校验码：

开票日期：

二维码

项目编码	项目名称	单位	数量	标准	金额（元）	备注

金额合计（大写） （小写）

其他信息

收款单位（章）： 复核人： 收款人：

图 2-4 通行费电子票据式样

2.3.2 通行费电子票据要求

（1）票面要素

通行费电子票据的票面要素包括：财政票据名称、财政票据监制章、票据代码、票据号码、交款人统一社会信用代码、校验码、交款人（单位或个人）、开票日期、二维码、项目编码、项目名称、单位、数量、标准、金额（元）、金额合计（大写）/（小写）、备注、其他信息、收款单位（章）、复核人、收款人等。

（2）字体字号

通行费电子票据的标题为汉仪中楷，20.04 px，居中；正文字体为汉仪楷体，10 px。

（3）规格大小

通行费电子票据的尺寸：718 px × 480 px，每英寸96 px。换算成打印尺寸为190 mm × 127 mm。

（4）颜色、套章等要求

通行费电子票据票面的文字和表格颜色：棕色；在标题正中位置套财政票据监制章（正红色）。

2.4　财政电子票据赋码

2.4.1　财政电子票据赋码概述

如前所述，赋码是指由财政部门按照编码规则逐级向使用单位发放电子票号并确保该电子票号全国唯一的过程，是财政电子票据管理的一个重要环节，在顺序上位于“财政电子票据制样”后。

2.4.2　财政电子票据编码规则

1. 适用范围

本规则适用于制定全国所有财政电子票据编码。财政电子票据编码由票据代码和票据号码两部分组成，票据代码和票据号码组合，可以在全国范围内唯一识别某份财政电子票据。

2. 编码结构

（1）财政电子票据代码

财政电子票据代码设计为8位，由财政电子票据监管机构行政区划编码、财政电子票据分类编码、财政电子票据种类编码、财政电子票据年度编码4部分组成，见表2-5。

表 2-5　财政电子票据代码分段信息一览表

编码序号	1	2	3	4	5	6	7	8
说　明	财政电子票据监管机构行政区划编码 2 位		财政电子票据分类编码 2 位		财政电子票据种类编码 2 位		财政电子票据年度编码 2 位	

第一部分：财政电子票据监管机构行政区划编码（2位）。中央用“00”，各省（自治区、直辖市）遵循国家标准《中华人民共和国行政区划代码》（GB/T 2260—2007）取前2位，用于反映省级财政票据监管机构所属行政区划，使用数字表示。新疆生产建设兵团用“66”。财政电子票据监管机构行政区划编码信息见表2-6。

表 2-6　财政电子票据监管机构行政区划编码信息一览表

地区	编码	地区	编码	地区	编码	地区	编码
中央	00	北京市	11	天津市	12	河北省	13
山西省	14	内蒙古自治区	15	辽宁省	21	吉林省	22
黑龙江省	23	上海市	31	江苏省	32	浙江省	33
安徽省	34	福建省	35	江西省	36	山东省	37
河南省	41	湖北省	42	湖南省	43	广东省	44
广西壮族自治区	45	海南省	46	重庆市	50	四川省	51
贵州省	52	云南省	53	西藏自治区	54	陕西省	61
甘肃省	62	青海省	63	宁夏回族自治区	64	新疆维吾尔自治区	65
新疆生产建设兵团	66						

第二部分：财政电子票据分类编码（2位）。由财政部统一编码，用于反映财政电子票据所属的分类，使用两位数字编码表示。财政电子票据分类编码信息见表2-7。

表 2-7　财政电子票据分类编码信息一览表

财政电子票据分类	编码	财政电子票据分类	编码
非税收入通用票据	01	非税收入专用票据	02
资金往来结算票据	04	公益事业捐赠票据	05
医疗收费票据	06	社会团体会费票据	07
社会保险基金票据	08	工会经费收入票据	09
……	…	其他财政票据	99

第三部分：财政电子票据种类编码（2位）。采用顺序码，用于反映财政电子票据种类，使用数字表示。例如，在医疗收费票据中，“01”表示医疗门诊收费票据，“02”表示医疗住院收费票据。

第四部分：财政电子票据年度编码（2位）。用于区分财政电子票据赋码年度，使用数字表示。如“17”表示2017年度，“18”表示2018年度，“19”表示2019年度，“20”表示2020年度，“21”表示2021年度，依此类推。

（2）财政电子票据号码

财政电子票据号码（10位）。采用顺序号，用于反映财政电子票据赋码的先后顺序，使用阿拉伯数字表示，见表2-8。如“0000000001”表示第1份电子票据，“0000000002”表示第2份电子票据。

表 2-8　财政电子票据号码信息一览表

编码序号	1	2	3	4	5	6	7	8	9	10
说　明	顺序码 10 位									

（3）财政电子票据编码举例

为了便于读者理解财政电子票据赋码过程中票据代码和票据号码的含义，举例说明见表2-9。

表 2-9　财政电子票据编码信息一览表

序号	编　码		说　明
	财政电子票据代码	财政电子票据号码	
1	00010122	0000000001	表示 2022 年中央第 1 份非税收入统一票据
2	11040122	0000000002	表示 2022 年北京市第 2 份资金往来结算票据
3	13060222	0000000010	表示 2022 年河北省第 10 份医疗住院收费票据

启示：技术角度看，财政电子票据代码和财政电子票据号码的编码规则，在原理上完全遵从了关系数据库设计理论，也为财政电子票据大数据的存储、检索、比对、分析等，提供了技术支撑。

2.5　电子缴款书赋码

电子缴款书赋码是财政部门向执收单位发放票据代码和号码的过程。国标系统在生成缴款订单时向执收单位自动分配票据代码和号码，即实现了动态赋码。本节以重庆市财政局为例，介绍电子缴款书赋码的前提条件和业务流程。

2.5.1　前提条件

① 执收单位已办理和登记《财政票据领用证》。

② 没有超过六个月未审核的电子缴款书。

③ 为避免不同系统间日期差异影响数据处理，方便账务核对和过渡数据清理，每日24时前后30分钟暂停缴款订单和电子缴款书赋码。

2.5.2　业务流程

步骤1：执收单位在业务办理过程中登记应缴款信息申请缴款订单，进行电子缴款书赋码。

步骤2：国标系统判断当前电子缴款书状态流水是否锁表（每晚日终期间，具体时间是23时30分至0时30分），若是，则提示系统正在进行日终暂停赋码。

步骤3：国标系统判断执收单位是否登记财政票据领用证编号，未登记的提示执收单位办理《财政票据领用证》暂停赋码，同时终止处理。

步骤4：国标系统判断当前服务器年月减去核销登记簿中审核日期所处年月是否大于6，是则提示执收单位超过六个月未提交审核电子缴款书暂停赋码，同时终止处理。

步骤5：国标系统为缴款订单自动分配缴款码，同时将缴款码结构中10位顺序码直接作为票据号码，缴款码是缴款订单唯一标识，票据代码和号码是电子缴款书唯一标识。

步骤6：国标系统自动登记执收单位电子缴款书状态流水。

步骤7：日终期间，国标系统自动登记执收单位核销登记簿，登记执收单位电子缴款书使用台账，清空电子缴款书状态流水。

需要说明的是：

① 电子缴款书的一个缴款码对应一个票据代码和号码，但红票[①]情况下可对应多个票据代码和号码。

② 集中汇缴时使用的父码[②]，是不关联电子缴款书的特殊缴款码，不设置对应的票据代码和号码。

2.5.3　编码规则

电子缴款书编码由票据代码和票据号码两部分组成，票据代码和票据号码组合，可以在全国范围内唯一识别某份电子缴款书。

1. 电子缴款书代码

电子缴款书代码设计为8位，由电子缴款书监管机构行政区划编码、电子缴款书分类编码、电子缴款书种类编码、电子缴款书年度编码4部分组成，见表2-10。

表 2-10　电子缴款书代码（8 位）信息一览表

编码序号	1	2	3	4	5	6	7	8
说　明	电子缴款书监管机构行政区划编码 2 位		固定 03		固定 01		电子缴款书年度编码 2 位	

第一部分：电子缴款书监管机构行政区划编码（2位），中央用“00”，北京用“11”，其

① 通过填制红票纠正电子缴款书中错误填写的付款人信息时，其中金额为负值的电子缴款书为红票状态。红票状态的电子缴款书同时包含执收单位和财政电子签名。

② 开设有财政汇缴专户的执收单位，可以使用集中汇缴。将多个缴款码（即子码）汇总成一个缴款码（父码）进行缴款。换句话说，父码是一种特殊缴款码，不对应电子缴款书，不产生非税收入收缴明细，财政汇缴专户可使用银行电子回单作为电子会计凭证。

他详见表2-6。

第二部分：电子缴款书分类编码（2位），固定值03。

第三部分：电子缴款书种类编码（2位），固定值01。

第四部分：电子缴款书年度编码（2位），用于区分电子缴款书赋码年度，使用数字表示。如“21”表示2021年度。

2. 电子缴款书号码

电子缴款书号码（10位）。采用顺序号，用于反映电子缴款书赋码顺序，使用数字表示。如“0000000001”表示第一份电子缴款书。

2.6 通行费电子票据赋码

通行费电子票据的票据代码为8位，编码规则为：第1～2位代表财政电子票据监管机构行政区划编码，第3～4位为02，第5～6位为99，第7～8位代表财政电子票据年度编码。票据号码为10位，采用顺序号，用于反映财政电子票据赋码顺序。

2.6.1 票据代码编码规则

通行费电子票据代码设计为8位，由通行费电子票据监管机构行政区划编码、通行费电子票据分类编码、通行费电子票据种类编码、通行费电子票据年度编码4部分组成，见表2-11。

表 2-11 通行费电子票据代码（8 位）信息一览表

编码序号	1	2	3	4	5	6	7	8
说　明	监管机构行政区划编码 2 位		固定 02		固定 99		年度编码 2 位	

第一部分：通行费电子票据监管机构行政区划编码（2位），中央用“00”，北京用“11”，其他详见表2-6。

第二部分：通行费电子票据分类编码（2位），固定值02。

第三部分：通行费电子票据种类编码（2位），固定值99。

第四部分：通行费电子票据年度编码（2位），用于区分通行费电子票据赋码年度，使用2位阿拉伯数字表示。如“22”表示2022年度。

2.6.2 票据号码编码规则

通行费电子票据号码（10位）。采用顺序号，用于反映通行费电子票据赋码顺序，使用数字表示。如“0000000010”表示第十份通行费电子票据。

习题与实践

一、判断题

1. 财政电子票据的基本要素包括票据名称、票据代码、票据号码、缴款人、收款项目、标准、收款金额、开票单位、开票人、开票日期、开票单位签章、财政部门监制签章。（　　）

2. 财政电子票据规范规定的是财政电子票据的格式、数据要素信息与组织结构，以及财政电子票据生成、传输、存储时应遵循本规范。（　　）

3. 财政电子票据数据采用XML格式进行组织，数据要素类型包括标准XML数据类型和自

定义数据类型。（　　）

4. 电子缴款书的基本要素包括：缴款码、执收单位编码、执收单位名称、票据代码、票据号码、校验码、填制日期、付款人、收款人、项目编码、收入项目名称、单位、数量、收缴标准、金额、执收单位签章、财政部门监制签章等。票据代码和号码是电子缴款书唯一标识。（　　）

5. 非税电子票据的赋码是指由财政部门按照编码规则逐级向使用单位发放电子票号并确保该电子票号全国唯一的过程。（　　）

二、单项选择题

1. 按照我国《财政票据管理办法》的规定，省级财政电子票据制样的负责单位是（　　）。

A. 省财政厅　　B. 省政府　　C. 省委　　D. 省税务局

2. 非税收入一般缴款书的基本要素有缴款码、执收单位编码、执收单位名称、票据代码、票据号码、校验码、填制日期、付款人、收款人、项目编码、收入项目名称、单位、数量、收缴标准、金额、执收单位签章、财政部门监制签章等。从数据库设计角度看，关键字可选择（　　）。

A. 缴款码　　B. 票据代码

C. 票据号码　　D. 票据代码+票据号码

三、启发与思考

财政电子缴款书的“锁表”就是国标系统在特定时段主动锁定电子缴款书对应的表数据，用于暂停缴款订单和电子缴款书赋码操作。请从数据库原理与应用视角思考财政电子缴款书“锁表”的实现机理，并进行仿真验证。

第3章

电子票据签名技术与应用

本章围绕电子票据开具，在重点介绍电子签名、数字签名、数字证书、签名相关算法、签名验签服务器、非税电子票据开具等基础上，结合实例说明签名技术在电子票据领域的应用情况，为读者知悉、学会电子签名技术并掌握其应用奠定基础。

3.1 电子签名与电子签名法

日常的工作和生活中的签名就是指一个人用手亲笔在一份文件上写下名字或者留下印记、印章或者其他特殊符号，以确定签名人的身份，并且确定签名人对文件内容予以认可的过程。本节重点介绍与电子票据相关的电子签名、数字签名技术及其实现方法，为读者分析、设计、实现、运行和维护与数字签名相关的系统（如电子票据管理系统）提供技术支撑。

3.1.1 电子签名

电子签名是现代认证技术的泛称，美国《统一电子交易法》规定，“电子签名”泛指“与电子记录相联的或在逻辑上相联的电子声音、符号或程序，而该电子声音、符号或程序是某人为签署电子记录的目的而签订或采用的”；联合国《电子商务示范法》中规定，电子签名是包含、附加在某一数据电文内，或逻辑上与某一数据电文相联系的电子形式的数据，它能被用来证实与此数据电文有关的签名人的身份，并表明该签名人认可该数据电文所载信息；欧盟的《电子签名指令》规定，“电子签名”泛指“与其他电子记录相连的或在逻辑上相连并以此作为认证方法的电子形式数据”。

依照《中华人民共和国电子签名法》（简称《电子签名法》），电子签名是指数据电文中以电子形式所含、所附用于识别签名人身份并表明签名人认可其中内容的数据。其中，数据电文是指以电子、光学、磁或者类似手段生成、发送、接收或者存储的信息。

从上述国内外对“电子签名”的定义来看，凡是能在电子通信中，起到证明当事人的身份、证明当事人对文件内容的认可的电子技术手段，都可被称为电子签名，电子签名即现代认证技术的一般性概念，它是电子商务安全的重要保障手段。

需要说明的是，电子签名并非是书面签名的数字图像化，它其实是一种电子代码，利用它，收件人便能在网上轻松验证发件人的身份和签名。它还能验证出文件的原文在传输过程中有无变动。如果有人想通过网络把一份重要文件发送给外地的人，收件人和发件人都需要首先向一个许可证授权机构CA（GlobalSign）申请一份电子许可证。这份加密的证书包括了申请者在网上的公共钥匙，即“公共电脑密码”，用于文件验证。

从2005年4月1日起正式施行、2015年第一次修正、2019年第二次修正的《电子签名法》，将同时符合下列条件的，视为可靠的电子签名：①电子签名制作数据用于电子签名时，属于电子签名人专有；②签署时电子签名制作数据仅由电子签名人控制；③签署后对电子签名的任何改动能够被发现；④签署后对数据电文内容和形式的任何改动能够被发现。《电子签名法》规定，可靠的电子签名与手写签名或者盖章，具有同等的法律效力。

简单地说，电子签名主要用于确认文档中的内容。但从法律的角度说，并非所有电子签名的保证级别都是相同的。如果用户所处的行业受到高度监管，那么用户在处理个人或私人信息和数据、财务或会计、人力资源、法律或医疗保健等信息时，就可能需要考虑更安全的选择。

与纸质签名相比，电子签名具有存储安全性高、合法合规，签约审批效率高、管理方便，节约办公成本、低碳环保等优点。此外，随着数字化的不断深入，社会对电子签名的接受程度快速增加，行业热度持续攀升，促使电子签名成为数字化社会的“基础设施”之一；在当今数字经济背景下，实体银行、网上银行、电子商务、电子政务、电子合同的签署以及银行、电信、线上工商、数字财税等行业或领域广泛使用。

3.1.2　电子签名的常见形式

一般地，电子签名有以下三种形式：

① 附着于电子文件的手写签名的数字化图像，包括采用生物笔记辨别法所形成的图像。

② 向收件人发出的证实发送人身份的密码、计算机口令。

③ 采用特定生物技术识别的工具，如指纹。

3.1.3　电子签名法

《中华人民共和国电子签名法》是为了规范电子签名行为，确立电子签名的法律效力，维护有关各方的合法权益而制定的法律。该法由中华人民共和国第十届全国人民代表大会常务委员会第十一次会议于2004年8月28日通过，自2005年4月1日起施行。当前版本为2019年4月23日第十三届全国人民代表大会常务委员会第十次会议修正。

《中华人民共和国电子签名法》被认为是中国首部真正电子商务法意义上的立法。因为自1996年联合国颁布《电子商务示范法》以来，世界各国电子商务立法如火如荼，有的国家颁布了电子商务法或交易法，有的国家颁布了电子签名或数字签名法，也有的国家兼采两种立法方式。而我国电子商务立法最终在国家信息化战略的引导下出台，可以说是业内人士期盼已久的举措，也受到了各相关企业乃至政府部门的高度关注。

被称为“中国首部真正意义上的信息化法律”，自此电子签名与传统手写签名和盖章具有同等的法律效力。《电子签名法》是我国推进电子商务发展，扫除电子商务发展障碍的重要步骤。虽然舆论普遍认为《电子签名法》将会极大地促进电子商务在我国的快速发展，但在网络交易安全、相关法律衔接等“拦路虎”面前，有关专家认为，现阶段《电子签名法》的标志意义大于实际意义。

《电子签名法》第三十四条规定的用语的含义：

① 电子签名人，是指持有电子签名制作数据并以本人身份或者以其所代表的人的名义实施电子签名的人（U盾持有人）。

② 电子签名依赖方，是指基于对电子签名认证证书或者电子签名的信赖从事有关活动的人（合同对方）。

③ 电子签名认证证书，是指可证实电子签名人与电子签名制作数据有联系的数据电文或者其他电子记录（嵌有电子签名的合同）。

④电子签名制作数据，是指在电子签名过程中使用的，将电子签名与电子签名人可靠地联系起来的字符、编码等数据（数字证书私钥，U盾——名章）。

⑤电子签名验证数据，是指用于验证电子签名的数据，包括代码、口令、算法或者公钥等（数字证书公钥，文档上的电子封条——印鉴）。

3.1.4 电子签名的效力

我国在电子签名的法律效力问题上，一是规定当事人约定使用电子签名的文书，不得仅因为其采用电子签名而否定其法律效力；二是规定可靠的电子签名与手写签名或者盖章具有同等的法律效力；三是规定当事人可以选择使用符合其约定的可靠条件的电子签名；四是以目前国际上比较公认的成熟技术为基础，推荐一定的安全条件和标准，作为可靠的电子签名的标准。

《中华人民共和国电子签名法》第十四条，可靠的电子签名与手写签名或者盖章具有同等的法律效力。

新加坡《电子签名法》规定，如果一项法律规则要求签名，或规定某一文件未经签名会产生特定的法律后果，则采用电子签名的形式满足该法律规则。

韩国电子署名法规定：与公认认证机关颁布的认证书所包含的电子署名检证键一致的电子署名生成键所生成的电子署名，可视为依法而定的署名或印章。

3.2 数字签名及其相关算法

3.2.1 数字签名概述

1. 数字签名的含义

数字签名（Digital Signature）又称公钥数字签名、电子签章，是签发方用自己的私钥对被签发内容的摘要（又称消息摘要）进行加密的过程，是非对称密钥加密技术与数字摘要技术相结合的应用，可用于网站认证、防止信息被仿冒/被假造。

数字签名并非完全等价于电子签名，数字签名只是电子签名技术中较为成熟的一种，基于公钥密码技术的数字签名目前较为成熟完备，也是当下最适合的电子签名方案。

2. 数字签名的功用

① 防伪造：数字签名中的私钥具有唯一性，除签名者之外都不能伪造签名，并防止被假冒。

② 完整性：由于数字签名中包含hash算法，对签名文档的任何未经授权的修改将立即被显现。

③ 身份标识：证书颁发机构可以对证书持有者的身份进行识别和验证，可信的CA机构签发的证书可以用于做身份标识。

④ 时间戳：知道文档签署的时间是非常重要的，数字签名可以盖上指示创建签名时间的时间戳。

⑤ 防抵赖：数字签名不仅可以成为身份识别的依据，同时它也是签名者进行签名操作的有效证据，防止签名方对其产生的行为进行抵赖。

3. 数字签名的条件

目前，在我国的金融信息系统、政务云平台、在线购物平台、金税工程系统、第二代居民身份证管理、国家电力信息管理、社会保障信息管理等系统中，许多业务都直接或者间接要求进行签名或者加盖印章，证实其真实性，以备日后检查，也就是说这些系统均离不开数字签名。一般说来，数字签名需要满足以下条件：

① 接收者能够核实发送者对报文的签名。

② 发送者事后不能抵赖对其报文的签名。

③ 接收者无法伪造对报文的签名。

4. 数字签名的分类

一般地，数字签名分为普通数字签名和特殊数字签名。普通数字签名算法有RSA、ElGamal、Fiat-Shamir、Guillou-Quisquarter、Schnorr、Ong-Schnorr-Shamir数字签名算法，Des/DSA，椭圆曲线数字签名算法和有限自动机数字签名算法等。特殊数字签名有盲签名、代理签名、群签名、不可否认签名、公平盲签名、门限签名、具有消息恢复功能的签名等，它与具体应用环境密切相关。

为便于说明数字签名过程及其实现，限于篇幅，本节仅介绍数字签名相关的技术和算法。

3.2.2　非对称密钥加密技术概述

非对称加密（Asymmetric Encryption）又称公开密钥加密（Public-key Cryptography），是相对于对称加密（Symmetrical Encryption）的一种得到广泛应用的密码学算法类型。非对称加密需要一对密钥，一个是私人密钥（简称私钥），另一个则是公开密钥（简称公钥）。这两个密钥是数学相关，用某用户密钥加密后所得的信息，只能用该用户的解密密钥才能解密。如果知道了其中一个，并不能计算出另外一个。因此，如果公开了一对密钥中的一个，并不会危害到另外一个的秘密性质。

常见的非对称加密算法有：RSA、ElGamal、背包算法、Rabin（RSA的特例）、迪菲-赫尔曼密钥交换协议中的公钥加密算法、椭圆曲线加密算法，用于电子商务、网上银行、手机银行、区块链、金税工程系统等。

上述所有非对称加密算法都有一个共同的特征，即安全性基于数学问题解题难度。也就是说，非对称加密算法是以数学原理为依据，并且是公开透明的，这完全有别于对称加密算法。

目前，市面上最广泛使用的非对称加密算法主要有RSA和ElGamal，其加解密过程示意图如图3-1所示。

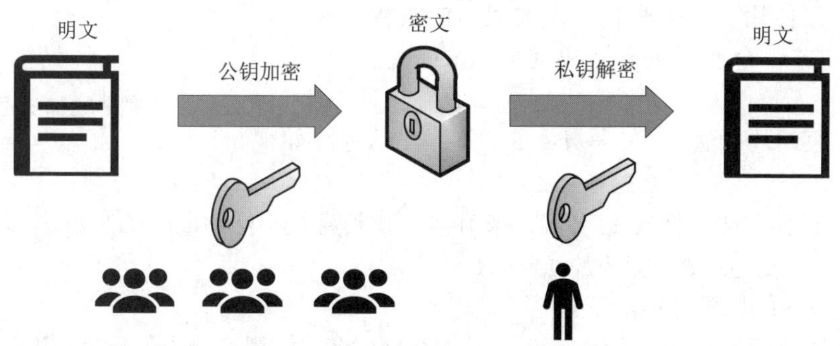

图 3-1　非对称加解密过程示意图

3.2.3　RSA非对称密钥加密算法

RSA算法是1978年由Ron Rivest、Adi Shamir和Leonard Adleman三人共同提出的，算法的名字就是他们名字首字母的组合。它是目前最有影响力和最常用的公钥加密算法，它能够抵抗到目前为止已知的绝大多数密码攻击，已被ISO推荐为公钥数据加密标准。

RSA算法的原理是基于一个十分简单的数论事实：将两个大质数相乘十分容易，但是想要对其乘积进行因式分解却极其困难，因此可以将乘积公开作为加密密钥。

例如，2是最小的质数，那么很容易因式分解得到1乘以2，如果给了两个质数的乘积是243013，你多久能因式分解出来。两个质数的位数越大，那么要将它们的乘积因式分解就越难。目前，已发现的最大质数长达2233万位，可想而知，数字越大，因式分解将越难。

然而，随着设备或技术的不断进步，这种加密算法开始受到质疑，理论上可以通过一定的算力将其分解，但是目前仍没有任何可靠的攻击较长RSA密钥的方式被提出。

3.2.4 ElGamal非对称密钥加密算法

ElGamal算法于1986年由Taher ElGamal提出，ElGamal算法与RSA算法类似。RSA算法依据的是大质数的因式分解，而ElGamal算法依据的是模运算下求解离散对数困难。

所谓的离散对数，是基于同余运算和原根的一种对数算法。

例如，有y是n的一个原根，令n=5，y=2，如果存在有满足（k，n）=1的k存在，那么k关于y的离散对数定义为存在一个整数t，使得下面的式子成立：

y^t=k mod n

其中：整数t可以随意取值，

- 如果t=0，则有2^0≡1；
- 如果t=1，则有2^1≡2；
- 如果t=2，则有2^2≡4；
- 如果t=3，则有2^3≡3。

离散对数的求解目标就是找到这个正整数系数k。

这种算法，很难找到一个快速计算离散对数的解法。

3.2.5 ECC非对称密钥加密算法

ECC（Elliptic Curve Cryptography，椭圆曲线加密）算法是1985年由NcalKoblitz和VictorMiller分别独立提出，是基于椭圆曲线数学理论实现的一种非对称加密算法。相比RSA，ECC的优势是可以使用更短的密钥，来实现与RSA相当或更高的安全，但其有一个明显的缺点就是计算的过程比较费时间。

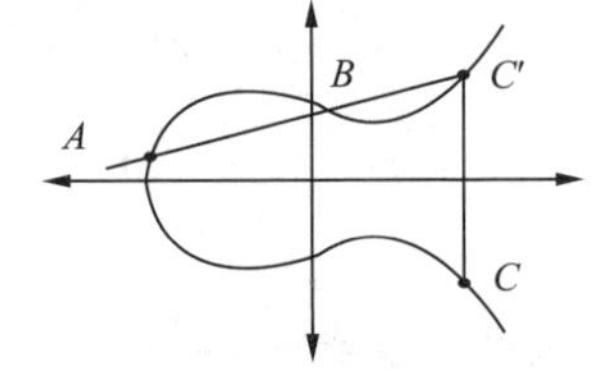

图 3-2　椭圆曲线加法运算原理示意图

ECC的基本原理是加法运算$C = A + B$，其原理示意图如图3-2所示。

在图3-2中，过曲线上的两点A、B画一条直线，找到直线与椭圆曲线的交点C'，C'关于X轴对称位置的点C，定义为A+B，即为加法$C = A + B$。

ECC加解密算法的原理描述如下：

设私钥、公钥分别为d、Q，即$Q = dG$，其中G为基点，椭圆曲线上的已知G和dG，求d是非常困难的，也就是说已知公钥和基点，想要算出私钥是非常困难的。

公钥加密：选择随机数r，将消息M生成密文C，该密文是一个点对，$C = \{rG, M+rQ\}$，其中Q为公钥。

私钥解密：$M + rQ - d(rG) = M + r(dG) - d(rG) = M$，其中$d$、$Q$分别为私钥、公钥。

3.2.6 SM非对称密钥加密算法

SM非对称密钥加密算法又称ShangMi2，商用且不涉及国家秘密的密码算法。SM2于2010年

12月由国家密码管理局发布，同由国家密码管理局发布的还有SM1、SM3、SM4、SM7、SM9、SSF33和ZUC等。

SM2算法由ECC改进而来，但也是依据于椭圆曲线，其加密强度更高，甚至优于经典、公认程度更高的RSA算法。

SM3算法是在SHA-256基础上改进的一种算法，消息分组的长度为512位，生成的摘要长度为256位，与SHA256安全性相当。

SM3算法流程如下：

步骤1：填充比特。在原始数据末尾进行填充，使数据长度= 448（mod 512），规则为先补第一个比特为1，然后都补0；若长度刚好为448也必须填充，此时需要增加512位，即填充的位数[1，512]。

步骤2：附加长度信息。附加长度值就是将原始数据的长度信息（无符号整数64位）附加到已经填充消息的后面。前两个附加长度就构成了一个长度为512整数倍的消息结构。

步骤3：初始化数据。

初始值IV=7380166f 4914b2b9 172442d7 da8a0600 a96f30bc 163138aa e38dee4d b0fb0e4e

$$T_j=\begin{cases}79cc4519(0\leqslant j\leqslant 15)\\7a879d8a(16\leqslant j\leqslant 63)\end{cases}$$

$$\mathrm{FF}_j(X,Y,Z)=\begin{cases}X\oplus Y\oplus Z & 0\leqslant j\leqslant 15\\(X\wedge Y)\vee(X\wedge Z)\vee(Y\wedge Z) & 16\leqslant j\leqslant 63\end{cases}$$

$$\mathrm{GG}_j(X,Y,Z)=\begin{cases}X\oplus Y\oplus Z & 0\leqslant j\leqslant 15\\(X\wedge Y)\vee(-X\wedge Z) & 16\leqslant j\leqslant 63\end{cases}$$

式中X，Y，Z为字。

置换函数，x是消息字。

8个字寄存器存储初始值ABCDEFGH。

步骤4：迭代过程。将消息m'分解成n个512位大小的块，$m'=B_0B_1B_2\cdots\cdots B_{n-1}$，

令V_0=IV=7380166f 4914b2b9 172442d7 da8a0600 a96f30bc 163138aa e38dee4d b0fb0e4e，

V_i+1=CF(V_i，B_i)，$0\leqslant i\leqslant n-1$，CF为压缩函数。

消息扩展（将上一步得到的每个消息分组B_i扩展到132 × 32位的信息$w[0],w[1],w[2],\cdots w[67]$，$w'[0],w'[1],w'[2],\cdots,w'[63]$）。

选择一个512位的块B_i，将其分解为16个32位的（big-endian）字，记为$w[0],w[1],\cdots,w[15]$，作为扩展消息的前16个，在递推生成剩余的116个字。

压缩函数：每一次轮回64次，共n次。

3.2.7　数字摘要技术

数字摘要（Digital Digest）又称数字指纹、数字手印，是指将任意长度的消息变成固定长度的短消息，它类似于一个自变量是消息的函数，也就是Hash函数（哈希算法）。

数字摘要就是采用单向哈希算法将需要加密的明文“摘要”成一串固定长度（如128位）的密文，这一串密文又称数字指纹，它有固定的长度，而且不同的明文摘要成密文，其结果总是不同的，而同样的明文其摘要必定一致。那么，哈希算法是什么呢？

3.2.8　哈希算法

哈希的英文名为Hash，意思为散列，它是将任意长度的二进制值对应为固定长度的二进制

值，这个值称为哈希值。哈希值的输出空间一般要比输入空间小很多，不一样的输入也会哈希成相同的输出。在哈希一段明文中，如果改变明文中的内容，会导致散列产生不一样的结果，如果要想找到哈希为同一个数值的不同的输入内容，是无法通过各种算法实现的，人们可以利用散列值的这一特点来检验数据的完整性（在信息安全方面，Hash算法可用于文件校验、数字签名等）；同时，较为先进合理的哈希算法，可以通过对散列输入数据进行修改时，更改结果散列值中的所有位，所以散列对于数据的检测有很好的作用。哈希（Hash）过程示意图如图3-3所示。

图 3-3　哈希（Hash）过程示意图

哈希算法的原理是根据数据帧的散列值服务器数计算出余数，通过这种方法来确定目前数据帧中的内容将会发向哪个散列值服务器。哈希算法的方式很多，典型的哈希算法包括：MD4、MD5和安全哈希算法（SHA-1）等。

1. MD4算法

MD4算法是哈希算法中较为成熟的算法之一，它一般使用在32位的计算机处理器模块内，通过软件系统实现其算法功能。然而，由于MD4算法本身存在的安全性漏洞，还是被更为先进安全的算法所淘汰。但MD4算法为之后的MD5算法、SHA-1算法等提供了很好的理论基础。

2. MD5算法

MD5算法是MD4算法的升级版，是20世纪90年代初由MIT的计算机科学实验室和RSA Data Security Inc发明。在MD4算法的基础上增加了safety-belts功能，使整个算法变得更加可靠。MD5算法在MD4算法的基础上加入了第四轮的计算模式，每个步骤都是一一对应的固定值，改进了MD4算法中在第二轮、第三轮计算中的漏洞，完善了访问输入分组的次序，从而减小其对称性和相同性。通过这些变化，使得MD5与MD4相比变得复杂很多，整个运转速度也要比MD4慢一些，但是从整体安全性、抗冲突和抗分析方面有了很大的提高。

MD5将任意长度的“字节串”变换成一个128位的大整数，并且它是一个不可逆的字符串变换算法，换句话说就是，即使你看到源程序和算法描述，也无法将一个MD5的值变换回原始的字符串，从数学原理上说，是因为原始的字符串有无穷多个。

MD5的典型应用是对一段信息串（Message）产生所谓的指纹（fingerprint），以防止被“篡改”。比方说，将一段话写在一个文本文件中，并对这个文本文件产生一个MD5的值并记录在案，然后可以传播这个文件给别人，别人如果修改了文件中的任何内容，你对这个文件重新计算MD5时就会发现。如果再有一个第三方的认证机构，用MD5还可以防止文件作者的“抵赖”，这就是所谓的数字签名应用。

MD5还广泛用于加密和解密技术上，在很多操作系统中，用户的密码是以MD5值（或类似的其他算法）的方式保存的，用户登录时，系统是把用户输入的密码计算成MD5值，然后再去和系统中保存的MD5值进行比较，而系统并不“知道”用户的密码是什么。

MD5算法分析及实现详见附件C。

目前，MD5算法虽然还有不少的用武之地，但已被攻破，从更高的网络安全层面看，该算法不应该被用于新的用途。

3. SHA–1算法

SHA-1算法又称安全哈希算法，主要应用于digital signature standard dss中定义的数字签名算法。SHA-1算法长度一般为160位的message digest，SHA-1算法在接收消息摘要的过程中，可以利用message digest检查数据的完整情况。它不会从message digest中还原相关的内容，此外两个不同的message digest不会产生相同的message digest，因此SHA-1算法具有很强的brute-force性能。SHA-1算法的计算方式是基于MD4的算法原理，它的填补和分组模式与MD5是一样的，但是在算法中，SHA-1的非线性函数、循环左移运算和加法常数与MD5算法的运算方式有一定的差异，SHA-1的安全性和稳定性比MD5算法更加可靠，且运算速度也有了一定的提高。

哈希算法是目前较为先进的加密算法，它以其单向性、抗冲突性、映射分布均匀性和差分分布均匀性等特点，广泛应用于工业、商业等各个领域。然而，SHA-1算法已经被攻破，从更高的网络安全层面看，该算法也不应该被用于新的用途。

4. SHA-2、SHA-3算法

SHA-2包括：SHA-224、SHA-256、SHA-384、SHA-512、SHA-512/224、SHA-512/256。

SHA-3包括：SHA3-224、SHA3-256、SHA3-384、SHA3-512。

常见Hash算法散列值长度、安全性的综合比较见表3-1。

表 3-1　常见 Hash 算法散列值长度、安全性比较一览表

算法名称	散列值长度	是否安全
MD5	128	不安全
SHA-1	160	不安全
SHA-224	224	安全
SHA-256	256	安全
SHA-384	384	安全
SHA-512	512	安全
SHA-512/224	224	安全
SHA-512/256	256	安全
SHA3-224	224	安全
SHA3-256	256	安全
SHA3-384	384	安全
SHA3-512	512	安全

3.2.9　数字证书

1. 数字证书的含义

数字证书（Digital Certificate）又称“数字身份证”“网络身份证”，是由认证机构发放并经认证中心（Certificate Authority，CA）数字签名，并包含公开密钥拥有者信息、公开密钥、签发者信息、有效期以及一些扩展信息的电子文件。也就是说，数字证书是由包含公开密钥拥有者以及公开密钥相关信息的一种，可以用来证明数字证书持有者的真实身份；同时，数字证书将PKI（Public Key Infrastructure，公钥基础设施）[①]中的公钥信息与用户身份信息进行了绑定，由证书即可确定用户的身份。

总之，数字证书以密码学为基础，采用数字签名、数字信封[②]、时间戳服务等技术，在互联

① PKI是一种遵循既定标准的，采用密码技术为网上安全通信提供一整套安全服务的基础平台，能够为所有网络应用提供信息加密和数字签名等密码服务及所必需的密钥与证书管理体系。也就是能够对公私钥对进行管理，支持身份验证、机密性、完整性以及不可否认性服务的具有普适性的信息安全基础设施。PKI技术是信息安全技术的核心，也是电子商务、电子政务的关键和基础技术。PKI涉及多个实体之间的协作过程，如CA、RA、KMC。

② 数字信封（Digital Envelope）是将对称密钥通过非对称加密（公钥和私钥）的结果分发对称密钥的方法，数字信封是实现信息保密性验证的技术。

网上建立起有效的信任机制，具体来说，它主要包含证书所有者的信息、证书所有者的公开密钥和证书颁发机构的签名等内容。数字证书与身份信息的对应关系如图3-4所示。

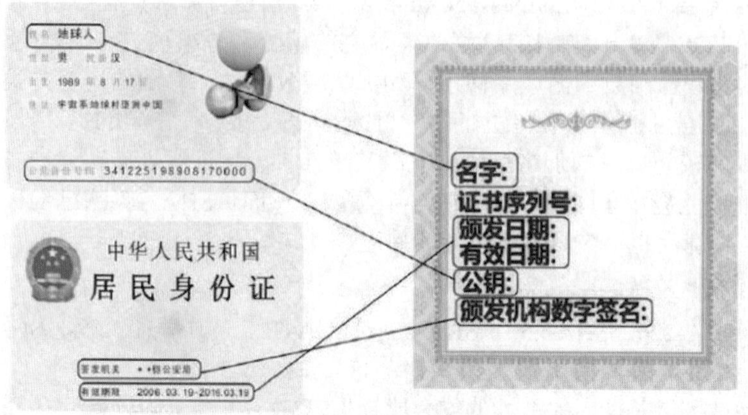

图 3-4　数字证书与身份信息对应关系示意图

数字证书的格式一般采用X.509国际标准。根据X.509 V3标准，数字证书中包含的主要信息如下：

- 证书版本信息，即为V3。
- 证书的序列号，每个证书都有唯一的证书序列号。
- 证书主体名称。
- 证书所使用的签名算法标识。
- 证书发行机构的名称。
- 证书的有效期。
- 证书所有人的公开密钥。
- 扩展信息。
- 证书发行者对证书的签名。

2. 数字证书的分类

一般地，数字证书可分为自建数字证书和可靠电子签名数字证书两种。自建数字证书，技术上又称自签名，是用户自行制作的符合技术条件的数字证书。用其对文档签名虽然也具备数据防篡改功能，但由于证书颁发方非资质机构，不具有公信力。自签名证书的主题字段可以被伪造或冒名，不具有可靠性。一般公司内部部门、小组为了节省开销，制作自签名证书替代内部审批用章，低成本实现内部监管，对自签名数字证书的真实性审核也完全依靠部门内的管理员。而可靠的电子签名的数字证书由符合法定特殊资质的第三方机构颁发，具有中立性，对外部交易第三人具有可信赖性。

3.3　数字签名原理、实现与应用

本节以数字签名应用为目的，说明数字签名过程中数字签名的创建、读取和验证以及其实现方法，为数字签名技术的设计、开发、应用、运行和维护提供借鉴。

3.3.1　数字签名原理概览

在数字签名、验签过程中，基于非对称密钥的信息传输加密、解密过程如图3-5所示。

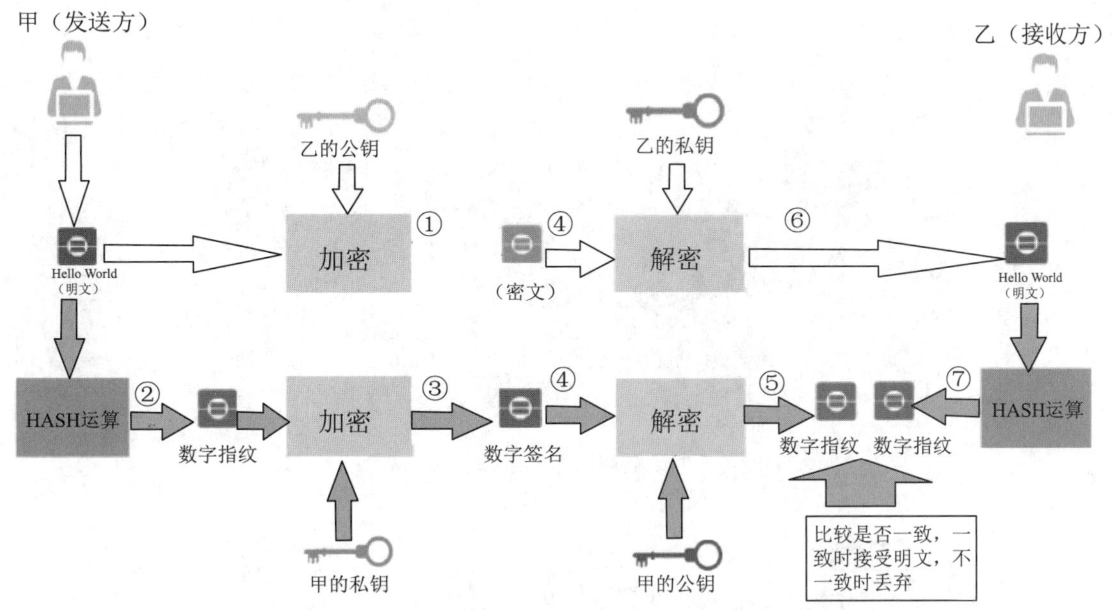

图 3-5　数字签名的加解密过程示意图

在图3-5中，通信双方甲、乙使用的Hash算法事先已经约定且相同；同时，甲、乙双方彼此知晓对方的公钥，数字签名的加解密过程概述如下：

① 消息发送方甲使用消息接收方乙的公钥对明文进行加密，生成密文信息。

② 消息发送方甲使用Hash算法对明文进行Hash运算，生成数字指纹。

③ 消息发送方甲使用自己的私钥对数字指纹进行加密，生成数字签名。

④ 消息发送方甲将密文信息和数字签名一起发送给消息接收方乙。

⑤ 消息接收方乙使用甲的公钥对数字签名进行解密，得到数字指纹。

⑥ 消息接收方乙接收到甲的加密信息后，使用自己的私钥对密文信息进行解密，得到最初的明文。

⑦ 消息接收方乙使用Hash算法对还原出的明文用与甲所使用的相同Hash算法进行Hash运算，生成数字指纹。然后乙将生成的数字指纹与从甲得到的数字指纹进行比较，如果一致，乙接受明文；如果不一致，乙丢弃明文。

1. 数字签名创建

根据本模块所述的数字签名加、解密过程，结合实际应用中的时间戳技术服务[①]，将创建数字签名的步骤描述如下：

步骤1：消息（或者文件）发送方将待数字签名的消息（文件）进行Hash计算，得到消息（或者文件）的数字指纹。

步骤2：发送方用自己的私钥，对步骤1得到的数字指纹进行加密；若用户需要时间戳服务，则需将步骤1得到的数字指纹传递给时间戳服务器进行签名，形成签名数据。流程如图3-6所示。

步骤3：发送方选用合适的传输方式，将“原消息（或者文件）+签名数据”一起发送给接收

① 数字时间戳服务（Digital Time-stamping Service，DTS）是数字签名技术基础上发展的一种新的应用，是网上电子商务安全服务的必选项目，能提供电子文件的日期和时间信息的安全保护；时间戳是一个经过加密后形成的凭证文档，主要包括：需加时间戳的文件摘要、DTS收到文件的日期和时间、DTS的数字签名。

方，主要过程示意图如图3-7所示。

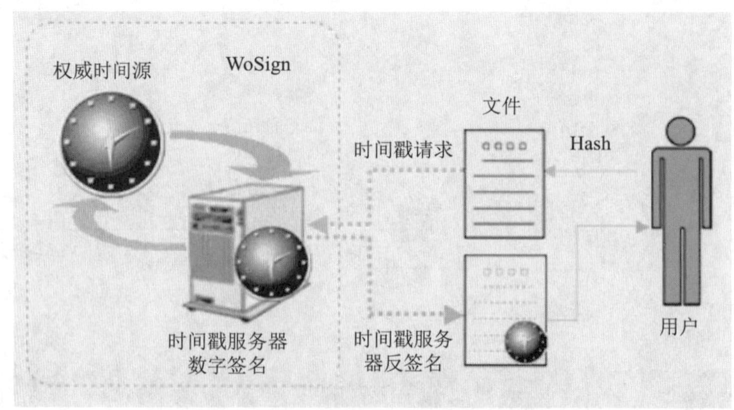

图 3-6　时间戳服务器的工作过程示意图

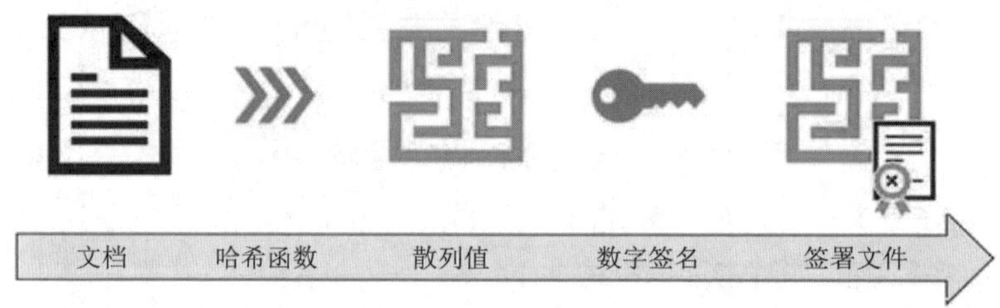

图 3-7　数字签名主要过程示意图

2. 数字签名验签

在实际应用中，消息（或者文件）的接收方收到原文及数字签名信息后，需要进行数字签名验证，简称数字签名验签。主要过程有以下步骤：

步骤1：消息（或者文件）的接收方将收到的原文件进行Hash计算，得到Hash值，如图3-8的上半部分所示。

步骤2：消息（或者文件）的接收方用签名者（即发送者）的公钥，解密收到的签名数据，得到签名数据Hash值，如图3-8的下半部分所示。

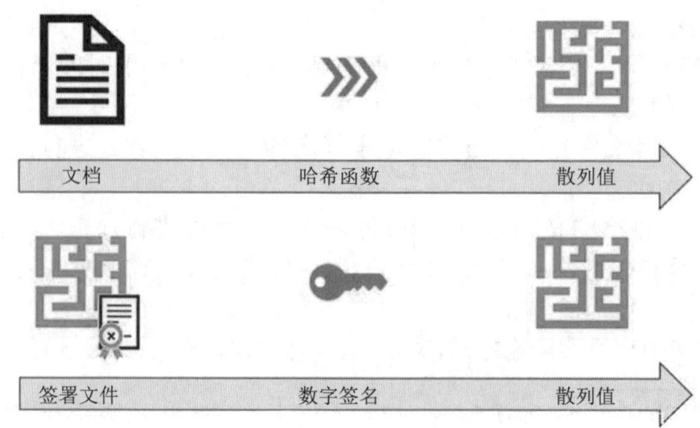

图 3-8　数字签名验签过程示意图

步骤3：将步骤1得到的Hash值和步骤2得到的Hash值进行对比，如果对比结果一致则验证通过，反之验证失败。

3.3.2　数字签名的Python实现

1. 安装Cryptor库

```
wget https://github.com/dlitz/pycrypto/archive/master.zip
python setup.py install
```

2. 生成RSA公钥和私钥

（1）私钥

```
openssl genrsa -out ./myPrivateKey.pem -passout pass:"f00bar" -des3 2048
```

（2）用私钥生成公钥

```
openssl rsa -pubout -in ./myPrivateKey.pem -passin pass:"f00bar" -out ./myPublicKey.pem
```

3. RSA私钥签名，公钥验签的Python代码

（1）sign.py代码

```
from Crypto.PublicKey import RSA
from Crypto.Hash import SHA
from Crypto.Signature import PKCS1_v1_5
from base64 import b64encode
def rsa_sign(message):
    private_key_file = open('./myPrivateKey.pem', 'r')
    private_key = RSA.importKey(private_key_file)
    hash_obj = SHA.new(message)
    signer = PKCS1_v1_5.new(private_key)
    d = b64encode(signer.sign(hash_obj))
    file = open('./signThing.txt', 'wb')
    file.write(d)
    file.close()
if '__main__' == __name__:
    rsa_sign('zhangshibo')
```

（2）verify.py代码：

```
from Crypto.PublicKey import RSA
from Crypto.Signature import PKCS1_v1_5
from Crypto.Hash import SHA
from base64 import b64decode
def rsa_verify(message):
    public_key_file = open('./myPublicKey.pem', 'r')
    public_key = RSA.importKey(public_key_file)
    sign_file = open('./signThing.txt', 'r')
    sign = b64decode(sign_file.read())
    h = SHA.new(message)
    verifier = PKCS1_v1_5.new(public_key)
    return verifier.verify(h, sign)
if '__main__' == __name__:
    print rsa_verify('zhangshibo')
```

3.3.3 数字签名应用概述

1. 网络认证

首先最常见的用处就是用来认证一个网站的身份。例如，打开百度，百度是如何保证显示在

用户眼前的网页就一定是百度生成的，不是其他人修改的呢？就是借助数字签名实现的。用浏览器打开百度，单击地址栏旁边的小锁，然后单击查看“证书信息”，即可看到百度主页的数字签名证书，操作过程如图3-9、图3-10和图3-11所示。

图 3-9　数字签名在百度网站的应用

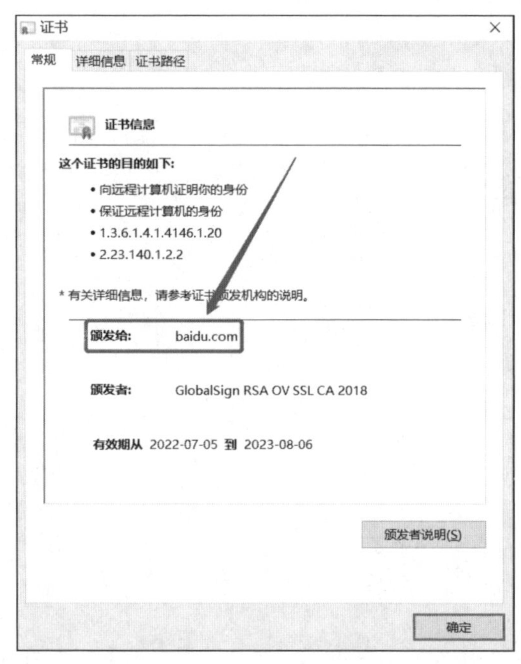

图 3-10　颁发给百度的数字证书常规信息截图 a

图 3-11　颁发给百度的数字证书详细信息截图 b

2. 数字指纹

如前所述，数字指纹又称信息摘要，是指发送方通过Hash算法对明文信息计算后得出的数据。采用数字指纹时，发送方会将本端对明文进行哈希运算后生成的数字指纹（还要经过数字签名），以及采用对端公钥对明文进行加密后生成的密文一起发送给接收方，接收方用同样的Hash算法对明文计算生成的数据指纹，与收到的数字指纹进行匹配，如果一致，便可确定明文信息没有被篡改。

3. 安全信息公告

一些信息安全方面的组织会在其网站上发布一些关于安全漏洞的警告，那么这些警告信息是否真的是该组织发布的呢？如何确认发布这些信息的网站没有被第三方篡改呢？在这样的情况下，就可以使用数字签名，即该组织可以对警告信息的文件施加数字签名，这样一来所有人就都可以验证警告信息的发布者是否合法。消息发布的目的是尽量让更多的人知道，因此没有必要对信息进行加密，但是必须排除有人恶意伪装成该组织来发布假消息的风险。因此，不加密消息而只是对消息加上数字签名，这种对明文消息所施加的签名，一般称为明文签名。

下载软件：当从网上下载软件时，需要判断所下载的软件是否可以安全运行，例如，明明是下载一个游戏软件，结果却可能是一个会删除硬盘上所有数据的程序，又或者可能是一个会将带有病毒邮件发送给所有联系人的程序。

为了防止出现这样的问题，软件的作者可以对软件加上数字签名，用户只要在下载之后验证数字签名，就可以识别出软件是否遭到主动攻击者的篡改。

4. 政务方面的应用

① 医保电子码：医保电子码又称医保电子凭证，是基于医保基础信息库为全体参保人员生成的医保身份识别电子介质，通过实名、实人认证技术，采用加密算法，动态二维码展示，具备安全可靠、认证唯一等重要特点。

② 电子机动车检验标志：公安交管部门通过全国统一的互联网服务平台，发放检验标志电子凭证1.6万个，发放6年内免检车辆检验标志电子凭证1.9万个。已经领取电子凭证的车辆，不需要再粘贴纸质标志。

③ 专利证书电子化：国家知识产权局发布公告，自2020年3月3日（含当日）之后的专利电子申请，国家知识产权局将通过专利电子申请系统颁发电子专利证书，不再颁发纸质专利证书。用户可以通过专利电子申请网站对带有电子印章的电子专利证书、通知书及决定电子文件进行校验。

5. 金融方面的应用

① 网络借贷合同。银监会联合多部门制定的《网络借贷信息中介机构业务活动管理暂行办法》中规定：各方参与网络借贷信息中介机构业务活动，需要对出借人与接待人的基本信息和交易信息等使用电子签名、电子认证，应当遵守法律法规的规定，保障数据的真实性、完整性及电子签名、电子认证的法律效力。

② 互联网金融。互联网金融的快速发展导致金融合同纠纷增多，处理起来非常麻烦。近日，广东省深圳市前海合作区人民法院与腾讯等公司开发的“至信（金融）云审”正式上线运行，该系统可以将电子合同、履行情况、催收情况在内的交易数据同步存储于区块链上，确保交易数据的完整性和真实性。

③ 金融业务电子化的趋势也越来越明显，电子签名技术在银行、保险、信贷等金融机构中的应用已经具有相当规模。近年来已经有50多家银行、保险机构、互联网金融机构引入电子签名技术。

6. 在教育方面的应用

① 职称电子证书：目前国内有多个省市实施职称评审证书电子化，电子证书设置了验证码、二维码等多重防伪功能，并加盖了人社部门的电子印章，与纸质证书具有同等效力，今后人社部门不再发放纸质证书。

② 在线教育：为了以最大程度减少疫情对原定的教学教务计划的不利影响，线上教育机构纷纷推出远程课堂，帮助莘莘学子在开学延期期间“停课不停学”。利用电子签约技术，线上教育机构可以远程与教师签署聘用合同，与学员签署授课服务协议、报名信息表等文件，更加高效地完成中间环节，保持正常教学进度。

③ 电子成绩单：比如北大启用的可信电子成绩单。可信电子成绩单，是具有电子签章的PDF

版的成绩单文件。此次启用的电子成绩单，采用了国密算法和国际加密算法相结合的双重数字签名，不仅有力保证了文件的可信度和不可篡改性，而且使得文件具有更强的安全性和自主性。

7．在物流方面的应用

智慧物流：2019年7月8日，《交通运输部关于修改〈道路货物运输及站场管理规定〉的决定》中，将第二十九条改为第三十条，第二款修改为："鼓励道路货物运输经营者采用电子合同、电子运单等信息化技术，提升运输管理水平。"电子合同的应用，不仅能够帮助广大物流企业实现互联网化，而且通过归档和管理功能，能更有效地管理所有合同，淘汰纸质合同也能带来可观的账面成本的减少。

8．企业方面的应用

大型制造业企业：电子签名在制造业领域中的应用多集中于大型制造企业，其内部组织架构和审批流程复杂，大量的纸质合同在往来过程中造成时间和资源的浪费，企业急需降本增效。大型制造企业作为供应链中的主体，有能力主导上下游企业电子签名的使用。制造业企业人员规模庞大，员工异地入职手续多，耗时长，利用电子签名在线签署劳动合同是另一个重要场景。

9．在人力资源方面的应用

在新冠疫情期间，有很多人需要远程办公，企业需要保持与员工的及时联络，做好员工健康信息的收集、日常工作的高效管理，并保证招聘等业务不受疫情影响。HR部门可以远程向员工批量发送疫情通知函、考勤确认单等电子文件，员工使用扫码签署功能即时签约，减少人群聚集风险。在招聘环节也可以向候选人批量发送Offer、劳动合同、员工手册等文件，签署周期平均只需数十分钟，提升远程面试入职效率。人社部也在新冠疫情期间发布通知，支持采用电子形式订立劳动合同。

3.4 签名技术的比较与案例

3.4.1 电子签名与数字签名技术的比较

在现实中，有人认为"电子签名就是数字签名"。实际上，这样的观点是错误的，二者的区别和联系如下：

电子签名，是指数据电文中以电子形式所含、所附用于识别签名人身份并表明签名人认可其中内容的数据。而数字签名技术是通过某种密码运算生成一串唯一性的电子密码，以这串唯一性的电子密码代替书写签名或盖章。

电子签名有用于识别签名人身份和表示签名人认可所签文件的内容的两个特性。而数字签名是利用一套规则和一个参数对数据计算所得的结果，用此结果能够确认签名者的身份和数据的完整性。

数字签名技术的核心执行机构是电子认证服务提供者，也就是通称为CA身份认证机构（Certificate Authority）。由CA机构颁发的数字证书，记载了合同当事人在网络上的身份信息等，可以理解为合同当事人的"电子身份证"，用于确保合同签署人的身份可识别、不可抵赖。

简而言之，数字签名作为一种技术手段，是国际上常用的实现电子签名的方式之一。

3.4.2 湖北省数字证书认证管理中心数字签名案例分析

湖北省数字证书认证管理中心有限公司为终端用户的文件、印章设计的数字签名、数字签章过程示意图如图3-12所示。

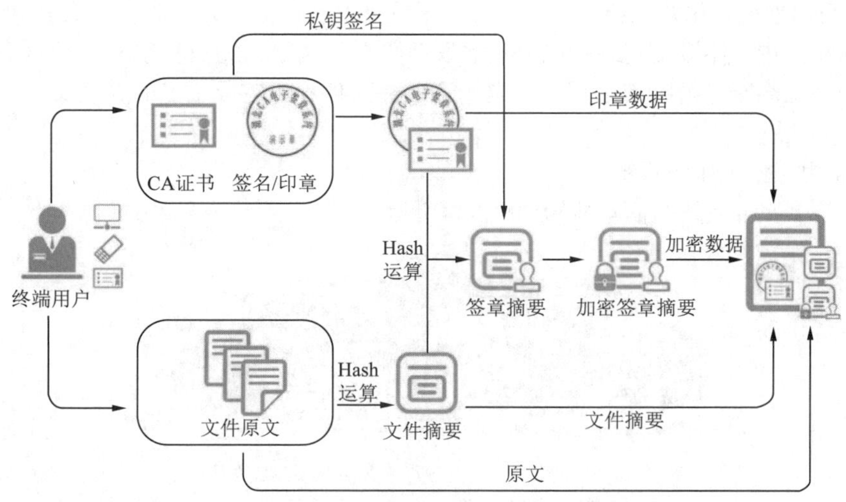

图 3-12　湖北省终端用户数字签名、签章过程示意图

3.4.3　密信——我签文档产品和服务案例

密信技术致力于采用PKI技术来保障电子文档的安全可信，建设了密信密码基础设施，采用“云”“地”一体实现电子文档的全自动数字签名和加密，解决了目前市场上的电子签名服务普遍存在两大安全问题：一是上传待签名文档给签名平台，有泄露个人隐私信息和企业商业秘密的风险；二是签名者没有数字证书或只有Adobe不信任的签名证书。

1. “我签文档服务”简介

目前，各行各业都在实现全面无纸化管理，而无纸化的一个重要应用就是电子文档的无纸化管理。而电子文档都存在明文发布、明文存储、无法证明文档身份等安全问题，最好的解决方案是电子签名，也就是用数字证书对文档进行数字签名，保证文档签名者的身份可信，使得电子签名的文档和合同具有同纸质签字盖章一样的法律效力，从而实现真正安全可信的无纸化管理。现在如火如荼的电子签名应用就是电子合同签署，以及政府部门签发的电子营业执照、电子发票、电子证明文件、电子成绩单等。

（1）传统电子签名平台应用

一般地，现实应用中常见的电子合同签署流程，如图3-13所示。

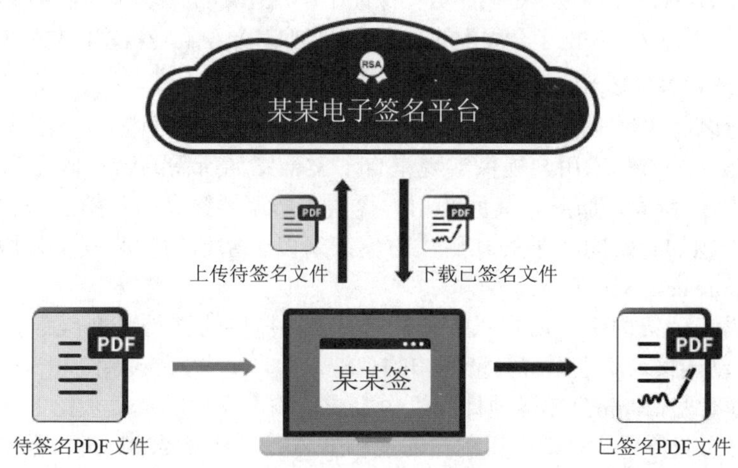

图 3-13　传统电子签名平台工作流程示意图

从图3-13可以看出，用户在指定的（业务）系统（如公司自有的ERP）生成PDF格式的合同文件后，需把这个PDF文件提交到云端电子签名服务平台，由平台完成数字签名后返回给用户。但在这个过程中，签名平台就拥有了用户的电子合同原文件和已完成签名的合同文件，秘密性、安全性存在一定的问题。

（2）密信电子签名服务系统

密信电子签名服务系统的框架结构如图3-14所示。

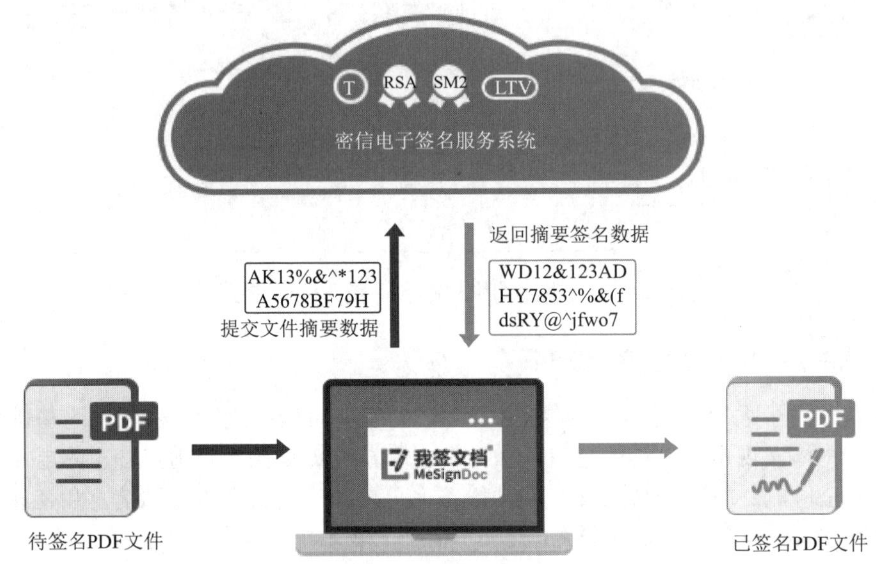

图 3-14　密信电子签名服务系统架构示意图

如图3-14所示，密信技术提供的文档数字签名服务——我签文档，是给用户提供一个本地签名工具软件——密信App，让用户自己在本地计算机中完成文档摘要生成。密信App只提交待签名的文档（文件）的数字摘要发送到密信电子签名服务系统，获得已签名数据后在用户计算机上由密信App完成数字签名，用户文档和合同文件并没有离开用户自己的计算机，由用户自己完成签名。

也就是说，为了保护用户文档隐私，密信技术创新地把数字签名过程拆分为两部分——摘要签名和完成签名，由密信App在用户计算机本地完成签名摘要生成和写入摘要签名数据，由云端密信电子签名服务系统完成摘要签名，“云”“地”一体完成数字签名，这就是创新的“我签文档服务”，实现了全球信任和国密合规的文档数字签名服务，保证了“我签文档服务”不碰用户的待签名文档，切实有力有效地保障了用户文档和电子合同中的个人隐私信息和单位商业机密信息的安全。

2. “我签文档服务”奥秘——DSaaS

密信技术之所以能实现全自动文档数字签名、文档加密和时间戳，是因为建设了云密码基础设施（见图3-15），为全球用户提供实现全自动文档签名所需的云密码服务，并由文档签名工具软件——密信App协同云服务，共同为用户提供文档数字签名、文档加密和时间戳服务。这个解决文档签名难题的思路同属于SaaS解决方案。所以，密信的“我签文档服务”称为DSaaS（Document Signature as-a-Service）。

在密信云密码基础架构中，用户只需使用密信App提供的文档签名服务，选择待签名的文档，密信App就自动连接云验证系统验证用户的身份，并自动向云CA系统和云密钥管理系统申请文档签名证书，同时密信App会在本地计算机中生成待签名文件的摘要数据并提交到云电子签名服务系统，由云签名服务系统自动调用用户的文档签名证书对摘要数据进行数字签名，并自动调用云时间戳服务对已签名摘要数据附署时间戳数据，以证明文档签名时间可信；同时调用证书吊销系统数据生成LTV（签名长期有效）数据，以确保即使将来文档签名证书过期但是签名仍然有效；最后把这些数据按国际标准和国家标准组成已签名数据返回给密信App，由密信App本地完成文档数字签名，已签名文档全球信任和国家合规。

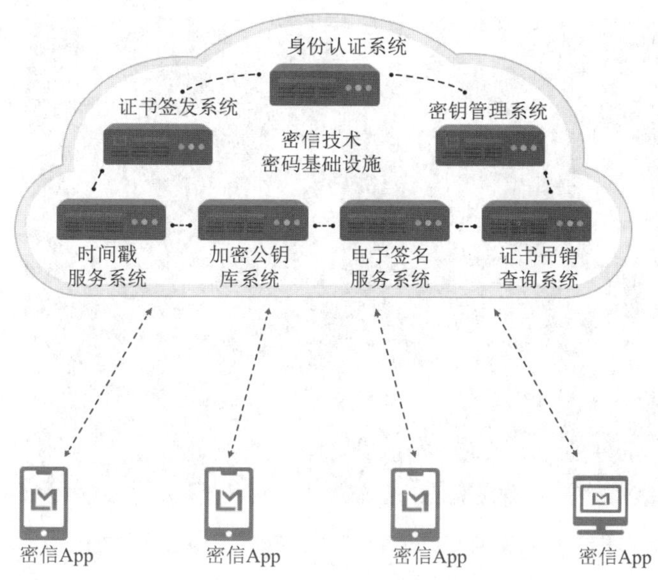

图 3-15　密信云密码基础设施架构图

也就是说，密信的“我签文档服务”（DSaaS）作为一个云服务就像自来水一样随时可用（见图3-16），从而彻底解决文档数字签名的易用难题，真正一键实现文档数字签名，从而普及电子文档都有数字签名，确保每一份文档都是可信文档。

图 3-16　密信 DSaaS 示意图

3. “我签文档服务”详情

密信技术的核心产品是密信App，一个电子签名工具软件，让用户可以在本地计算机中自己完成文档数字签名，而无须上传待签名文档到电子签名服务平台，以保护文档机密信息安全，这是密信“我签文档服务”的独特服务优势。

密信“我签文档服务”的另一个服务优势是：密信为每个用户自动配置Adobe全球信任的PDF签名证书和国密合规的国密SM2签名证书，证书主题含有用户已验证真实身份的身份信息，用户使用密信App自动调用自己的PDF签名证书在用户自己的计算机上完成文档数字签名。目前，许多电子签名服务平台要么是给用户配置不可信签名证书，要么根本不给配置签名证书而只是用签名平台的证书签名，这些都是有法律风险和技术风险的。而“我签文档服务”不仅给每个用户自动配置全球信任的签名证书，而且还在签名时免费附署Adobe 全球信任的时间戳签名，并支持签名长期有效技术（LTV），确保需要长期保存的文档的数字签名长期有效。

密信“我签文档服务”提供系列产品和服务，满足全球用户的各种文档数字签名和加密应用需要。用户可以通过密信App、密信签名API或密信电子签章机三种方式实现电子文档数字签名，并可以同时实现文档加密，用户可以根据自己的个人需要或者单位业务需要选择合适的方式和产品。

（1）密信App

密信App是一款免费的加密邮件客户端软件，同时也是一个电子签名工具软件，让用户在自已本地计算机中完成文档数字签名，无论此文档是待签署的电子合同文件还是各种PDF文档，都无须上传文件到云端，直接在本地完成，以保护用户文档机密信息安全。

密信安装完成后的桌面截图如图3-17所示。

图 3-17　密信 MeSign 计算机端安装后的桌面截图

免费版密信App（计算机端）针对邮件，具有加密发送、签名发送、时间戳服务、身份信息验证等附加功能，功能界面如图3-18所示。

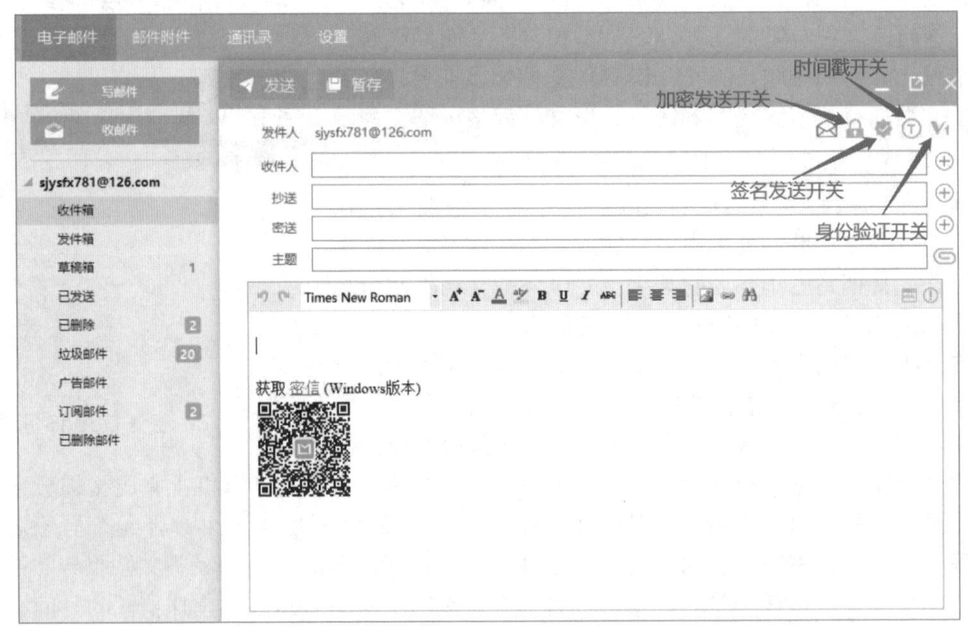

图 3-18　免费版密信 MeSign 电子签名服务桌面截图

收费版密信App的电子签名服务功能更强大，界面截图如图3-19所示。

（2）密信签名API

密信App让用户可以手动完成文档数字签名和电子合同签署，但对于有大量文档签名并需要对接内部管理系统实现自动化文档签名的大企业（包括政府部门和事业单位），可以选购密信技术提供签名API调用服务，系统架构如图3-20所示。

图 3-19　收费版密信电子签名服务界面截图

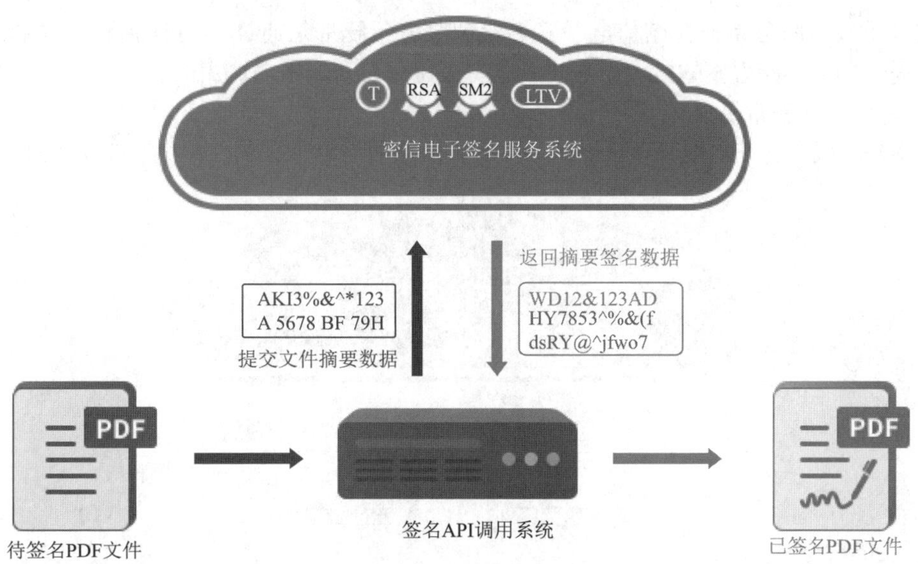

图 3-20　密信电子签名服务系统架构示意图

让用户无须向CA申请PDF签名证书、无须购买昂贵的密码机、无须改造机房、无须购买时间戳服务、无须懂得如何获得LTV数据，只需为待签名的PDF文件生成摘要数据（Hash），调用签名API服务，就可以自动返回签名数据，包括文件签名数据、时间戳签名数据和LTV数据，用户只需把返回的已签名数据按照PDF签名标准写入PDF文件中就可完成文档签名。

如果用户不懂如何生成PDF文件的摘要数据，不懂如何把返回的已签名数据写入到PDF文件中，则可选购密信电子签名代理服务系统，该系统的架构示意图如图3-21所示。

密信电子签名代理服务系统可部署在本地服务器上，用户只需把待签名的PDF文件提交给签名代理系统，由签名代理系统负责生成文件摘要数据，并提交到密信电子签名服务系统，收到返回的摘要签名数据后负责把此数据写入PDF文件中完成数字签名。

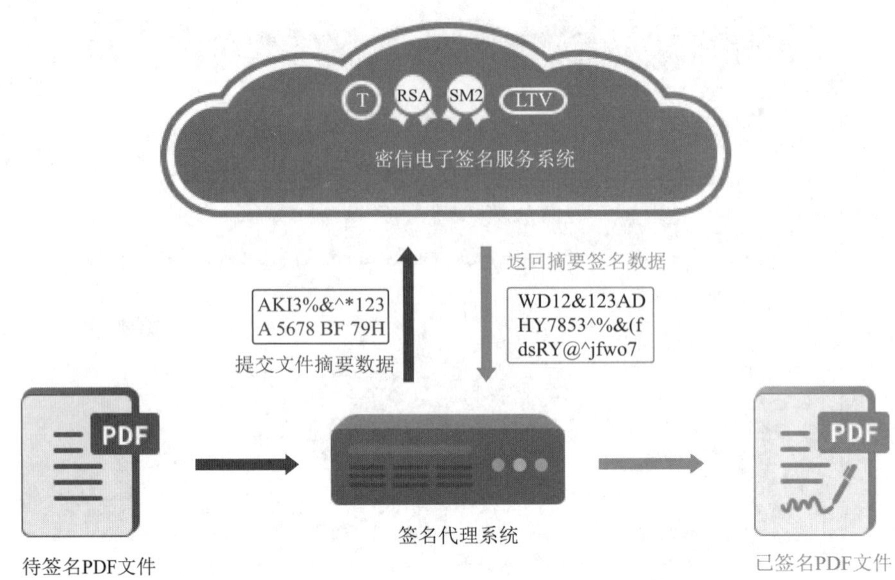

图 3-21　密信电子签名代理服务系统架构示意图

密信电子签名服务系统、密信电子签名代理服务系统都是通过调用签名API完成文档数字签名。需要提醒的是，此方案的PDF签名证书是安全托管在云端按需调用的。

（3）密信电子签章机

如果用户希望自己在本地管理签名证书，则可使用密信电子签章机，协同架构如图3-22所示。

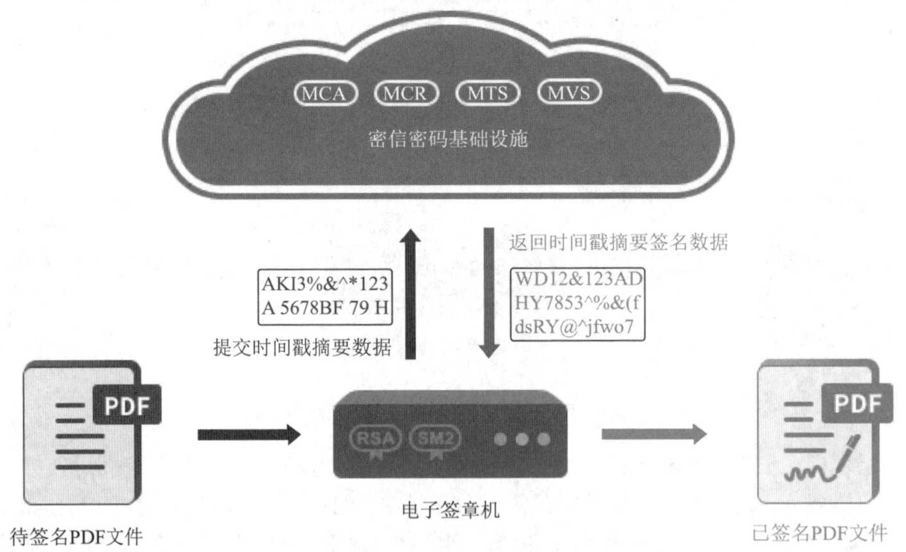

图 3-22　密信电子签章机工作机理框架图

图3-22所示的电子签章机为硬件产品，内置密码卡，PDF签名证书私钥安全地存放在密码卡中。用户只需把待签名文件提交给电子签章机即可，由电子签章机负责完成文档数字签名。此外，为了确保已签名文档签名时间可信和确保已签名文档长期有效，电子签章机仍然需要调用密信电子签名服务系统获取时间戳数据和LTV数据，时间戳服务是需要另外收费的。

3.5　签名技术在电子票据中的应用

3.5.1　相关政策依据

随着我国政府积极推动管理信息系统的电子化、数字化和智能化建设，用电子数据代替纸质文件，用电子签名代替手工签名，用第三方电子载体存储机构进行数据的存储和保管日渐成为现实。特别是在财政、税务领域，逐渐实行电子票据的改革，宣布告别纸质票据，用电子签名代替手工签章。于是，我国的财政部、国家税务总局、各省市地人民政府等机构围绕信息化建设，出台了有关电子签名、数字签名技术的法律、法规文件，限于篇幅，本节简要摘述如下：

2015年，财政部将广西列为首批非税收入收缴电子化管理试点地区。在财政部指导下，广西敢当改革先锋，攻坚克难，开展非税收入收缴电子化管理试点，2016年6月，广西正式开展非税收入收缴电子化管理上线试点工作，首批选择自治区外办等4家执收单位以及工行等4家代理银行开展试点，试点取得了成功。

2016年，《国务院办公厅关于印发“互联网+政务服务”技术体系建设指南的通知》（国办函〔2016〕108号），提出“为保证电子证照在其生成、入库、应用全过程的信息安全，建议在全过程使用电子签名。”“电子证照信息进入数据库后，立即将其全部信息和样式封装并形成缩略图，保存时应包括信息来源和电子证照库名称，并以电子签名封装，以保证其不可修改。”“电子证照文件格式采用版式文件格式，文件内容包含与纸质证照相同比例的照底图、电子证照的照面信息、电子证照元数据信息、签发单位的电子印章与对电子证照文件内容进行的数字签名。”

2017年1月，《财政部关于加快推进地方政府非税收入收缴电子化管理工作的通知》（财库〔2017〕7号），要求地方各级财政部门“统一政府非税收入执收项目识别码和缴款识别码，建立政府非税收入收缴全国统一缴款渠道，实现缴款人可跨地区、跨部门、跨银行、足不出户全天候在线缴纳政府非税收入”“建立健全收缴电子化管理内部控制管理规范，按照国家有关要求开展信息安全等级保护工作，保障收缴电子化业务流程中涉及的电子文件合法有效、安全传输、安全存储”“省级财政部门要按照‘统筹规划、分步实施’的原则，研究制定省（区、市）总体规划和实施方案，明确阶段性目标和工作措施。2017年，省级财政部门都应启动实施非税收入收缴电子化管理工作。2018年，地市级财政部门应逐步开展非税收入收缴电子化管理工作。2020年，地方各级财政部门应全面推行非税收入收缴电子化管理工作。”

2018年11月，为深化“放管服”改革部署，贯彻“互联网+政务服务”要求，保障个人所得税改革顺利实施，提升财政票据监管效能，财政部印发了《关于全面推开财政电子票据管理改革的通知》（财综〔2018〕62号），决定全面推开财政电子票据管理改革。

2019年12月，为保障财政电子票据管理改革工作顺利开展，推广财政非税电子票据业务应用，财政部信息网络中心积极推进符合国家标准认证体系的数字签名服务器的互签互验工作。财政部信息网络中心根据《财政信息系统安全应用接口标准》，对北京数字认证股份有限公司的数字签名服务器进行了数字签名服务器使用场景测试。

2020年，《财政部关于修改〈财政票据管理办法〉的决定》（中华人民共和国财政部令第104号）规定，“财政部门应当积极推进财政电子票据管理改革，以数字信息代替纸质文件、以电子签名代替手工签章，依托计算机和信息网络技术开具、存储、传输和接收财政电子票据，实现电子开票、自动核销、全程跟踪、源头控制。”

《关于开展电子非税收入一般缴款书试点的通知》（财库〔2021〕31号）提出，“通过非税收入收缴管理系统开具的电子缴款书，以数字信息代替纸质缴款书，以电子签名代替手工签章，实现缴款书电子开票、自动核销、全程跟踪、源头控制，有利于节约社会资源和成本，方便缴款人保存使用，提高财政监管水平和效率，进一步规范单位财务管理。”“执收单位通过非税收入收缴管理系统开具电子缴款书（仅有缴款通知功能），包含单位电子签名。缴款人持电子缴款书上携带的缴款码，通过代理银行向财政缴纳款项后，财政端验证电子票号唯一性、执收单位签名有效性，追加财政监制电子签名，生成完整的电子缴款书。”

《关于稳步推广电子非税收入一般缴款书的通知》（财库〔2021〕46号）要求“合法的电子缴款书须包含单位、财政电子签名，执收单位和财政部门要依法加强数字证书管理，规范电子签名行为，确立电子缴款书法律效力。”

2021年12月，财政部有关负责人就《关于稳步推广电子非税收入一般缴款书的通知》答记者问中，指出“电子《非税收入一般缴款书》，以数字信息代替纸质票据，以电子签名代替手工签章，实现非税收入收缴全流程电子化和无纸化。”

综上，相较于传统的纸质票据，财政部门使用电子票据具有了即开即送，实时传达，并且做到全程溯源的优势，解决了纸质票据需要印制、运输、保管、销毁等一系列烦琐的操作，不仅为财政部门节省成本，避免了面对面接触，减轻了执收单位的工作负担。电子票据的开具需要通过电子票据系统，通过实名认证，进行身份的确认，制作有效的电子签名。具体的开具流程：先进行票据信息填充，确认电子票据内容，无误后再进行盖章签字操作。全程都可以在线上进行，实现无纸化、数字化。对于政务服务来说，不仅优化了营商环境，便民利民，而且，数字化、电子化（包括了合同签署）已经成为政务服务的改革方向。

3.5.2 数字签名技术在财政电子票据中的应用

为保证全国财政电子票据数据一致性，促进财政电子票据的社会化应用，财政部关于印发《关于稳步推进财政电子票据管理改革的试点方案》的通知（财综〔2017〕32号）指出“各级财政部门要按照统一的《财政电子票据数据规范》要求，生成、传输、存储和查验财政电子票据。”

《财政电子票据数据规范》规定的财政电子票据数字签名包括：开票单位数字签名、财政部门监制数字签名两类，其组织方式见表3-2。

表 3-2 财政电子票据数字签名组织方式信息一览表

序号	数据项	数据项名称	类型	长度	说明	基数
1	EInvoiceSignature	电子票据数字签名	节点			1
2	└ Signature	开票单位数字签名、财政部门监制数字签名	节点			2
3	├ SignedInfo	签名信息	节点			1
4	│ ├ Reference	签名原文引用	String			1
5	│ ├ SignatureAlgorithm	签名算法	String			1
6	│ └ SignatureFormat	签名格式类型	String	6	固定值，DETACH	1
7	├ SignatureTime	签名时间	UTCDateTime			1
8	├ SignatureValue	签名值	Base64Binary			1
9	└ KeyInfo	证书信息	节点			1
10	├ SerialNumber	证书编号	String			1
11	└ X509IssuerName	X.509 证书颁发者名称	String			1

1. 开票单位数字签名

为规范财政电子票据使用管理工作，根据国家有关法律、法规规定，按照《中华人民共和国电子签名法》、《财政票据管理办法》（财政部令第70号）、《会计档案管理办法》（财政部 国家档案局令第79号），深圳、黑龙江等省市的财政电子票据使用管理办法均规定“用票单位应使用财政票据管理系统开具电子票据，开票信息中应包含符合《中华人民共和国电子签名法》规定的单位数字签名。”

开票单位数字签名原文为：财政电子票据头部（Header）、财政电子票据票面信息（EInvoiceData）。其中，财政电子票据头部要素信息包括电子票据头部节点及长度为8的电子票据标签、长度为19的电子票据标识和长度为5的版本，详见表2-3；财政电子票据票面信息包括电子票据票面节点信息、票面基本节点信息及电子票据名称、电子票据代码、电子票据号码等信息，共计53项，详见表2-4。

2. 财政部门监制数字签名

财政部门监制数字签名原文为：开票单位数字签名原文的Hash值、开票单位数字签名（Signature）。

3.5.3　签名技术在税务领域的应用

为贯彻落实党中央、国务院决策部署，进一步优化税收营商环境，深化税务系统“放管服”改革，便利纳税人开具和使用增值税发票，2020年1月，《国家税务总局关于增值税发票综合服务平台等事项的公告》（国家税务总局公告2020年第1号）规定“属于税务机关监制的发票，采用电子签名代替发票专用章，其法律效力、基本用途、基本使用规定等与增值税普通发票相同。”

为全面落实《优化营商环境条例》，深化税收领域“放管服”改革，提升税收管理服务的信息化水平，按照国务院决策部署，国家税务总局2020年12月印发的《关于在新办纳税人中实行增值税专用发票电子化有关事项的公告》提出“电子专票用电子签名代替纸质发票的发票专用章，其法律效力、基本用途、基本使用规定等与纸质专票相同。单位和个人可以通过全国增值税发票查验平台对电子专票信息进行查验，也可以通过上述平台下载增值税电子发票版式文件阅读器，查阅电子专票并验证电子签名有效性。”“采用经过税务数字证书签名的电子发票监制章代替原发票监制章。”

3.5.4　签名技术在金融系统中的应用

金融行业包括银行、证券、基金、外汇等多个重要部门，每天都有大量的纸质文件表格要处理，开设银行账户、申请贷款、信用卡申请、外汇买卖协议、基金购买协议以及内部文件审批签署等都已经开始向无纸化转变，但是不能只是在金融网站和App中操作并看到这些文件和表格，应该像原先的纸质文件一样给用户一个无纸化的但内容和版式同纸质文件一样的电子文件以方便用户保存或打印，同时必须解决如何保证这些电子文件是可信的、不会被假冒和不会被非法篡改的问题。目前唯一可行的技术解决方案是数字签名PDF文件加时间戳，并采用安全加密方式发送给用户。

密信提供全自动数字签名电子文档解决方案，可以帮助金融行业用户的内部管理系统生成的各种PDF文件一键实现可信数字签名；而密信电子邮件签名和加密解决方案能帮助金融行业的业务系统把已经签名的PDF文件自动发送签名邮件和加密邮件给用户，彻底实现可靠的电子文件数字签名防伪和电子文件安全传递服务。

如图3-23所示，用户在网上银行系统上办理各种银行业务，在线填写各种表格，表格填写完成后让用户在业务系统上手写签名或使用企业网银USB Key证书签名后提交到银行管理系统中，待处理完成后，银行管理系统调用云端密信电子签名服务系统或本地调用密信电子签章系统用本单位的Adobe全球信任的和国密合规的PDF签名证书签名。而对于不需要用户填表的业务（如银行账单、对账单、通知等），则可以直接在现有的银行管理系统上生成的PDF文件调用云端密信电子签名服务系统或本地调用密信电子签章系统完成PDF签名即可。

图 3-23　基于 MeSign 签名的金融账单服务架构示意图

3.5.5　签名技术在电信行业电子发票中的应用

财政部和国家税务总局印发的《关于将电信业纳入营业税改征增值税试点的通知》规定，从2014年6月1日起，将电信业纳入营改增试点范围。为此，航天信息股份有限公司（简称航天信息）针对电信行业开发了增值税销项发票管理系统。该系统通过管理系统管理端完成与各开票站点与企业业务系统的内嵌式无缝连接，在共享大量发票信息的同时还可满足企业内部管理需求，如发票分配管理、发票已开信息管理、开票点多且分散的管理、与企业业务系统开票的整合管理、开票点实时监控管理，以及简化专用设备管理等，最终实现电信行业对增值税专用发票闭环管理的需求；本系统是一套在省集中部署的应用系统，为了满足与电信企业业务系统的对接需求，除了提供可操作的客户端功能外，还提供了一些后台接口服务功能，供电信企业的业务系统直接调用实现相应的功能。实现对所属企业（多税号）、多开票服务器、多开票网点的集中管控。

2016年至今，该系统优化后的增值税发票系统（电子）基于电子签名技术，优化设计了电子签章子系统，与前置子系统（适用于多窗口、多业务、多并发、实时性要求较高的场合）、管理子系统、主控子系统、版式文件子系统和数据推送子系统一起，协同满足增值税（电子）发票系统的需求，模块架构如图3-24所示。

带有签名技术的电信行业增值税销项发票系统采用的技术架构由展现层、应用系统层、应用支撑层、数据资源层、基础设施层五个层次以及标准规范体系、信息安全体系、运维规范体系三大支撑体系构成。

电信行业增值税销项发票系统电子发票开具分为两种情况，分别是同步单张发票开具和异步批量发票开具，业务逻辑如图3-25所示，包含异步批量、同步单张发票开具两种情况。

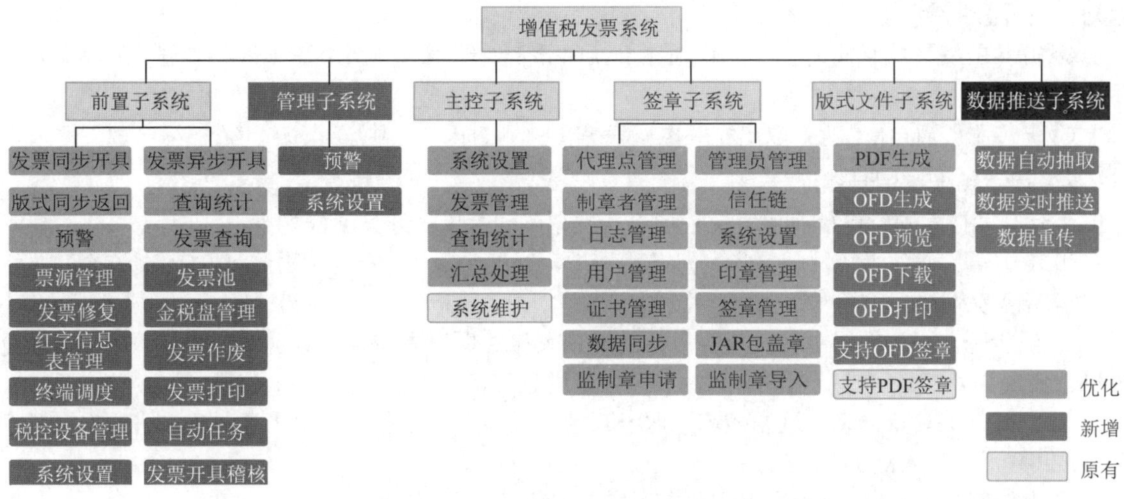

图 3-24　带有签名技术的电信行业增值税销项发票系统模块图

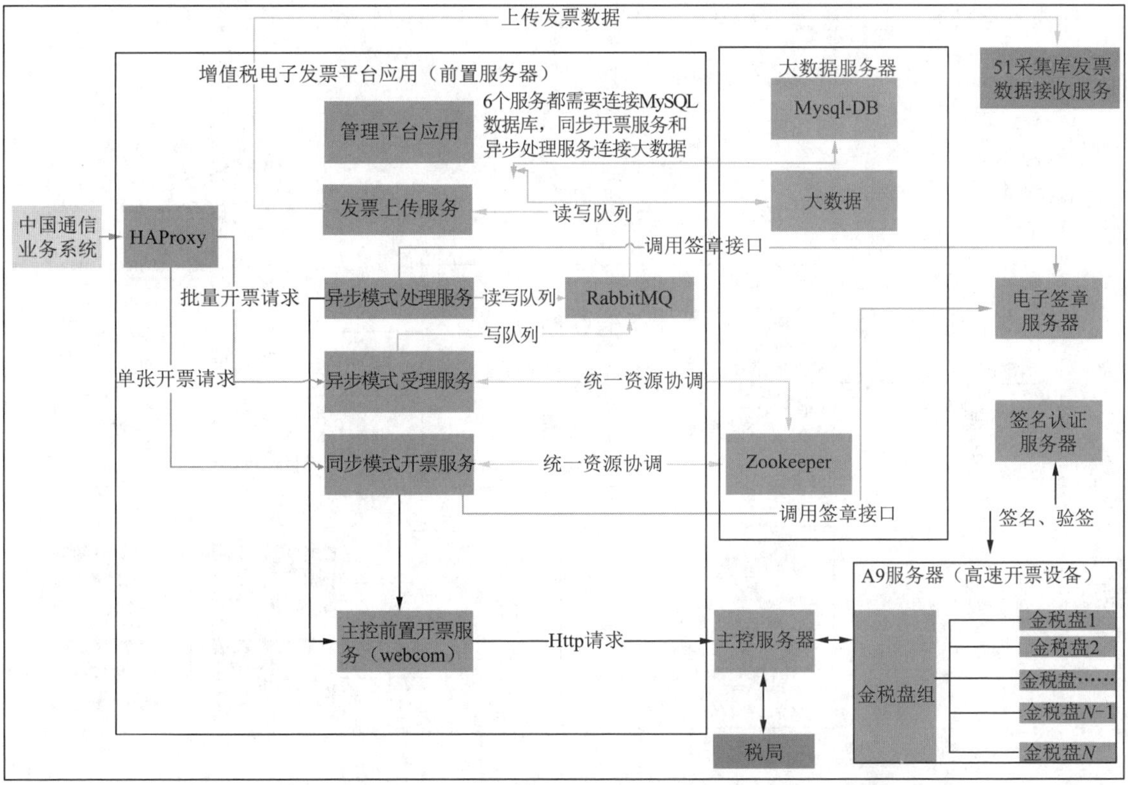

图 3-25　带有签名技术的电信行业电子发票业务逻辑示意图

1. 异步批量开具发票流程

带有签名技术的电信行业增值税销项电子发票的异步批量开具流程如下：

① 中国通信业务系统发起批量开具发票请求，通过负载HAProxy调用异步受理服务接口。

② 异步受理服务将请求放入MQ对列中。

③ 异步处理服务从MQ对列中进行读取批量开具发票的请求报文后调用主控前置服务。

④ 主控前置服务调用主控服务器（使用验签服务器、通过外网上传税局）接口，进行金税盘

组对应税号金税盘开票。

⑤ 开具的发票信息通过主控前置服务反馈回异步处理服务，调用签章服务器进行发票签章和生成PDF后，放入MQ对列中。

⑥ 上传服务通过MQ对列取出相关电子发票上传到51采集库中。

2. 同步单张发票开具流程

带有签名技术的电信行业增值税销项电子发票的同步单张开具流程如下：

① 中国通信业务系统发起单张发票开具请求，通过负载HAProxy调用同步开票服务接口。

② 异步受理服务将请求放入MQ对列中。

③ 同步开票服务调用主控前置服务，主控前置服务调用主控服务器（使用验签服务器、通过外网上传税局）接口，进行金税盘组对应税号金税盘开票。

④ 已开具的发票信息通过主控前置服务反馈回同步开票服务，调用签章服务器进行发票签章和生成PDF后，放入MQ对列中。

⑤ 上传服务通过MQ对列取出相关电子发票上传到51采集库中。

3. 省级移动自建电子发票平台架构

带有签名技术的省级移动自建电子发票平台部署架构示意图如图3-26所示。

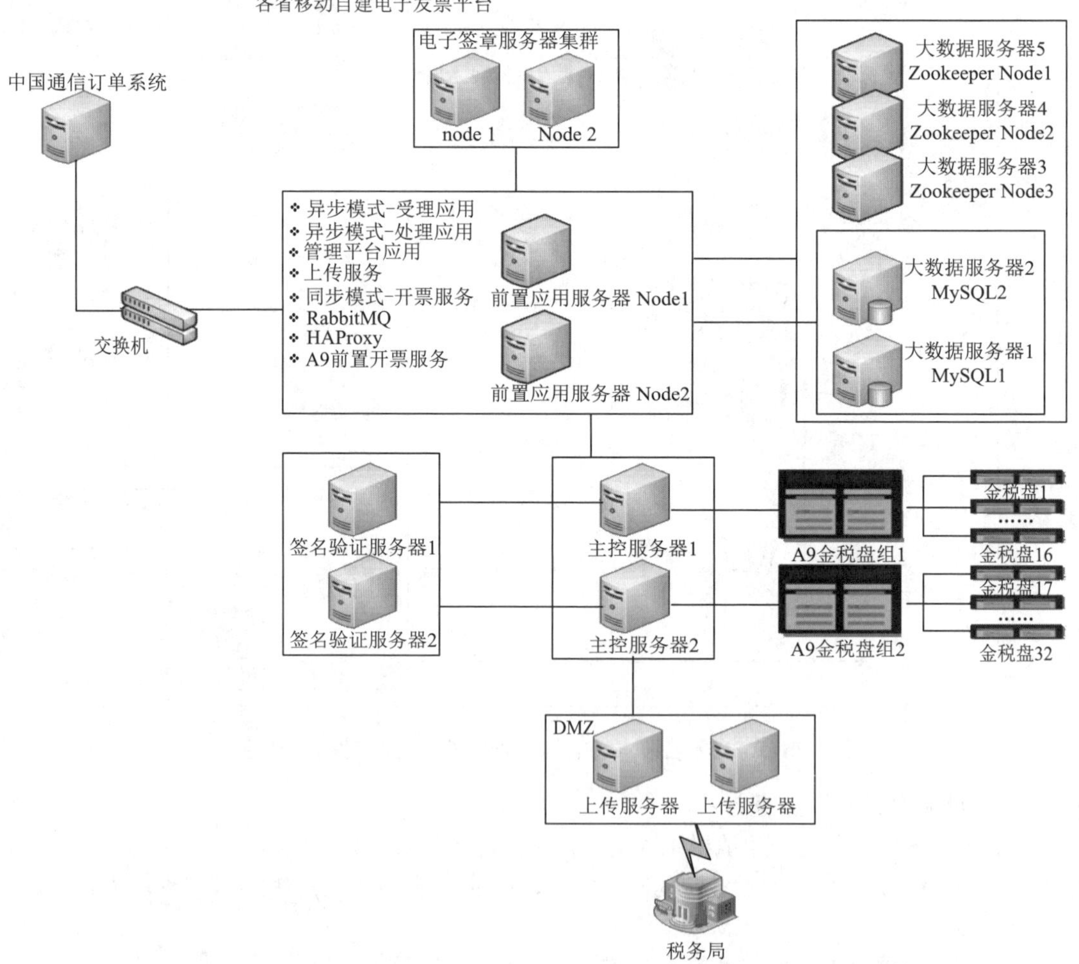

图 3-26　带有签名技术的省级移动自建电子发票平台部署架构示意图

基于图3-26所示的部署架构，航天信息股份有限公司为某省设计的移动自建电子发票平台（不依赖第三方电子发票平台）共有37台服务器（物理+虚机），其中：电子签章服务器2台、前置应用服务器2台、大数据服务器5台、签名验签服务器2台、主控服务器16台、数据交互服务器4台、A9金税盘组服务器5台、数据上收代理服务器1台。该平台综合采用了集群、负载均衡、任务队列、高可用、微服务、容器化、模块化、分层、解耦、大数据等先进技术，建立了一套符合高可靠性、完备性、可移植性、安全性、易安装性等要求的先进、可靠、开放、可扩展的平台。

该平台支撑全省业务主体的发票业务及总部对省侧业务全量发票数据的上收，涉及19个业务主体单位、59个开票主体单位，平台日处理电子发票60万余份/天。

3.6　签名验签服务器及其应用

3.6.1　签名验签服务器概述

1. 概念界定

签名验签服务器又称数字签名服务器，是对各种类型的电子数据给出基于数字证书的数字签名服务，并向签名数据验证其签名的真实性与有效性的专用服务器。签名验签服务器可以为广泛的现代服务业提供安全的金融支付与电子交易业务服务，广泛应用于数字彩票、电子病历、网上审批、网上办公、网上银行、网上证券和网上支付等电子政务、电子商务和企业信息化中，为业务系统提供安全保护。

2. 功能简介

一般地，签名验签服务器均可提供如下功能：

- 通用密码服务功能
- 数字签名/验证
- 密钥生成、存储、恢复
- 数字信封加密
- 带签名的数字信封
- 证书管理和验证功能
- 支持CRL证书验证
- 支持CRL手动、自动下载
- 支持证书解析
- PKCS#7数据签名和签名验证
- PKCS#7数字信封加密和解密

3.6.2　签名验签服务器案例

1. 沃通签名验签服务器

沃通签名验签服务器（Sign and Verify Server，SVS）是用于服务端为应用实体提供基于PKI体系和数字证书的数字签名、验证签名等运算功能的服务器，可以保证关键业务信息的真实性、完整性和不可否认性。其严格遵照国密局颁布技术规范，符合GM/T 0029—2014《签名验签服务器技术规范》，符合GM/T 0028—2014《密码模块安全技术要求》第二级要求，获得《商用密码产品认证证书》资质，是一款多安全功能、高稳定性，可扩展和快速部署的软硬件集成化安全设备。该产品可以广泛应用于基础信息网络、重要信息系统和工业控制系统，以及面向社会服务的政务信息系统。

（1）产品功能

签名验签：支持RSA算法PKCS#1签名和PKCS#7 Attached&Detached签名；支持GM/T 0009—2012规范的SM2算法签名验签和加密解密，支持GM/T 0010—2012规范的SM2算法数据签名验签和数字信封的组封解封。

密码应用：支持GM/T 0018—2012规范的SDF动态库，支持按新版规范提供升级版SDF接口库；支持符合规范的JCE的Jar包，提供JSSE；可连接Windows平台的MS CSP（Cryptographic Service Provider）接口。

网络安全：支持GM/T 0022—2014《IPSec VPN 技术规范》国密SSL通信协议，支持TLS 1.2协议，可向前兼容SSL 1.0/2.0/3.0和TLS 1.1协议，用于SSL/TLS通信代理。

管理配置：支持管理员、操作员和审计员三种角色，支持通过智能密码钥匙进行身份鉴别管理，支持日志分级记录、分割存储和FTP上传存档功能。

证书管理：支持RSA算法的数字证书、OCSP和CRL；支持RSA算法PKCS#10证书申请，PKCS#12格式文件证书导入；支持SM2算法证书申请及证书导入；支持证书链管理，多CA/子CA证书链验证。

密码算法：支持SM1/2/3/4/7国密算法，支持SSF33国密算法；支持RSA1024/2048算法，支持DES/3DES、AES算法，支持SHA-1/256/384算法，兼容MD5算法；对称分组算法支持ECB、CBC、CFB、OFB和CTR模式。

行业应用：支持《财政信息系统安全应用接口标准》接口；支持国家税务总局发布《税务服务器应用方案》及《税控服务器技术规范》，是国税总局税控服务器入围设备。

备份恢复：支持应用实体证书和密钥的备份恢复功能，支持双机热备和链路聚合。

（2）产品架构

沃通签名验签服务器由主机硬件平台、Linux操作系统、密码运算和密钥管理、设备内部密码服务、密码网络服务和SDK应用开发包组成。通过模块化设计，将商密组件与计算机平台解绑，支持内置客户业务服务程序，可以按照客户需求，进行灵活定制开发。

沃通签名验签服务器产品架构如图3-27所示。

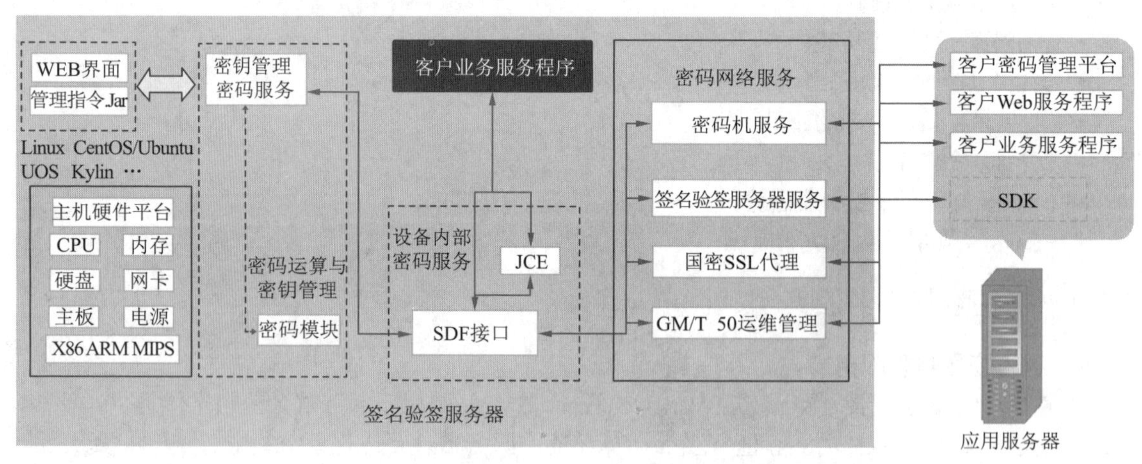

图 3-27　沃通签名验签服务器产品架构

（3）应用场景

沃通签名验签服务器可用于金融和基础信息网络、重要信息系统、重要工业控制系统及面向社会服务的政务信息系统等（如党政机关、医疗卫生、能源、金融、教育、公安、交通等）重要领域的网络安全。

2. 安信天行数字签名服务器

由北京安信天行科技有限公司自主研发的数字签名服务器是面向各类电子数据提供基于数字证书的数字签名服务、并对签名数据验证其签名真实性和有效性的专用服务器，外观如图3-28所示。

图 3-28　安信天行数字签名服务器外观

（1）产品功能

身份认证功能：实现基于数字证书的身份认证，支持不同CA的用户证书验证，提供CRL/OCSP等多种方式的证书有效性验证。

数据签名功能：实现针对各类电子数据的数字签名功能，支持多种格式的数字签名，并支持对签名数据进行保存。

验证签名功能：实现对签名数据的验证功能，验证签名真实性和有效性。

系统备份功能：系统可以备份当前所有配置信息，包括配置、密钥等信息，保证系统瘫痪时快速恢复。

日志管理功能：系统可以自行记录日志，也可以将日志以SYSLOG的方式发送到指定多台服务器。日志具备管理日志、业务日志。日志等级包括错误日志、INFO日志、DEBUG日志。

证书存储功能：系统可以帮助用户进行用户证书存储及应用。

三员分立功能：系统支持初始化成系统管理员、安全管理员和审计管理员三员分立模式。

串口IP管理：管理员可以通过串口修改服务器IP地址。

审计日志管理：系统记录管理员的操作日志并支持对操作日志进行审计管理。

IP地址白名单：白名单中的IP才能访问服务器；不在白名单中的IP地址则不能访问。

Webservice身份认证：用户通过用户名和密码进行认证；认证成功的用户可以使用Webservice服务；否则不提供Webservice服务。

诊断网络状态：在Web管理界面上，输入IP地址，反馈给维护人员这个IP地址与服务器连通情况。

信任域配置：支持多信任域，可导入多张信任根证书、证书链、信任证书级别不受限。

服务端热备负载：支持服务端负载均衡功能，来解决不能对外提供大数据量服务的问题，即多台机器负载时，多台机器能够同时对外提供一样的服务来处理大数据量，能够提供一个高性能的服务。

管理功能：具备与NTP时间服务器同步，可手动修改系统时间，具备通过SNMP协议监控设备运行状态。

PDF签名验签功能：支持SM2、RSA算法服务端PDF签名、签章及相应验证功能，支持配置和导入电子图章。

（2）产品特点

合法性：采用权威第三方认证机构颁发的数字证书，签名验签结果具有法律效力。

高可用：支持集群部署，充分保证了系统的稳定运行。

兼容性：支持各种主流操作系统；面向应用系统提供多语言开发API，方便开发者调用；支持多种格式的数字签名及验证；支持不同认证机构颁发的数字证书。

支持国产算法：支持SM2、SM3等国产算法。

易用性：服务端应用接口集成简单、部署便捷，B/S模式管理界面方便管理员轻松配置管理。

（3）产品规格

安信天行数字签名服务器的产品规格信息见表3-3。

表 3-3　安信天行数字签名服务器产品规格信息一览表

型　号	SRJ1103-2000	SRJ1103-4000	SRJ1103-20000
设备高度	2U	2U	2U
尺寸规格（长宽高）	500 mm × 430 mm × 89 mm	500 mm × 430 mm × 89 mm	600 mm × 430 mm × 89 mm
网络接口	2 × 1 000 M（电口）	4 × 1 000 M（电口） 2 × 1 0000 M（电口）	4 × 1 000 M（电口） 2 × 1 0000 M（电口）
内　存	≥ 8 GB		
电源指标	550W1+1 服务器冗余电源		
设备功耗	150 W	260 W	320 W
签名能力（SM2+SM3）	>2 200 次 / 秒	>6 000 次 / 秒	>25 000 次 / 秒
验证能力（SM2+SM3）	>1 600 次 / 秒	>5 000 次 / 秒	>20 000 次 / 秒
签名能力（RSA+SHA256）	>2 500 次 / 秒	>6 500 次 / 秒	>28 000 次 / 秒
验证能力（RSA+SHA256）	>5 000 次 / 秒	>9 000 次 / 秒	>30 000 次 / 秒
支持应用平台	Windows Server；Linux；AIX；Solaris；UNIX		
支持移动应用平台	iOS 7.0 以上、安卓 4.0 以上		
支持应用接口	Java、C、COM、WebService		
支持算法标准	SM2、SM3、SM4、3DES、AES、RSA、SHA1、SHA256、SHA512		
工作温度	0 ~ 35° C		
存储温度	−40 ~ +70° C		
工作湿度	5% ~ 95% RH，不凝结		

（3）典型应用

①用户登录认证及数据签名验证应用。

在图3-29中，安信天行数字签名服务器为业务系统提供了基于数字证书的高强度的身份认证，解决了系统“用户名+口令”认证方式安全强度低的问题；同时，该服务器为业务系统提供数字签名验签、对称/非对称加解密等功能，保证了业务系统与客户端通信的关键电子数据的机密性、完整性和不可否认性。

② 不同应用系统间签名验证应用。

图3-30所示安信天行数字签名服务器为业务系统提供数字签名验签、对称/非对称加解密等功能，保证了业务系统间通信的关键电子数据的机密性、完整性和不可否认性。

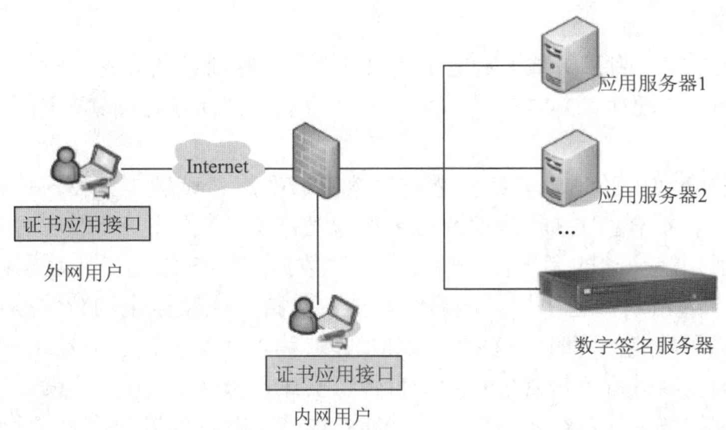

图 3-29　安信天行数字签名服务器的登录认证及数据签名验证应用示意图

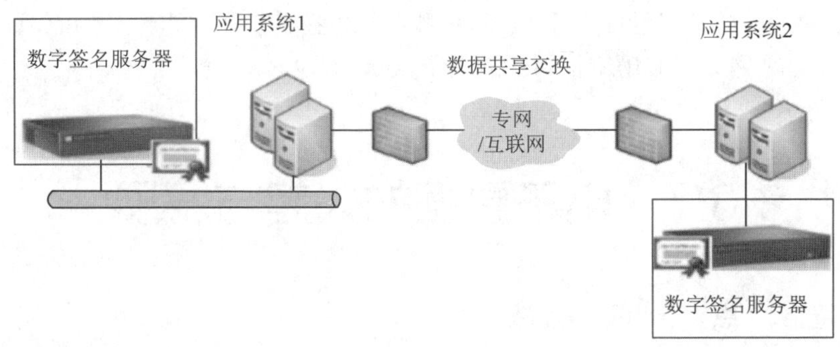

图 3-30　安信天行数字签名服务器的不同应用系统间签名验证应用示意图

3．吉大正元数字签名服务器

（1）产品特点

标准化：设计、开发严格遵循《签名验签服务器技术规范》（GM/T 0029—2014），数字签名服务器提供的数字签名、数字信封等数据结构符合《信息安全技术 公钥基础设施 电子签名格式规范》（GB/T 25064—2010），数字签名服务器对算法的使用严格遵循国密算法相关要求，数字签名服务器客户端支持各家符合《智能密码钥匙密码应用接口规范》（GM-T 0016—2012）的智能密码钥匙（USB Key）。

易用性：支持多样的数据传入方式，可直接传入数据或传入数据存储的路径；支持多平台、多开发语言调用：提供Java、COM、C等多种类型的接口函数。

安全性：基于高强度的双向身份认证，确保了管理者的合法身份，封闭了管理端口和业务端口以外的所有端口，加强了产品的抗攻击性；经过严格的内部安全检测，不存在中、高级漏洞，并且在用户使用过程中，持续对产品的安全问题进行跟踪，发现安全隐患后会开发产品升级包解决用户现场问题。

高可靠性：支持双机热备功能，避免单机故障；支持联合当今市场主流负载均衡设备，满足大压力、大并发下确保产品稳定性的需求。

（2）硬件描述

吉大正元数字签名服务器是一套基于开放的公钥密码标准开发，提供数字签名、数字信封等服务的硬件安全产品，满足用户在网络交易中行为不可抵赖，信息完整性、私密性等需求。

（3）应用场景举例

项目简介：南昌大学第二附属医院采购电子票据签名服务器项目竞价成交公示。

规格参数：产品形态：硬件，3U机架式设备；产品资质：产品具备国家密码管理局颁发的商用密码产品认证证书。

功能参数：产品符合《财政信息系统安全应用接口标准》；设计、开发严格遵循《中华人民共和国电子签名法》；符合PKCS#7格式的签名和验签；符合数字证书X509 v3标准；支持浏览器、应用服务器、通用客户端的调用；支持对文件和数据进行签名/验签、数字信封/解密信封功能；支持获取签名、加密数据包中原始内容的功能；支持对大数据量的数字签名；支持双机热备、负载均衡等高可用功能；同时支持RSA和SM2非对称加密算法；系统管理方式采用Web方式，管理员可以通过浏览器进行远程管理；设备自带双机热备份功能；支持与财政电子票据系统无缝集成，支持签名机构证书的在线申请、下载功能；支持与财政部署的数字签名服务器互签互验；能够实现多平台、多开发语言调用，提供Java、COM、C等多种类型的接口函数；支持时间戳功能。

性能参数：SM2数字签名性能大于2 000次/秒；SM2签名验证性能大于2 000次/秒；SM2制作信封性能大于2 000次/秒；SM2解密信封性能大于1 500次/秒。

质保时间：三年。

3.7　电子票据的兴起与发展

3.7.1　电子票据“点”开的多赢路

从2018年1月份开始，哈尔滨师范大学的学生在网上缴费成功后，可以收到一张自动生成的财政电子票据，不需要再像往年一样等待较长时间领取纸质票据了。据了解，这张电子票据不但制式和纸质票据完全相同，而且加盖了财政票据监制章和哈尔滨师范大学财务专用章，电子票据生成后，如有需要，缴款人可以随时上网查验真伪或前往学校财务处换开纸质票据。

从2017年11月被财政部确定为黑龙江省财政电子票据管理改革第一批12家省直单位试点之一，到2018年1月财政电子票据管理系统正式上线运行，实现财政电子票据的从无到有，哈尔滨师范大学只用了两个月的时间。

哈尔滨师范大学财政电子票据管理交出的这份漂亮“成绩单”只是全省改革成效的一个缩影。

（1）积跬步成千里

党的十九大报告明确提出，要转变政府职能，深化简政放权，创新监管方式，增强政府公信力和执行力，建设人民满意的服务型政府。黑龙江财政收费票据监管中心负责人表示，以简政放权、创新监管、提升服务为核心，以政府权力清单为基础，以信息化技术为支撑的财政电子票据管理改革既符合政府要求，也贴合社会发展方向，可谓是大势所趋；应用财政电子票据后，省去了用票单位前来领票、核销的环节，从财政管理部门的角度说，对财政票据的管理更便捷、高效。“票据管理起来更轻松了，其实也更严格了。”该负责人说，通过财政电子票据监测平台，财政管理部门可以实时监测票据的开具情况，及时发现票据开具违规或不规范等问题，变事后检查为事前控制和事中监督，真正实现了“以票控费”，确保了应收尽收。“每张电子票据开具出来都具有单位和财政电子签名双认证，在这个前提下，假票据就不会出现了。”

在提高票据管理效率的同时，由于不再需要印制纸质票据，财政电子票据的应用和推广节约了物力成本，大大减少了社会资源耗费。以2017年为例，黑龙江省共印制了财政票据2.2亿份，定额票据14.8万本，卷式票据460卷；全面推行财政电子票据管理改革后，全省至少能节约2 500万元的印制费用。

任何一项改革都不可能一蹴而就，需要在长时间的耐心准备和不断摸索中逐步落实。黑龙江省财政电子票据管理改革取得的可喜成效，源于该省财政部门近10年来的统筹安排、分步实施、同步推进的不懈努力。

2009年10月，黑龙江《推广财政票据电子化改革实施方案》制定出台，标志着该省财政票据电子化管理改革工作正式启动。3年后，黑龙江省全面实现了财政票据电子化管理，圆满完成了改革任务。

2014年，黑龙江省率先启动了软件系统网络升级工作，实现了财政部门和用票单位的互联互通，进一步增强了财政票据监管工作的科学化、精细化和规范化。当年，全省共安装了财政票据管理开票点近3万个。

2017年，被确定为全国电子票据管理改革试点省份后，黑龙江财政部门坚持制度先行，研究制定了《黑龙江省财政电子票据管理改革实施方案》《黑龙江省财政电子票据使用管理暂行办法》等一系列政策文件，为改革的顺利实施提供了有力的制度保障。

同时，黑龙江省财政部门对原有的票据管理系统进行了升级改造，实现了全省大集中模式，完成了省级财政和2 300多家开票单位的系统升级。据了解，今年开始，该项工作开始向市、县延伸。

得益于近年来黑龙江省财政部门在财政票据管理技术环境和制度建设上的逐步积累，去年，财政电子票据管理改革正式启动，并迅速适应了改革需求，不断将其向纵深推进。

在黑龙江省财政收费票据监管中心负责人看来，新生事物在改革的具体实施过程中要“摸着石头过河”，从这个角度来说，“试点先行”不失为一种稳中求进的好方法。

确定改革方案后，黑龙江省财政部门以缴费项目为个人消费项目、开票时间集中、开票量较大、对改革有积极性等作为选择因素，确立了以哈尔滨师范大学、哈尔滨医科大学附属第一医院等为代表的12家省直单位作为第一批试点单位。截至目前，无论是在改革进展较为成熟的各个高校，还是仍处于改革“试水”阶段的医院行业，改革都得到了用票单位和缴款人的普遍认同，各方面均收到了比较满意的效果。

（2）试点先行、典型引路

在哈尔滨师范大学财务处的墙上，挂着两面学生自发送来的锦旗，落款分别是哈尔滨师范大学江北校区全体同学和哈尔滨师范大学江南校区全体同学。该校财务处相关负责人向记者解释道，锦旗是2015年10月送来的，当时，学校在相距23 km的江北、江南校区分别放置了几台自助缴费机，学生可以就近自助查询、缴费和取票，不用再往返于两个校区前往学校财务处排队办理了。

两年后，自助缴费机升级了。2018年1月，哈尔滨师范大学财政电子票据管理系统正式上线后，学生通过自助缴费机缴费后能够同时打印出电子票据凭条。如今，缴款人完成缴费、打印电子票据凭条的整个过程大约只需要十几秒，以往自助缴费机前排长队的现象大为改观。

除了使用自助缴费机，学生还可以登录校园网采取网银等方式缴费，缴费完成后，财政电子票据同时生成。

哈尔滨师范大学财务处相关负责人说，开展财政电子票据管理改革前，遇到开学季总让财务人员感到非常“头疼”。学校有3.6万余名学生，每年开具的财政票据量至少5万多份。“选择网上缴费的学生没有办法自助收到纸质票据，需要发动全财务处的老师统一打印、盖章、分发，几台打印机几乎整天不停，光是盖章就需要整整两天时间，最后的整理归档还要不少时间。使用电子票据后，需要参加缴费工作的财务人员从30个缩减到了3个，人手少了，效率却大大提高了。”

如今，缴费成功后，学生可以立即收到电子财政票据，拿到票据的周期大大缩短，由于可以随时上网查询、换开纸质票据，有效规避了以往纸质票据容易丢失的问题。

记者在采访中了解到，作为全省高校财务管理先进单位，近年来，哈尔滨师范大学在学校财务信息化、电子化发展方面取得了较为扎实的成效。在该校财务处相关负责人看来，从财务管理的角度来说，财政电子票据的应用能够引发财务管理模式的创新，为高校构建起一整套公开透明、高效便捷的财务服务体系，“推行电子票据后，加快了会计信息化的发展，网上报账、移动审批等信息化手段与电子票据相结合，可以实现会计业务全过程自动化，必将催生新的会计业态和新的财务管理模式。”

改革见成效了，还需要不断推广，辐射带动更多的高校共享“红利”。2018年4月24日，一场别开生面的高校财政电子票据应用现场会在哈尔滨师范大学召开，当天，黑龙江省23所省属高校财务代表现场“取经”，学习并观摩了哈尔滨师范大学财政电子票据管理的相关经验。

作为此次现场会的主办方之一，黑龙江省财政收费票据监管中心负责人告诉记者，针对目前各高校普遍存在的纸质财政票据印制成本高、开具效率低下、流转不便捷，制约网络缴款、电子支付等新兴缴款模式的问题，在高校推广财政电子票据势在必行。哈尔滨师范大学的成功经验为全省各高校开展财政电子票据管理改革提供了有益借鉴，未来，全省范围内高校都要逐步加入改革行列中。

（3）改革范围不断扩大

与财政电子票据应用相对广泛的高校相比，我国医疗行业在财政电子票据管理改革的进程中还处于起步阶段。基于医疗在民生领域中的特殊地位，医院覆盖的群众多、范围广，财政票据的使用量也相对更大，改革的紧迫性亟待进一步增强。

2018年4月，国务院制定印发的《关于促进“互联网+医疗健康”发展的意见》明确，要建立健全“互联网+医疗健康”标准体系，提高医院管理和便民服务水平、提升医疗机构基础设施保障能力。黑龙江省财政收费票据监管中心负责人表示，随着“互联网+医疗”在我国的逐步发展，传统的纸质票据管理系统已经不能匹配现代医院信息化建设的步伐。通过在医院开展财政电子票据改革，能够切实从患者出发，实现信息多走路，群众少跑路，将“只跑一次”“放管服”等政策真正落到实处。

既要稳扎稳打，发挥改革进展较为成熟的行业的试点引领作用，又敢于大胆“试水”，将改革规划延伸到新的、改革需求迫切的新领域。有了财政管理部门的顶层设计和支持，一场信息化的变革和转型在黑龙江省哈尔滨医科大学附属第一医院悄然进行。

作为黑龙江省最大的医疗中心之一，哈尔滨医科大学附属第一医院是全省门诊量最大的三甲医院，2017年，该医院门诊和急诊量达288.7万人次，出院病人26.6万人次，全年使用财政纸质票据500余万张，是全省名副其实的财政票据使用大户。

近年来，巨大的纸质财政票据使用量给患者和医院都出了不少难题。该医院财务处相关负责人告诉记者，对医院来说，一方面，大量的纸质票据在申领、搬运和打印过程中增加了医院不少财务、人力和时间成本；另一方面，基于票据存储年限的要求，多年累积的大量纸质票据存在存贮难、查询难的问题。“现在医院专门用来存放票据的房间就有好几个，如果不改革还会越来越多。”该负责人无奈地说。

除了人力、物力的消耗，上述负责人表示，传统纸质票据还制约了医院财务管理系统电子化、信息化发展。“医院财务人员在票据记账、入账、核销等环节还需要手工录入和操作，不但增加了财务人员的工作量，也不利于整个医院管理系统的智能化流程打造。”

此外，由于传统的纸质票据存在取票效率低、易丢失、票面信息易损坏、虚假票据防范难等问题，很大程度上还影响了患者的就医体验。

基于该院的实际情况与迫切需求，黑龙江财政收费票据监管中心将哈尔滨医科大学第一附属医院作为该省首个开展医疗行业财政电子票据管理改革试点单位。

就此，哈尔滨医科大学第一附属医院成为全省医疗行业中第一个“吃螃蟹的人”。2018年6月份，该院正式启动了“互联网+医疗健康+电子票据”平台的建设工作。据了解，该项目共分二期进行建设，一期先在门诊和急诊上线，二期再延伸到住院和其他院区。该院财务处相关负责人介绍，目前，在平台建设方面，数字化医院信息管理系统和财政电子票据系统的开发工作已接近尾声，9月份可先期上线门诊部分科室。“平台上线后，患者可通过医院App、微信公众号实现线上挂号、排号、缴费、获取化验报告单、获取电子票据等就诊环节。”同时，该院将继续保留人工窗口，患者可凭导诊单、票据短信信息、取票小程序、医院App票据信息、微信公众号票据信息等任何一项换开纸质票据。上述负责人认为，从本质上来说，在医院开展财政电子票据管理改革的主要目的在于切实实现便民、利民的服务目标。她表示，在实现医院票据管理全过程无纸化电子控制的同时，财务部门通过优化财政票据管理工作流程，做好电子档案管理，确保收费过程的资金流、业务流、信息流的集成，实现“闭环”管理，能够大大提升患者在取票、查验、换开、报销、入账等环节的就医体验，为其营造更为便捷、高效的就医环境。

试点在不断扩大，改革成效也在全省范围内逐步显现，但黑龙江省财政收费票据监管中心负责人表示，尽管在政策法规、安全保密、数据规范、管理系统方面已经具备了实施条件，但作为一项新生事物，财政电子票据管理改革在推广上还存在着一定难度。首先，社会的认知度和接受度还不够，需要一个过程。其次，报销入账环节还存在差异。电子票据在传统财务报销入账处理上与纸质票据相比不尽相同，需要进一步研究解决。

该负责人介绍，未来，财政部门将在全省范围内继续逐步扩大试点范围。一是扩大省级试点范围，继续选择开票量大的个人消费项目扩大改革范围。今年，将在黑龙江大学、佳木斯大学两所高校，哈尔滨医科大学第一附属医院、省公安厅出入境管理局等单位继续进行试点。二是推进市县改革。在对市县财政管理系统进行升级的基础上，选择部分地市县进行电子票据管理改革试点。针对实践中群众的实际需求，相关部门将研究探索在高校、医院、政府集中办公区、政府服务中心等布设自助打票机模式，方便群众就近换开纸质票据报销需求。

3.7.2　区块链财政电子票据

本小节以海南省为例，介绍区块链财政电子票据的发展。

为进一步推进“最多跑一次”改革和政府数字化转型，持续深化海南省财政电子票据管理改革，提升政府公众服务水平，海南省发布《海南省区块链财政电子票据应用管理办法（试行）》，海南省区块链财政电子票据应用管理平台正式上线，成为全国首创。

2021年1月11日，海南省区块链财政电子票据应用管理平台上线后，澄迈县人民医院成功开出了首张区块链财政电子票据。海南省财政厅推进全省单位、全行业领域和全票种的业务链条管理，横纵联通“一张网”，区块链技术促进财政电子票据和实体经济有机融合，打造“链上海南”区块链财政电子票据业务应用生态。

（1）稳步推进

明确改革“路线图”。省财政厅经过充分调研，周密规划设计，运用现有的财政电子票据应用系统及改革成果，全省“一盘棋”有计划地推进实施区块链技术在财政电子票据业务中的应用生态链，建设极具海南特色的区块链财政电子票据应用管理平台，提升财政票据作为会计核算的原始凭证和监督检查的重要基础的信息质量，提升财政公众服务水平。

创新财政电子票据管理模式。构建全省财政电子票据应用一条链。通过优化财政电子票据业务系统和再造管理流程，兼顾新旧模式，实行链上开票和链上签名，建立“链上赋码、链上开具、链上加密、链上流转”的区块链财政电子票据应用管理平台，实施财政电子票据业务的事前、事中、事后全生命周期管理，整合业务流、信息流、资金流的数据资源，融入社会公共服务中。

对于综合医疗、教育、交通、捐赠等民生类业务，打通全省范围内的财政管理、开票单位、报销单位、政务服务等平台，将医保、卫生、税务、档案、审计等相关职能部门“链”成一张网，运用区块链的特征优势，实现财政电子票据操作留痕迹、过程可跟踪、可实时查看，实现监管上的可追溯、防篡改和防造假等。还可根据将来的业务发展需要，自行扩展应用节点及授权机制，保障票据相关方在未来充分共享数据，增强业务协同性。网上申办、链上开具、可信流转、多方共享的区块链财政电子票据应用新模式，是构建诚信政府服务体系的重要一环。

提供制度保障。2021年1月11日，海南省财政厅配套发布《海南省区块链财政电子票据应用管理办法（试行）》，对全省区块链财政电子票据业务操作和管理进行了说明和规范，为海南省区块链财政电子票据规范化改革提供制度保障。

（2）多方受益

海南省区块链财政电子票据应用管理平台建设中，准确把脉多方需求、体验和感受，充分发挥财政政务服务职能，推动财政、用票单位、报销单位、交款人等相关单位实现数据信息开放共享、互联互通及业务协同办理，有效提升了政府公信力，体现在如下四个方面：

① 对公众，业务“链上网办”少跑腿。在缴费后，缴款人可通过多渠道快捷地获取区块链电子票据；多渠道获取的各类财政电子票据统一在区块链上同步保存、集中保管，形成个人票据台账；经本人授权票据方可使用，缴款人可实时查看自己票据的流转轨迹和报销状态，状态实时共享追踪，保护交款人个人隐私的同时，满足对票据链上通知、可信流转及溯源需求。

② 对开票单位，数据“协同共享”增效率。财政电子票据业务开通申报全程在线提交和审批，减少了材料提交和跑动，缩短办事时间，提升办事效率；通过统一的区块链平台实现开票功能，简化单位对接，链上签名、赋码、制票，降低各用票单位接入成本；财政电子票据开具、冲红、换开等状态均在区块链上“盖戳”，遏制了报销后退费、票据冲红等违规行为。

③ 对报销单位，“源头上链”开放又保真。通过区块链可信共享，只需读取链上财政电子票据数据，平台可实现自动核算核验，优化了报销流程，提高报销效率，防止重复报销，减少社会化应用整体成本。

④ 对于政府，流程“闭环管理”促生态。利用区块链技术打破各部门信息壁垒，实现跨单位、跨部门、跨区域的数据共享，让业务在区块链上自动流转；通过链上扩展各行业单位的票据上下游应用，实现网上业务办理到报销、入账等全服务的链上信息共享互识。将票据的全生命周期进行闭环监管，实现政府主体、市场主体和社会主体的职责、权限的整合“链”接，构建多方共赢的生态网络，建设“链上海南”。

习题与实践

一、判断题

1. “电子签名”泛指“与电子记录相联的或在逻辑上相联的电子声音、符号或程序，而该电子声音、符号或程序是某人为签署电子记录的目的而签订或采用的”。 （ ）

2. 一般地，数字签名分为普通数字签名和特殊数字签名。 （ ）

3. 特殊数字签名主要包括盲签名、代理签名、群签名、不可否认签名、公平盲签名、门限签名及具有消息恢复功能的签名等，它与具体应用环境密切相关。 （ ）

4. 《财政电子票据数据规范》规定的财政电子票据数字签名包括：开票单位数字签名、财政部门监制数字签名，其中：开票单位数字签名原文为财政电子票据头部、财政电子票据票面信息，财政部门监制数字签名原文为开票单位数字签名原文Hash值、开票单位数字签名。（　　）

二、多项选择题

1. 依照《中华人民共和国电子签名法》，电子签名是指数据电文中以电子形式所含、所附用于识别签名人身份并表明签名人认可其中内容的数据。其中，数据电文是指（　　）。

A. 以电子手段生成、发送、接收或者存储的信息

B. 以光学手段生成、发送、接收或者存储的信息

C. 以磁或者类似手段生成、发送、接收或者存储的信息

D. 以上都是

2. 数字签名的功用有（　　）。

A. 防伪造　　B. 完整性

C. 身份标识　　D. 时间戳

E. 防抵赖

三、启发与思考

数字签名并没有对整个文件进行签名，而是仅对消息（或者文件）的Hash值，即数字指纹进行签名，原因是什么？

第 4 章

电子票据传输与数据交换

近年来，在政府非税收入收缴和财政电子票据一体化流程再造改革中，从数据传输方面看，实现了以网络通信代替人工传递，建立在线流转、实时获取流程，变“群众跑腿”为“信息跑路”，让缴费人线上缴款后，足不出户即可获取电子票据，并能即时查验。基于此，本模块围绕财政电子票据管理流程之“传输”环节，以开票单位业务系统与财政票据管理系统（财政端）之间电子票据传输和数据交换为例进行说明。本章内容根据财政部《财政电子票据对接报文规范》整理。

4.1 相关术语

为了便于读者掌握开票单位业务系统与财政票据管理系统之间数据传输方式、方法和技能，下面介绍开票单位业务系统、财政票据管理系统（财政端）相关术语。

4.1.1 财政开票前置服务

财政开票前置服务由财政部统一开发，部署在单位本地，负责对接单位业务系统与财政票据管理系统，完成开票信息的校验，并且上传开票信息到财政票据管理系统完成电子票据监制。当单位与财政的网络连接偶尔中断时，单位依然可以通过调用前置服务继续开票，确保单位业务办理不中断。单位可选择部署，并自行维护。

4.1.2 在线接口

财政票据管理系统的在线接口是指开票单位业务系统按照报文规范与财政票据管理系统实时连接开具电子票据，接入的单位业务系统需符合国家信息安全等级保护制度第三级要求，并采用财政规定的加密和数据传输方式进行交互。

4.1.3 前置接口

财政票据管理系统的前置接口是指开票单位按照报文规范与部署在单位的财政开票前置程序对接开具电子票据，采用财政规定的加密和数据传输方式进行交互，适用于存在多窗口多业务并发办理、开票实时性要求较高的单位（如医院、公安、高校）。

4.2　数据传输技术规范

4.2.1　信息交换方式

为了确保数据传输的安全，财政部网络安全和信息化领导小组办公室规定：开票单位业务系统与财政票据管理系统（财政端）之间、用票单位和报销单位会计核算等系统与财政电子票据公共服务平台之间、政府部门之间的财政电子票据数据交互的信息交换方式均为https方式。

4.2.2　请求地址

开票单位业务系统向财政票据管理系统的请求地址信息见表4-1。

表 4-1　开票单位业务系统向财政票据管理系统（财政端）的请求地址信息表

协　议	请求地址	请求方法
https	https://IP:PORT/ 服务名	POST

以上服务请求IP、PORT、服务名，以实际部署情况为准。

4.2.3　消息传输格式及字符编码

开票单位业务系统向财政票据管理系统的请求，以及财政票据管理系统向开票单位业务系统返回的消息统一采用XML格式（Content-Type:application/xml），并采用UTF-8字符编码。

4.2.4　消息结构说明

1. 消息结构

开票单位业务系统与财政票据管理系统之间传输的消息（包括请求消息、返回消息）都包括一个定长的消息头、变长的消息体和一个定长的消息摘要三部分。消息的结构如图4-1所示。

消息头　消息体（用XML进行描述的业务报文）　消息摘要

报文头　报文体

图 4-1　开票单位业务系统与财政票据管理系统间传输消息的结构示意图

2. 消息数据项定义

消息数据项中消息头、消息体、消息摘要的名称、类型、长度、相关说明等信息见表4-2。

表 4-2　开票单位业务系统与财政票据管理系统间传输的消息数据项定义表

名　称		类　型	长　度	备　注
消息头	整个消息长度	NString	8	包含消息头、消息体和消息摘要三部分的字符总长度
	应用程序名称	String	7	固定值 FNCEINV
	版本号	String	3	默认值为 1.0。与报文头中的报文版本号一致
	报文编号	NString	4	与报文头中的报文编号一致
消息体			变长	用 XML 进行描述的业务报文，其规范参考报文描述说明（升级国密算法后，应采用 SM2 数字信封技术对业务报文进行加密）
消息摘要		String	256	用于校验传输数据的完整性。对消息体内容遵循指定的算法生成一个加密字符串

消息头和消息摘要都为定长的必填域，不足位数后面补空格。

3. 消息头说明

消息头包含整个消息长度、应用程序名称、版本号、报文编号等信息。

4. 消息体说明

消息体是用XML进行描述的业务报文，由报文头、报文体两部分组成。XML节点说明见表4-3。

表4-3　开票单位业务系统与财政票据管理系统间传输的消息体组成

节　点	说　明
Invoice	报文根节点标记
Invoice/Head	报文头节点标记
Invoice/Msg	报文体节点标记
Invoice/Msg/Voucher	报文体 Voucher 节点标记，存放业务报文经过 base64 转换后的字符串

5. 报文头

报文头用于标识XML报文的基本属性，节点描述TAG：Invoice->Head，详细说明见表4-4。

表4-4　开票单位业务系统与财政票据管理系统间传输消息的报文头节点信息一览表

标识符	字段名称	类　型	长　度	备　注	强制/可选
MsgNo	报文编号	NString	4	报文编号	M
Version	报文版本号	String	3	报文版本号，默认版本为 1.0	M
Appld	应用账号	String	[1,50]	应用账号，从财政部门获取	M
Msgld	业务请求编号	String	[1,50]	用于发起方唯一标识一笔报文，由发起方自定义	M
MsgRef	报文参考号	String	[1,50]	请求报文中该值同业务请求编号；应答报文中该值为对应原请求报文的业务请求编号	M
DateTime	请求时间	DateTime	17	时间戳	M
Reserve	预留字段	UTFString	[0,20]	预留	0

6. 报文体

报文体用于存放具体的业务报文，具体内容由报文种类决定。

7. 消息体示例——业务报文

请求报文示例——以查询单位可用票据信息报文（8901）为例：

```
<?xml version ="1.0" encoding="UTF-8"?>
<Invoice>
    <Head>
        <MsgNo>8901</MsgNo>
        <Version>1.0</Version>
        <AppId>KPQZDWB5629411</AppId>
        <MsgId>20220703105000000</MsgId>
        <MsgRef>20220703105000000</MsgRef>
        <DateTime>20220703105000000</DateTime>
        <Reserve></Reserve>
    </Head>
    <Msg>
        PFZvdWNoZXI+PFBsYWNlQ29kZT4wMDE8L1BsYWNlQ29kZT48L1ZvdWNoZXI+
    </Msg>
</Invoice>
```

将Msg字段中的信息以Base64解析出来的结果如下：

```
<Voucher>
```

```
    <PlaceCode>001</PlaceCode>
</Voucher>
```

请求报文示例——以查询单位可用票据信息报文（5901）为例：

```
<?xml version ="1.0" encoding="UTF-8"?>
<Invoice>
    <Head>
        <MsgNo>5901</MsgNo>
        <Version>l.0</Version>
        <AppId>KPQZDWB5629411</AppId>
        <MsgId>20220703105000000</MsgId>
        <MsgRef>20220703105000000</MsgRef>
        <DateTime>20220703105002000</DateTime>
        <Reserve></Reserve>
    </Head>
    <Msg>
    PFZvdWNoZXI+PEJpbGxJbmZvcz48QmlsbEluZm8+PEJpbGxDb2RlPjAwMDEwMTwvQmlsbEN
vZGU+CjxCaWxsTmFtZT7kuK31pK7pnZ7nqI7mlLblhaXnu5/kuIDnpajmja5f55S15a2Q56WoPC9Ca
WxsTmFtZT48QmlsbEJhdGNoQ29kZT4wMDAxMDEx0TwvQmlsbEJhdGNoQ29kZT48L0JpbGxJbmZvPjx
CaWxsSW5mbz48QmlsbENvZGU+MDAwNTAxPC9CaWxsQ29kZT48QmlsbE5hbWU+5YWs55uK5LqL5Lia5
o2Q6LWg57uf5LiA56Wo5o2uX+eUteWtk0elqDwvQmlsbE5hbWU+PEJpbGxCYXRjaENvZGU+MDAwNTA
xMTk8L0JpbGxCYXRjaENvZGU+PC9CaWxsSW5mbz4KPEJpbGxJbmZvcz48LlZvdWNoZXI+
    </Msg>
</Invoice>
```

将Msg字段中的信息以Base64解析出来的结果如下：

```
<Voucher>
    <BillInfos>
        <BillInfo>
            <BillCode>000101</BillCode>
            <BillName>中央非税收入统一票据_电子票</BillName>
            <BillBatchCode>00010119</BillBatchCode>
        </BilInfo>
        <BillInfo>
            <BillCode>000501</BillCode>
            <BillName>公益事业捐赠统一票据_电子票</BillName>
            <BillBatchCode>00050119</BillBatchCode>
        </BilInfo>
    <BillInfos>
</Voucher>
```

8. 消息摘要说明

消息摘要用于校验传输数据的完整性，是对消息体内容采用SHA-256做消息摘要生成的一个加密字符串（升级国密算法后应采用SM3），消息摘要算法说明如下：

① 接入单位需要从财政获取本单位的appId（应用账号）和appKey（私钥），appKey是一个字符串，可以包含任意字母或者数字。

② 将appKey和业务报文做拼接，得到摘要原文：

```
appKey<?xml version ="1.0" encoding ="UTF-8">
<Invoice>
    <Head><MsgNo>8901</MsgNo>……</Head><Msg>……</Msg>
</Invoice>
```

③ 将原文做SHA-256（升级国密算法后应采用SM3），生成的字节数组转换为十六进制的字

符串作为摘要结果。

SHA-256摘要与验证示例代码如下：

```
public class Demo{
    private static final String APP_KEY = "TEST_APP_KEY";
    //摘要
    public String sign(Stringmessage){
        String signData = APPKEY + message;
        return org.apache.commons.codec.digest.DigestUtils.sha256Hex(signData);
    }
    //验证
    public boolean verify(String message,String sign){
        String signData = APPKEY + message;
        String temSign = org.apache.commons.codec.digest.DigestUtils.sha256Hex(signData);
        return sign.equals(temSign);
    }
    public static void main(String[]args){
        String message = "<? xml version ="1.0" encoding ="UTF-8">"+
                         "<Invoice>"+
                             "<Head>"+
                                 "<MsgNo>8901</MsgNo>"+
                                 "<Version>1.0</Version>"+
                                 "<AppId>KPQZDWB5629411</AppId>"+
                                 "<MsgId>20210522213800999</MsgId>"+
                                 "<DateTime>20210522213800999O<DateTiine>"+
                                 "<Resvered></Resvered>"+
                             "</Head>"+
                             "<Msg>"+
        "PFZvdWNoZXI+PFBsYWNlQ29kZT4wMDE8LlBsYWNlQ29kZT48LlZvdWNoZXI+"+
                             "</Msg>"+
                         "</Invoice>";
        String sign = new Demo().sign(message);
        System.out.println(sign);
        boolean result = new Demo().verify(message,sign);
        System.out.print(result);
    }
}
```

SM3摘要与验证示例如下：

```
Private static final String APP_KEY = "TEST_APP_KEY";
    //生成hash值
    public static byte[] hash(byte[]message){
    SM3Digest digest = new SM3Digest();
    digest.update(message,0,message,length);
    byte[] hash = new byte[digest.getDigestSize()];
    digest.doFinal(hash,0);
    return hash;
}
//摘要
public String sign(Stringmessage){
    String result = """;
    try{
        byte[] messageBytes = message.getBytes("UTF-8");
```

```
        byte[] hashValue = hash(messageBytes);
        result = ByteUtils.toHexString(hashValue);
    }catch(UnsupportedEncodingException e){
        e.printStackTrace();
    }
    return result;
}
//验证
public boolean verify(String message,String sign){
    Boolean flag = false;
    try{
        byte[] hashValue = ByteUtils.fromHexString(sign);
        byte[] messageBytes = message.getBytes("UTF-8");
        byte[] newHashValue = hash(messageBytes);
        if(Arrays,equals(newHashValue,hashValue))
            flag=true;
    }catch(UnsupportedEncodingException e){
        e.printStackTrace();
    }
    return flag;
}
public static void main(String[]args){
    String message ="<? xml version ="1.0" encoding ="UTF-8">"+
                    "<Invoice>"+
                    "<Head>"+
                    "<MsgNo>8901</MsgNo>"+
                    "<Version>1.0</Version>"+
                    "<AppId>KPQZDWB5629411</AppId>"+
                    "<MsgId>20220522213800999</MsgId>"+
                    "<DateTime>20220522213800999</DateTime>"+
                    "<Resvered></Resvered>"+
                    "</Head>"+
                    "<Msg>"+
                    "PFZvdWNoZXI+PFBsYWNlQ29kZT4wMDE8L1BsYWNlQ29kZT48L1ZvdWNoZXI+"+
                    "</Msg>"+
                    "</Invoice>";
    String sign = new Demo().sign(message);
    System.out.println(sign);
    boolean result=new Demo().verify(message,sign);
    System.out.print(result);
}
```

4.2.5　符号约定

1. 字符集

x-字符集由以下字符组成：

a b c d e f g h i j k l m n o P q r s t u V w X y z
A B C D E F G H I J K L M N O P Q R S T U V W X Y Z
0 1 2 3 4 5 6 7 8 9
. , - ( ) / = ' ' + ? ! " " % & * < > 《 》 ; © #
（cr）（If）（space）

对于使用TCP/IP协议的系统，x-字符集的编码（字符的二进制编码）适用于ISO-2022（ASCII）。

2. 符号约定

在财政票据管理系统及开票单位业务系统中，定义的消息类型包括String、NString、UTFString、Currency、Currency4、Integer、Decimal、Date、DateTime、UTCDateTime、Boolean等，这些约定符号的含义见表4-5。

表 4-5　开票单位业务系统与财政票据管理系统的符号约定信息一览表

符　号	说　明
String	表示由 x- 字符集组成的字符串，如 AbcCba
NString	表示由数字［0-9］组成的字符串，如 0123456789
UTFString	表示由 UTF-8 字符集组成的字符串，报文规范中的长度定义以字节为单位，如财政票据
Currency	表示金额，单位为元，整数部分最长 15 位，小数部分固定两位，不能包含逗号等分隔符，如 12345.67
Currency4	表示金额，单位为元，整数部分最长 15 位，小数部分固定四位，不能包含逗号等分隔符，如 12345.6789
Integer	表示整数，符号位可选，数值部分最长 8 位，如 123456
Decimal	表示实数，如 1234567.123456
Date	表示日期，格式为 yyyyMMdd（年月日）长度为 8 位，如 20220101
DateTime	表示日期时间，格式为 yyyyMMddHHmmssSSS（年月日时分秒毫秒）长度为 17 位，如 20220101112739000
UTCDateTime	表示 UTC 日期时间，格式为 yyyyMMddHHmmss ± hhmm（年月日时分秒时区），长度为 19 位，如 20220812101530+0800
Boolean	表示是或否，如 true 或 false

4.2.6　数据处理规则

数据处理规则包括：

① 对于每个字段所填内容，针对不同报文将具体说明。

② 当“长度”是N时，表示此域出现时，长度固定为N字节；当“长度”为（0,N）时，表示该项值可能为空，并且可能有N字节长度；当“长度”为（1,N）时，表示该项不能为空，其最小长度为1个字符，其最大长度为N字节。

③ 当“强制/可选”是M时，表示此要素为强制项，不可为空；当“强制/可选”是0时，表示此要素为可选项，根据业务要求填制，可以为空，为空时组装报文仍要保留该要素字段结构；当“强制/可选”是*M时，表示在特定情况下必填。

4.3　数据传输报文种类

4.3.1 报文编号说明

在财政票据管理系统和开票单位业务系统中，报文编号由4位阿拉伯数字组成，结构示意图如图4-2所示。

第 1 位	第 2 位	第 3、4 位
发起机构	报文分类	序号

图 4-2　开票单位业务系统与财政票据管理系统中报文编号结构示意图

第1位表示发起机构：0表示通用，5表示财政部门，8表示开票单位。第2位表示报文分类：0表示通用类，1表示开票业务类，9表示基础管理类。第3位、第4位表示报文的序号。

通用类报文：用于传送各方通用应答等消息。

开票业务类报文：用于传递电子票据开具、打印、查询等信息。

基础管理类报文：用于同步财政基础数据相关信息。

4.3.2　报文编号列表

财政票据管理系统和开票单位业务系统的报文编号列表详见表4-6。

表 4-6　开票单位业务系统与财政票据管理系统中报文编号信息一览表

报文编号	报文名称	说　明
基础管理类		
8901	查询可用票据请求报文	单位通过该报文查询本单位的可用票据
5901	可用票据查询成功结果报文	8901 报文的应答报文。财政返回单位可用票据
8902	查询可用项目请求报文	单位通过该报文查询本单位的可用项目
5902	可用项目查询成功结果报文	8902 报文的应答报文。财政返回单位可用项目
8903	查询开票点请求报文	单位通过该报文查询财政票据管理系统设置的本单位开票点信息
5903	开票点查询成功结果报文	8903 报文的应答报文。财政返回开票点信息
8904	查询当前票号请求报文	单位通过该报文查询开票点当前第一张可用票号
5904	当前票号查询成功结果报文	8904 报文的应答报文。财政返回当前票号
8905	查询票据领用信息请求报文	单位通过该报文查询本单位的领用信息
5905	票据领用信息查询成功结果报文	8905 报文的应答报文。财政返回单位的票据领用信息
8906	电子票据模板下载请求报文	该报文实现获取电子票据模板（xml）, 用于开票单位组装电子票据待签名原文信息
5906	电子票据模板下载成功结果报文	8906 报文的应答报文。财政返回电子票据模板 xml 信息
开票业务类		
8101	开具电子票据请求报文	单位通过该报文开具电子票据
8102	开具红字电子票据请求报文	单位通过该报文开具红字电子票据。若原电子票据已打印纸质票据，同时开具相应的纸质票据对原纸质票据进行冲红
8103	批量开具电子票据请求报文	单位通过该报文实现批量开具电子票据。调用完成后，需另外发起“8104 批量开票情况查询”报文查询批量开票结果
8104	批量开票查询请求报文	单位通过该报文查询批量开票结果
5104	批量开票查询成功结果报文	8104 报文的应答报文。财政返回批量开票结果信息
8105	打印纸质票据请求报文	单位将电子票据打印纸质票据后，通过该报文推送纸质票据打印信息
8106	作废纸质票据请求报文	开票单位发起该报文作废电子票据打印的纸质票据，同时对电子票据进行冲红
8107	作废库存票据请求报文	单位通过该报文对未使用的票据进行作废
8108	票据信息查询请求报文	单位通过该报文查询已开具票据信息
5108	票据信息查询成功结果报文	8108 报文的应答报文。财政返回单位查询的票据信息
8109	补开电子票据请求报文	该报文仅适用于前置服务本身出现异常无法连接时，业务系统应急开具纸质票据。在连接恢复后，单位及时通过该报文补传纸质票据信息，前置接口自动根据开具电子票据并挂接纸质票据
通用类		
0001	通用应答报文	该报文用于财政票据管理系统开票接口处理业务请求完成后，通知开票单位业务系统业务处理结果
0002	联网测试报文	该报文用于测试开票单位业务系统与财政票据管理系统开票接口之间的网络连接是否可用

4.4 基础管理类数据传输报文描述

4.4.1 查询可用票据请求报文（8901）

开票单位向财政票据管理系统（财政端）发起该请求报文，查询单位可用票据。若财政票据管理系统执行成功，则返回5901报文，否则返回0001报文。

开票单位查询可用票据请求报文的报文体内部XML节点TAG:Voucher的信息描述见表4-7。

表 4-7 基础管理类查询可用票据请求报文报文体内部 XML 节点 TAG:Voucher 信息表

标识符	数据项名称	类型	长度	数据项描述	强制 / 可选
PlaceCode	开票点编码	NString	[0,20]	如开票点编码为空，则返回应用账号对应单位的可用票据信息	0

4.4.2 可用票据查询成功结果报文（5901）

财政票据管理系统（财政端）接收到开票单位查询8901报文并成功执行后，返回该报文给开票单位。

报文体内部XML节点TAG:Voucher的信息描述见表4-8。

表 4-8 基础管理类 5901 报文的报文体内部 XML 节点 TAG:Voucher 信息表

标 识 符	数据项名称	类 型	长 度	数据项描述	强制 / 可选
Billinfos	票据信息列表	String			M

报文体内部XML节点TAG:Voucher->BillInfos->BillInfo的信息描述见表4-9。

表 4-9 基础管理类 5901 报文的报文体内部 XML 节点 BillInfo 信息表

标 识 符	数据项名称	类 型	长 度	数据项描述	强制 / 可选
BillCode	票据种类编码	NString	[1,20]		M
BillName	票据种类名称	UTFString	[1,100]		M
BillBatchCode	票据代码	NString	[1,10]		M
Type	类型	NString	1	类型：1 电子票，2 机打票，3 手工票	M

4.4.3 查询可用项目请求报文（8902）

开票单位向财政票据管理系统（财政端）发起该请求报文，查询单位可用项目。若财政端执行成功则返回5902报文，否则返回0001报文。

报文体内部XML节点TAG:Voucher的信息描述见表4-10。

表 4-10 基础管理类 8902 报文的报文体内部 XML 节点 TAG:Voucher 信息表

标识符	数据项名称	类型	长度	数据项描述	强制 / 可选
PlaceCode	开票点编码	NString	[0,20]	如开票点编码为空，则返回应用账号对应单位的可用项目信息	0

4.4.4 可用项目查询成功结果报文（5902）

财政票据管理系统（财政端）接收到单位8902报文并成功执行后，返回该报文给开票单位。

报文体内部XML节点TAG:Voucher的信息描述见表4-11。

表 4-11　基础管理类 5902 报文的报文体内部 XML 节点 TAG:Voucher 信息表

标 识 符	数据项名称	类　型	长　度	数据项描述	强制 / 可选
Iteminfos	项目信息列表	string			M

报文体内部XML节点TAG:Voucher->ItemInfos->ItemInfo信息描述见表4-12。

表 4-12　基础管理类 5902 报文的报文体内部 XML 节点的 ItemInfo 信息表

标 识 符	数据项名称	类　型	长　度	数据项描述	强制 / 可选
ItemCode	项目编码	NString	[1,30]		M
ItemName	项目名称	UTFString	[1,100]		M

4.4.5　查询开票点请求报文（8903）

开票单位向财政票据管理系统（财政端）发起该请求报文，查询财政票据管理系统设置的本单位开票点信息。若财政端执行成功则返回5903报文，否则返回0001报文。

报文体内部XML节点TAG:Voucher的信息描述见表4-13。

表 4-13　基础管理类 8903 报文的报文体内部 XML 节点 TAG:Voucher 信息表

标识符	数据项名称	类型	长度	数据项描述	强制 / 可选
PlaceCode	开票点编码	NString	[0,20]	如开票点编码为空，则返回应用账号对应单位的所有开票点信息	0

4.4.6　开票点查询成功结果报文（5903）

财政票据管理系统（财政端）接收到单位8903报文并成功执行后，返回该报文给单位。报文体内部XML节点TAG:Voucher的信息描述见表4-14。

表 4-14　基础管理类 5903 报文的报文体内部 XML 节点 TAG:Voucher 信息表

标 识 符	数据项名称	类　型	长　度	数据项描述	强制 / 可选
Placeinfos	开票点信息列表	String			M

报文体内部XML节点TAG:Voucher->PlaceInfos->PlaceInfo的信息描述见表4-15。

表 4-15　基础管理类 5903 报文的报文体内部 XML 节点 TAG 的 PlaceInfo 信息表

标 识 符	数据项名称	类　型	长　度	数据项描述	强制 / 可选
PlaceCode	开票点编码	NString	[1,20]		M
PlaceName	开票点名称	UTFString	[1,100]		M
Level	开票点级次	NString			M

4.4.7　查询当前票号请求报文（8904）

开票单位向财政票据管理系统（财政端）发起该请求报文，查询开票点当前第一张可用票号。若财政端政执行成功则返回5904报文，否则返回0001报文。该报文支持电子和纸质票据，报文体内部XML节点TAG:Voucher的信息描述见表4-16。

表 4-16　基础管理类 8904 报文的报文体内部 XML 节点 TAG:Voucher 信息表

标 识 符	数据项名称	类　型	长　度	数据项描述	强制 / 可选
PlaceCode	开票点编码	NString	[1,20]		M
BillCode	票据种类编码	NString	[1,20]		M

4.4.8 当前票号查询成功结果报文（5904）

财政票据管理系统（财政端）接收到开票单位8904报文并成功执行后，返回该报文给开票单位，该报文体内部XML节点TAG:Voucher信息描述见表4-17。

表 4-17 基础管理类 5904 报文的报文体内部 XML 节点 TAG:Voucher 信息表

标 识 符	数据项名称	类 型	长 度	数据项描述	强制 / 可选
BillBatchCode	票据代码	NString	[1,10]		M
BillNo	票据号码	NString	[1,10]	开票点当前第一张可用票号	M

4.4.9 查询票据领用信息请求报文（8905）

开票单位向财政票据管理系统（财政端）发起该请求报文，查询本单位票据领用信息。若财政端执行成功则返回5905报文，否则返回0001报文。报文体内部XML节点TAG:Voucher信息描述见表4-18。

表 4-18 基础管理类 8905 报文的报文体内部 XML 节点 TAG:Voucher 信息表

标识符	数据项名称	类型	长度	数据项描述	强制 / 可选
PlaceCode	开票点编码	NString	[0,20]	如开票点编码为空，则返回应用账号对应单位的票据领用信息	0
BgnDate	起始日期	Date	8		M
EndDate	终止日期	Date	8		M

4.4.10 票据领用信息查询成功结果报文（5905）

财政票据管理系统（财政端）接收到开票单位8905报文并成功执行后，返回该报文给单位，报文体内部XML节点TAG:Voucher信息描述见表4-19，报文体内部XML节点TAG:Voucher->StockInfos->StockInfo信息描述见表4-20。

表 4-19 基础管理类 5905 报文的报文体内部 XML 节点 TAG:Voucher 信息表

标 识 符	数据项名称	类 型	长 度	数据项描述	强制 / 可选
Stockinfos	票据领用信息列表	String			M

表 4-20 基础管理类 5905 报文的报文体内部 XML 节点的 StockInfo 信息表

标 识 符	数据项名称	类 型	长 度	数据项描述	强制 / 可选
Date	日期	Date	8		M
BillCode	票据种类编码	NString	[1,20]		M
BillName	票据种类名称	UTFString	[1,100]		M
BillBatchCode	票据代码	NString	[1,10]		M
BgnNo	起始号	NString	[1,10]		M
EndNo	终止号	NString	[1,10]		M

4.4.11 电子票据模板下载请求报文（8906）

开票单位向财政票据管理系统（财政端）发起该请求报文，获取电子票据模板（XML），用于组装电子票据待签名原文信息。若财政端执行成功则返回5906报文，否则返回0001报文。

报文体内部XML节点TAG:Voucher信息描述见表4-22。

表 4-21　基础管理类 8906 报文的报文体内部 XML 节点 TAG:Voucher 信息表

标 识 符	数据项名称	类　型	长　度	数据项描述	强制 / 可选
BillBatchCode	票据代码	NString	[1,10]		M

4.4.12　电子票据模板下载成功结果报文（5906）

财政票据管理系统（财政端）接收到开票单位8906报文并成功执行后，返回该报文给开票单位。

报文体内部XML节点TAG:Voucher信息描述见表4-22。

表 4-22　基础管理类 5906 报文的报文体内部 XML 节点 TAG:Voucher 信息表

标 识 符	数据项名称	类　型	长　度	数据项描述	强制 / 可选
TempiateXml	xml 模板信息	String		XML 格式，转换为 Base64 编码	M

4.5　开票业务类数据传输报文描述

4.5.1　开具电子票据请求报文（8101）

开票单位根据电子票据模板组装待签名原文，调用签名服务器进行单位签名，通过该报文开具电子票据。开票单位发起该请求报文，财政票据管理系统（财政端）返回0001报文。该报文体内部XML节点TAG:Voucher信息描述见表4-23。

表 4-23　开票业务类 8101 报文的报文体内部 XML 节点 TAG:Voucher 信息表

标 识 符	数据项名称	类　型	长　度	数据项描述	强制 / 可选
SerialNumber	业务流水号	NString	[1,50]	同一单位不能重复	M
PlaceCode	开票点编码	NString	[1,20]		M
SignContent	签名原文	String		开票单位业务系统根据《财政电子票据数据规范》，将开票数据按照电子票据模板组装形成的原文信息，并转为 Base64 编码	M
Signature	签名值	String		开票单位业务系统调用本地单位签名服务器，传入电子票据签名原文，执行签名操作后，签名服务器返回的签名值信息	M
SignatureTime	单位签名时间	UTCDateTime			M
CertificateNumber	证书编号（财政验签使用）	String		与单位签名服务器证书编号保持一致	M
SignatureAlgorithm	签名算法	String			M
X509IssuerName	X.509 证书颁发者名称	String		证书拥有者的可识别名。如：CN=Certificate Authority of MOF，O=MOF，C=CN	M
CryptographyStand ard	公开密钥密码学标准	String		默认为 PKCSS7，当单位使用其他标准时，则必须填写对应标准。如：PKCS#1，升级到国密算法后，可传入数字消息签名 MessageSignData、数字签名 SignData 等	*M

4.5.2 开具红字电子票据请求报文（8102）

开票单位向财政票据管理系统（财政端）发起该报文开具红字电子票据。若原电子票据已打印纸质票据，同时开具相应的纸质票据对原纸质票据进行冲红。财政端接收后返回0001报文。报文体内部XML节点TAG:Voucher信息描述见表4-24。

表 4-24 开票业务类 8102 报文的报文体内部 XML 节点 TAG:Voucher 信息表

标 识 符	数据项名称	类 型	长 度	数据项描述	强制 / 可选
SerialNumber	原电子票据业务流水号	NString	[1,50]		M
PlaceCode	开票点编码	NString	[1,20]		M
SignContent	红票签名原文	String		开票单位业务系统根据《财政电子票据数据规范》，将开票数据按照电子票据模板组装形成的原文信息，并转换为 Base64 编码	M
Signature	红票签名值	String		开票单位业务系统调用本地单位签名服务器，传入电子票据签名原文，执行签名操作后，签名服务器返回的签名值信息	M
SignatureTime	单位签名时间	UTCDateTime			M
CertificateNumber	证书编号（财政验签使用）	String		与单位签名服务器证书编号保持一致	M
SignatureA1gorithm	签名算法	String			M
X509IssuerName	X.509 证书颁发者名称	String		证书拥有者的可识别名。如：CN=Certificate Authority of MOF，O=MOF，C=CN	M
CryptographyStandard	公开密钥密码学标准	String		默认为 PKCS#7，当单位使用其他标准时，则必须填写对应标准。如：PKCS#1。升级到国密算法后，可传入数字消息签名 MessageSignData、数字签名 SignData 等	M
PaperBi1IBatchCode	红票票据对应纸质票的代码	NString	[0,10]	如原电子票据已打印，则该项必填	*M
PaperBiUNo	红票票据对应纸质票票据号码	NString	[0,10]	如原电子票据已打印，则该项必填	
WriteoffReason	冲红原因	String			M

4.5.3 批量开具电子票据请求报文（8103）

开票单位通过该报文实现批量开具电子票据，一个批次最多只能500笔。财政接收后返回0001报文。该报文为异步调用，开票单位调用完成后需要另外发起“8104批量开票情况查询”报文查询批量开票结果。报文体内部XML节点TAG:Voucher信息描述见表4-25。

表 4-25 开票业务类 8103 报文的报文体内部 XML 节点 TAG:Voucher 信息表

标 识 符	数据项名称	类 型	长 度	数据项描述	强制 / 可选
BatchNo	批次号	NString	[1,50]	批次号不能重复	M
Tickets	开票信息列表	String			M

报文体内部XML节点TAG:Voucher->Tickets->Ticket信息描述见表4-26。

表 4-26　开票业务类 8103 报文的报文体内部 XML 节点 TAG 的 Ticket 信息表

标 识 符	数据项名称	类　型	长　度	数据项描述	强制 / 可选
SerialNumber	业务流水号	NString	[1,50]	同一单位不能重复	M
PlaceCode	开票点编码	NString	[1,20]		M
SignContent	签名原文	String		开票单位业务系统根据《财政电子票据数据规范》，将开票数据按电子票据模板组装形成的原文信息，并转换为 Base64 编码	M
Signature	签名值	String		开票单位业务系统调用本地单位签名服务器，传入电子票据签名原文，执行签名操作后，签名服务器返回的签名值信息	M
SignatureTime	单位签名时间	UTCDateTime			M
CertificateNumber	证书编号（财政验签使用）	String		与单位签名服务器证书编号保持一致	M
SignatureAlgorithm	签名算法	String			M
X509IssuerName	X.509 证书颁发者名称	String		证书拥有者的可识别名。如：CN=Certificate Authority of MOF，O=MOF，C=CN	M
CryptographyStandard	公开密钥密码学标准	String		默认值为 PKCS#7，当单位使用其他标准时，则必须填写对应标准。如：PKCSttlo 升级到国密算法后，可传入 Message SignData（数字消息签名）、SignData（数字签名）等	*M

4.5.4　批量开票查询请求报文（8104）

开票单位向财政票据管理系统（财政端）发起该请求报文查询批量开票结果，财政端查询成功后返回5104报文，否则返回0001报文。报文体内部XML节点TAG:Voucher信息描述见表4-27。

表 4-27　开票业务类 8104 报文的报文体内部 XML 节点 TAG:Voucher 信息表

标 识 符	数据项名称	类　型	长　度	数据项描述	强制 / 可选
BatchNo	批次号	NString	[1,50]	批次号不能重复	M

4.5.5　批量开票查询成功结果报文（5104）

财政票据管理系统（财政端）接收到开票单位8104报文并成功执行后，返回该报文给开票单位。报文体内部XML节点TAG:Voucher信息描述见表4-28。

表 4-28　开票业务类 5104 报文的报文体内部 XML 节点 TAG:Voucher 信息表

标 识 符	数据项名称	类　型	长　度	数据项描述	强制 / 可选
Count	记录数	Integer			M
Tickets	开票信息列表	String			M

报文体内部XML节点TAG:Voucher->Tickets->Ticket信息描述见表4-29。

表 4-29　开票业务类 5104 报文的报文体内部 XML 节点 TAG 的 Ticket 信息表

标 识 符	数据项名称	类　型	长　度	数据项描述	强制 / 可选
SerialNumber	业务流水号	NString	[1,50]		M
Status	业务处理状态	NString	1	1 成功，0 失败	M
State	状态	NString	1	1 正常。Status 为 1 时必填	
ErrorMsg	错误信息	String	[0,255]	Status 为 0 时必填	

4.5.6　打印纸质票据请求报文（8105）

开票单位将电子票据打印纸质票据后，通过该报文推送纸质票据打印信息给财政票据管理系统（财政端）。财政端正常接收后返回0001报文。报文体内部XML节点TAG:Voucher信息描述见表4-30。

表 4-30　开票业务类 8105 报文的报文体内部 XML 节点 TAG:Voucher 信息表

标 识 符	数据项名称	类　型	长　度	数据项描述	强制 / 可选
SerialNumber	业务流水号	NString	[0,50]		0
EbillBatchCode	电子票据代码	NString	[1,10]		M
EbillNo	电子票据号码	NString	[1,10]		M
BillBatchCode	纸质票据代码	NString	[1,10]		M
BillNo	纸质票据号码	NString	[1,10]		M
Reprint	是否重打	NString	1	是否重打：1 是，0 否，默认值为 0。如重打，财政作废电子票据挂接的原纸质票据，并挂接电子票据到新传入的纸质票据	M

4.5.7　作废纸质票据请求报文（8106）

开票单位向财政票据管理系统（财政端）发起该报文作废纸质票据，同时对电子票据进行冲红。财政端接收后返回0001报文。报文体内部XML节点TAG:Voucher信息描述见表4-31。

表 4-31　开票业务类 8106 报文的报文体内部 XML 节点 TAG:Voucher 信息表

标 识 符	数据项名称	类　型	长　度	数据项描述	强制 / 可选
SerialNumber	原电子票据业务流水号	NString	[1,50]		M
PlaceCode	开票点编码	NString	[1,20]		M
SignContent	红票签名原文	String		开票单位业务系统根据《财政电子票据数据规范》，将开票数据按照电子票据模板组装形成的原文信息，并转换为 Base64 编码	M
Signature	红票签名值	String		开票单位业务系统调用本地单位签名服务器，传入电子票据签名原文，执行签名操作后，签名服务器返回的签名值信息	M
SignatureTime	单位签名时间	UTCDateTime			M
CertificateNumber	证书编号（财政验签使用）	String		与单位签名服务器证书编号保持一致	M
SignatureAlgorith ID	签名算法	String			M

续表

标 识 符	数据项名称	类　型	长　度	数据项描述	强制 / 可选
X509IssuerNajne	X.509 证书颁发者名称	String		证书拥有者的可识别名。如：CN=Certificate Authority of M0F，O=M0F，C=CN	M
CryptographyStandard	公开密钥密码学标准	String		默认值为 PKCS#7，当单位使用其他标准时，则必须填写对应标准。如：PKCS#1 升级到国密算法后，可传入 MessageSignData（数字消息签名）、SignData（数字签名）等	*M
Reason	作废原因	String	[1,50]		M

4.5.8　作废库存票据请求报文（8107）

开票单位向财政票据管理系统（财政端）发起该请求报文，请求对未使用的票据进行作废。财政端接收后返回0001报文。报文体内部XML节点TAG:Voucher信息描述见表4-32。

表 4-32　开票业务类 8107 报文的报文体内部 XML 节点 TAG:Voucher 信息表

标 识 符	数据项名称	类　型	长　度	数据项描述	强制 / 可选
Stockinfos	票据领用信息列表	String			M

报文体内部XML节点TAG:Voucher->StockInfos->StockInfo信息描述见表4-33。

表 4-33　开票业务类 8107 报文的报文体内部 XML 节点 TAG 的 StockInfo 信息表

标 识 符	数据项名称	类　型	长　度	数据项描述	强制 / 可选
PlaceCode	开票点	NString	[0,20]		0
BillBatchCode	票据代码	NString	[1,10]		M
BgnNo	起始号码	NString	[1,10]		M
EndNo	终止号码	NString	[1,10]		M
InvalidType	作废类型	NString	1	1 空白；2 遗失	M

4.5.9　开票信息查询请求报文（8108）

开票单位向财政票据管理系统（财政端）发起该请求报文查询已开具票据信息，财政查询成功后返回5108报文，否则返回0001报文。报文体内部XML节点TAG:Voucher信息描述见表4-34。

表 4-34　开票业务类 8108 报文的报文体内部 XML 节点 TAG:Voucher 信息表

标 识 符	数据项名称	类　型	长　度	数据项描述	强制 / 可选
SerialNumber	业务流水号	NString	[0,50]	如电子票据代码和电子票据号码都为空，则该参数必填	*M
BillBatchCode	电子票据代码	NString	[0,10]	如业务流水号为空，则该参数必填	
BillNo	电子票据号码	NString	[0,10]	如业务流水号为空，则该参数必填	

4.5.10　开票信息查询成功结果报文（5108）

财政票据管理系统（财政端）接收到开票单位8108报文并成功执行后，返回该报文给开票单位。报文体内部XML节点TAG:Voucher信息描述见表4-35。

表 4-35　开票业务类 5108 报文的报文体内部 XML 节点 TAG:Voucher 信息表

标识符	数据项名称	类型	长度	数据项描述	强制 / 可选
ExchangePaper	打印纸票信息	String		打印纸票的相关信息	M
Reversal	红票信息	String		票据冲红的相关信息	M
Account	入账信息	String		入账的相关信息	M
ElnvoiceData	票面基本信息	String		XML 格式，并转换为 Base64 编码，具体见《财政电子票据数据规范》	M

报文体内部XML节点TAG:Voucher->ExchangePaper信息描述见表4-36。

表 4-36　开票业务类 5108 报文的报文体内部 XML 节点 TAG 的 ExchangePaper 信息表

标识符	数据项名称	类型	长度	数据项描述	强制 / 可选
IsExchangePaper	是否已打印纸票	Boolean			M
RelatedlnvoiceCode	纸质票据代码	NString	[1,10]	如果已打印纸票，该项必填	*M
RelatedlnvoiceNumber	纸质票据号码	NString	[1,10]	如果已打印纸票，该项必填	*M

报文体内部XML节点TAG:Voucher->Reversal信息描述见表4-37。

表 4-37　开票业务类 5108 报文的报文体内部 XML 节点 TAG 的 Reversal 信息表

标识符	数据项名称	类型	长度	数据项描述	强制 / 可选
IsReversal	是否开具红票	Boolean			M
RelatedlnvoiceCode	红票票据代码	NString	[1,10]	如果已开具红票，该项必填	*M
RelatedlnvoiceNumber	红票票据号码	NString	[1,10]	如果已开具红票，该项必填	*M

报文体内部XML节点TAG:Voucher->Account。若该电子票据已被入账，则返回入账信息列表，包含每笔入账记录的入账日期、入账金额。Account的信息描述见表4-38。

表 4-38　开票业务类 5108 报文的报文体内部 XML 节点 TAG 的 Account 信息表

标识符	数据项名称	类型	长度	数据项描述	强制 / 可选
IsAccounted	是否已入账	Boolean			M
AccountList	入账信息列表	String		如果未入账，该项不存在	*M

报文体内部XML节点TAG:Voucher->Account->AccountList的信息描述见表4-39。

表 4-39　开票业务类 5108 报文的报文体内部 XML 节点 TAG 的 AccountList 信息表

标识符	数据项名称	类型	长度	数据项描述	强制 / 可选
Acclnfo	入账信息	String		如果未入账，该项不存在	

报文体内部XML节点TAG:Voucher->Account->AccountList->AccInfo的信息描述见表4-40。

表 4-40　开票业务类 5108 报文的报文体内部 XML 节点 TAG 的 Acclnfo 信息表

标识符	数据项名称	类型	长度	数据项描述	强制 / 可选
AccDate	入账日期	Date	8	如果未入账，该项不存在	
AccAmount	入账金额	Currency		如果未入账，该项不存在	*M

4.5.11　补开电子票据请求报文（8109）

开票单位向财政票据管理系统（财政端）发起该请求报文补开电子票据，财政返回0001报文。该报文用于单位业务系统无法与前置服务正常连接的场景，先开具纸质票据；开票单位业务系统与前置服务恢复正常连接之后，根据电子票据模板组装待签名原文，调用签名服务器进行单位签名，通过该报文补开电子票据。报文体内部XML节点TAG:Voucher信息描述见表4-41。

表 4-41　开票业务类 8109 报文的报文体内部 XML 节点 TAG:Voucher 信息表

标 识 符	数据项名称	类　型	长　度	数据项描述	强制 / 可选
SerialNumber	业务流水号	NString	[1,50]	同一单位不能重复	M
PlaceCode	开票点编码	NString	[1,20]		M
SignContent	签名原文	String		开票单位业务系统根据《财政电子票据数据规范》，将开票数据按照电子票据模板组装形成的原文信息，并转换为 Base64 编码。其中，开票日期、开票时间为纸质票据实际开具日期和时间	M
Signature	签名值	String		开票单位业务系统调用本地单位签名服务器，传入电子票据签名原文，执行签名操作后，签名服务器返回的签名值信息	M
SignatureTime	单位签名时间	UTCDateTime			M
CertificateNumber	证书编号（财政验签使用）	String		与单位签名服务器证书编号保持一致	M
SignatureAlgorithID	签名算法	String			M
X509IssuerNajne	X.509 证书颁发者名称	String		证书拥有者的可识别名。如：CN = Certificate Authority of M0F, O = M0F，C = CN	M
CryptographyStandard	公开密钥密码学标准	String		默认值为 PKCS#7，当单位用其他标准时，则必须填写对应标准。如：PKCS#1 升级到国密算法后，可传入 MessageSignData（数字消息签名）、SignData（数字签名）等	*M
PaperBi1IBatchCode	纸质票据代码	NString	[1,10]		M
PaperBillNo	纸质票据号码	NString	[1,10]		M

注：当业务系统无法与前置服务正常连接时，若需要对之前开具的纸质票据进行作废、冲红操作，或打印、冲红之前开具的电子票据，单位可先办理相应纸票业务，待连接恢复后，单位业务系统通过调用8106报文作废纸质票据、8102报文开具红字电子票据、8105报文打印纸质票据。

4.6　通用类数据传输报文描述

4.6.1　通用应答报文（0001）

通用应答报文包含业务处理成功报文和失败报文，根据报文中的处理结果代码进行区分。处理结果代码为0000表示业务处理成功，其余代码均为业务处理失败。该报文的报文体内部XML节点TAG:Voucher信息描述见表4-42。

表 4-42　通用类 0001 报文的报文体内部 XML 节点 TAG:Voucher 信息表

标识符	数据项名称	类型	长度	数据项描述	强制 / 可选
ResultCode	处理结果代码	NString	4	0000：业务处理成功；0001：业务方法执行失败；0002：报文头的参数校验失败；0003：报文体的参数校验失败；0004：超出接口调用次数限制；0005：没有权限调用接口	M
ResultMsg	处理结果消息	String		发生错误时返回的详细描述信息，用于接口调试和错误查找	*M

4.6.2　联网测试报文（0002）

该报文用于检查开票单位业务系统与财政票据管理系统（财政端）接口之间的网络连接是否正常。开票单位发起0002报文，联网结果返回0001报文。报文体内部XML节点TAG:Voucher信息描述见表4-43。

表 4-43　通用类 0002 报文的报文体内部 XML 节点 TAG:Voucher 信息表

标识符	数据项名称	类型	长度	数据项描述	强制 / 可选
Time	发起时间	DateTime	17		M

习题与实践

一、判断题

1. 开票单位业务系统与财政票据管理系统（财政端）之间的信息交换方式均为https方式。（　　）

2. 用票单位和报销单位会计核算等系统与财政电子票据公共服务平台之间的信息交换方式均为https方式。（　　）

3. 政府部门之间的财政电子票据数据交互的信息交换方式均为https方式。（　　）

二、单项选择题

1. 财政票据管理系统的（　　）是指开票单位业务系统按照报文规范与财政票据管理系统实时连接开具电子票据，接入的单位业务系统需符合国家信息安全等级保护制度第三级要求，并采用财政规定的加密和数据传输方式进行交互。

A. 在线接口　　B. 离线接口　　C. 前置接口　　D. 后置接口

2. 财政票据管理系统的（　　）是指开票单位按照报文规范与部署在单位的财政开票前置程序对接开具电子票据，采用财政规定的加密和数据传输方式进行交互，适用于存在多窗口多业务并发办理、开票实时性要求较高的单位（如医院、公安、高校）。

A. 在线接口　　B. 离线接口　　C. 前置接口　　D. 后置接口

3. 开票单位业务系统向财政票据管理系统（财政端）的请求地址格式是（　　）。

A. https://IP:PORT/服务名　　B. http://IP:PORT/服务名

C. https://IP:PORT　　D. http://IP:PORT

三、多项选择题

开票单位业务系统与财政票据管理系统（财政端）之间传输的消息（分为请求消息、返回消息）包括（　　）。

A. 定长的消息头　　B. 变长的消息体　　C. 定长的消息摘要　　D. 任意内容

四、启发与思考

在财政电子票据领域，开票单位业务系统与财政票据管理系统（财政端）之间、用票单位和报销单位会计核算等系统与财政电子票据公共服务平台之间、政府部门之间的财政电子票据数据交互时，均采用财政规定的加密和数据传输方式，请求消息和返回消息也都采用UTF-8字符编码的XML格式。请以医院或高校为例，思考并实践：

① 开票单位业务系统接入财政票据管理系统（财政端）接口的设计机理、实现方法和运维常识。

② 用票单位和报销单位会计核算等系统接入财政电子票据公共服务平台进行电子票据查验、下载和入账反馈接口的设计机理、实现方法和运维常识。

③ 政府部门之间财政电子票据数据交互接口的设计机理、实现方法和运维常识。

第5章 电子票据验签与查验

《中华人民共和国票据法》（以下简称《票据法》）第四条规定："票据出票人制作票据，应当按照法定条件在票据上签章，并按照所记载的事项承担票据责任。持票人行使票据权利，应当按照法定程序在票据上签章，并出示票据。其他票据债务人在票据上签章的，按照票据所记载的事项承担票据责任。"另外，第七条规定："票据上的签章，为签名、盖章或者签名加盖章。法人和其他使用票据的单位在票据上的签章，为该法人或者该单位的盖章加其法定代表人或者其授权的代理人的签章。在票据上的签名，应当为该当事人的本名。"

电子票据的查验是指交款人（交款单位）可通过国家税务总局增值税发票查验平台（涉税）、全国财政电子票据查验平台（非税）检查和验证电子票据真伪的过程。本章在介绍电子票据验签原理及其实现方法的基础上，从涉税、非税及PC端、移动端应用视角，讲述电子票据查验方法及相关技术，最后介绍财政电子票据公共服务接口规范，为计算机、智能财税专业学生从事电子票据类项目设计、开发、运行和维护提供帮助。

5.1 电子票据验签原理及其实现

5.1.1 概述

电子票据验签是指电子票据接收、查验时，验证电子票据的数字签名，解密数据信息，比对摘要信息，证明数据的真实性、完整性、安全性、有效性的过程。电子票据验签系统依赖电子票据查验平台与用户交互，使用验签服务器或特定的阅读器完成数字签名验证、数字信封解密。

电子票据查验是指公众取得电子票据后，通过电子票据查验平台，输入有关票据信息，查询验证电子票据真伪的一个过程。本书提到的电子票据主要是指电子发票和非税收入电子票据，可通过互联网查验平台查验票据真伪。

电子票据查验分为电子发票查验和非税收入电子票据查验。发票就是发生的成本、费用或收入的原始凭证。对于公司来讲，发票主要是公司做账的依据，同时也是缴税的费用凭证；而对于员工来讲，发票主要是用来报销的。公司可通过互联网查验平台验证发票真伪，进行发票认证，用于抵扣税款。非税收入电子票据主要为非税收入一般缴费书，公众依靠一般缴费书的电子票据代码、电子票据号码、校验码等信息验证票据真伪。

5.1.2　电子票据验签系统原理

一般地，电子票据验签系统大都基于数字签名和数字信封技术实现。不难看出，电子票据验签系统主要基于密码学的加解密原理实现。按照密码体制是否包含加密与解密两个方向，分为单向密码算法和双向密码算法，其中双向密码算法按照加解密两端的密钥体制是否相同分为对称密码算法、非对称密码算法。

1. 单向密码算法

单向密码算法又称不可逆加密，加密过程中无须使用加密密钥，只具有加密的过程，没有解密的过程，并且加密过程不可逆。在经过单向加密算法加密之后的密文是无法破解的，用户只有再次输入明文，通过相同的加密处理，对比两次结果的一致性从而验证数据有没有被篡改。单向加密体制不需要密钥管理和分发，多分布在分布式网络系统中。单向密码算法可以通过设定函数公式，将需要加密的任意长度源数据计算出一个固定长度的结果数据。计算后的结果数据称为摘要（digests）。

常见的不可逆加密算法模型有 MD5（Message-digest Algorithm 5）、SHA256（Secure Hash Algorithm 256）、SM3 等，一般用于数字签名验签、密钥交换等功能。

SM3 杂凑密码算法的数学原理是哈希函数，也就是将不定长度的消息迭代压缩成固定长度的摘要。可以满足多种安全应用的需求。这种算法能广泛应用到数据完整性检测、数字签名验签、生成随机数等方面。SM3 与 MD5 算法的比较见表 5-1。

表 5-1　SM3 和 MD5 算法综合信息比较表

比较项目	SM3 算法	MD5 算法
算法结构	Merkle-Damgard 结构	基于模加运算、布尔运算、移位运算
消息分组长度	512 位	512 位
输出杂凑值长度	256 位	128 位
碰撞算法复杂度	2^{33}	2^{21}（极端情况下可降到 2^{10}）

2. 对称密码算法

对称密码算法用于加解密，其加解密密钥相同，具有密码算法简单、高效、加密速度比较快等特点，适用于数据量大的数据加密，但由于双方使用相同的对称密钥，所以其安全性不是很高，常见的有 AES、DES、SM4 等，其中 SM4 对称密码算法是国内自主开发的分组密码算法，该算法每一个分组的数据长度为 128 位，密码长度也为 128 位，对于长度较大的数据首先要进行分组。SM4 还将 32 轮非线性迭代结构应用于密钥扩展与加密这两部分，能大大提高其算法的安全性。目前，国内外对实现大数据量的加解密运算有很大需求，SM4 算法多用于可信计算系统和无线网络等专用领域，以确保数据的安全性和保密性。

SM4 与 DES 算法的比较见表 5-2。

表 5-2　SM4 和 DES 算法综合信息比较表

比较项目	SM4 算法	DES 算法
算法结构	基于轮函数加迭代，含非线性变换	标准的算术和逻辑运算，先替代后置换，不含非线性变换
计算轮数	32 轮	16 轮
密钥 / 分组长度	128 位	64 位
实现难度	易于实现	易于实现
实现性能	软件硬件实现均快	软件实现慢、硬件实现快
安全性	较高	较低

3. 非对称密码算法

非对称密码算法是在加密和解密两端，使用不同的密码体制，具有公钥和私钥两种密钥，如果要破解该密钥对，则需要进行大整数的因式分解，分解极其困难，因此安全性较高，广泛应用于数字签名、网络安全、数据传输等方面。非对称密码算法主要分为 DH 算法、DSA 算法、RSA 算法和基于椭圆曲线密码体制构建的 ECC 密码算法。由于 RSA 算法面临严重的安全威胁，国家密码局于 2010 年提出基于 ECC 算法的 SM2 算法替代 RSA 算法，其安全强度和运算速度均要优于 RSA 算法。SM2 与 RSA 算法的比较见表 5-3。

表 5-3　SM2 和 RSA 算法综合信息比较表

比较项目	SM2 算法	RSA 算法
算法结构	基于椭圆曲线	基于可逆模幂运算
计算复杂度	完全指数级	亚指数级
公钥位数	较少（160 位的 SM2 的安全性等同于 1024 位的 RSA）	较多
密钥生成速度	比 RSA 快百倍以上	慢
加解密速度	较快	一般
安全性难度	基于离散对数问题	基于分解大整数的难度

5.1.3　电子票据验签系统设计与实现

本书以国密算法 SM2、SM3、SM4 为例，介绍一种电子票据验签系统模型。该模型主要包括三个技术模块，分别是加解密技术、数字签名验签技术、摘要生成技术。SM4 算法完成数据的基础加密解密过程，保证数据传输过程的安全性。SM3 算法生成数据摘要，维护数据的完整性。SM2 算法则通过实现数字签名验签技术，用以确认数据真实性和有效性。

在电子票据签名和验签过程中，电子票据发送方和接收方的通信过程是保密的，原理示意图如图 5-1 所示。

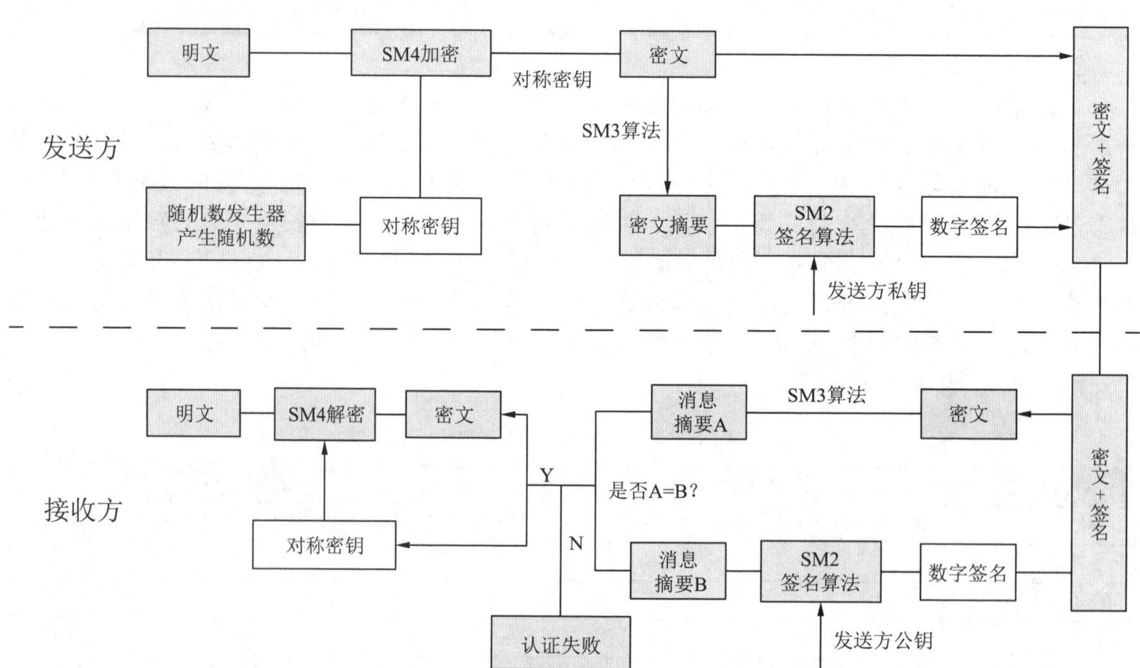

图 5-1　基于 SM 算法的安全信息通信过程示意图

从系统现实角度看，发送方首先通过调用硬件模块的随机数发生器产生两组随机数模拟 SM4 的对称密钥和发送方的 SM2 算法私钥；然后，采用对称加密算法 SM4 对明文进行加密，保证数据传输的安全性。对于 SM4 加密后的密文则采用 SM3 杂凑算法形成报文摘要，用以接收方验证数据的完整性。最后，对报文摘要通过 SM2 加密算法和发送方私钥进行加密生成数字签名，并将其和密文一起发送给接收方，以保证数据的有效性。

接收方在接收到数字签名和密文之后，先将密文通过 SM3 杂凑算法运算得到摘要，并和数字签名通过 SM2 解密之后的摘要进行对比，判断信息的完整性和认证发送者的身份，如果相同则通过对称密钥和 SM4 算法进行解密得到明文。

电子票据数据开具、传输、查验的过程中，均使用统一的票据样式。因此，电子票据在验签的过程中，只需对票据上录入的具体字符数据和电子印章等信息进行 SM4 算法的加密处理，使用 SM3 杂凑算法生成信息摘要，使用 SM2 算法对电子印章的位置、印章信息构建数字签名。

5.1.4　电子印章服务器工作机理

随着电子票据的推广，在医院、学校、福利事业等非税收入单位，存在大量的非税收入电子票据的使用场景。因此，电子票据验签系统也成了数字化系统的重要组成部分。近年来，许多医院采购了签名验签服务器，对接医院业务系统及河南省财政电子票据管理系统，进行电子票据的签名验签，使用过程如图 5-2 所示。

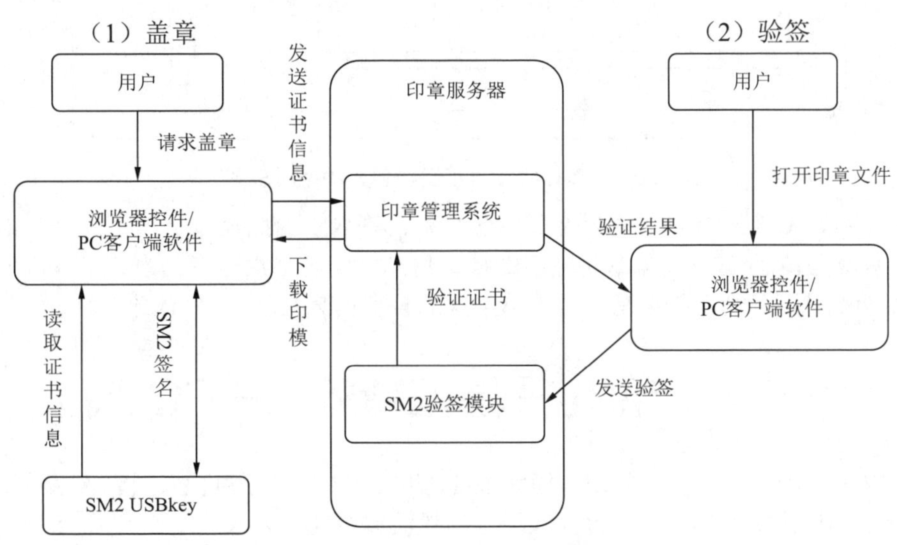

图 5-2　电子印章服务器工作原理示意图

1. 盖章

① 用户使用浏览器控件 / 计算机客户端软件（以下统称印章客户端）打开印章文件，请求盖章。

② 印章客户端调用内置 SM2 证书的 USBKey（以下统称 USBKey）读取公钥证书信息。

③ 印章客户端将公钥证书信息发送到印章服务器，印章服务器验证公钥证书的有效性，验证通过后将对应的印章印模发送回印章客户端，若验证不通过则不能盖章。

④ 印章客户端将 PDF 文件、印模、印章位置等信息进行摘要运算，然后调用 USBKey 进行 SM2 签名，然后将签名值和公钥证书信息追加到印章文件中保存，盖章操作完成。

2. 验签

① 用户使用印章客户端打开印章文件。

② 客户端软件将 PDF 文件、印模、印章位置等信息进行摘要运算，然后将摘要值、签名值和公钥证书发送到印章服务器进行验证。

③ 印章服务器调用 SM2 验签模块进行 SM2 验签，若 SM2 验签不通过，则验签失败。

④ 若 SM2 验签通过，由印章服务器验证公钥证书的有效性，若验证通过，则验签通过，否则验签失败。

3. 多印章

多个印章的文件结构电子印章和传统印章一样，可以实现多次盖章以及盖不同的章。然而，因电子印章本身的电子化特性，当文件内容发生改变后追加盖章，可以清楚地还原之前盖章时的快照信息。多印章的签名包含关系如图 5-3 所示。

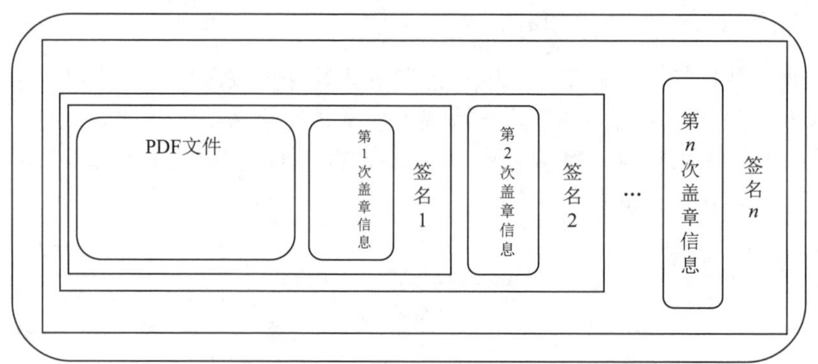

图 5-3　多印章场景下签名包含关系示意图

在图 5-3 中，多次签名的结构为逐层包含关系：签名 1 的摘要包含第 1 次盖章信息和 PDF 文件信息，签名 2 包含第 1 次盖章所包含的摘要信息加上第 2 次盖章信息，第 n 次签名的摘要包含第 $n-1$ 次盖章所包含的摘要信息加上第 n 次的盖章信息（$n>1$），依此类推。

5.2　涉税电子票据查验——PC 端

为有效解决发票“查验难”问题，国家税务总局 2017 年在增值税发票管理系统基础上，打造了全国统一的增值税发票查验平台。该平台的界面如图 5-4 所示。

国家税务总局全国增值税发票查验平台可查验纸质增值税专用发票、增值税普通发票（折叠票）、增值税普通发票（卷票）、机动车销售统一发票、二手车销售统一发票，以及增值税电子专用发票、增值税电子普通发票、收费公路通行费增值税电子普通发票等涉税电子票据的真伪，相关要点说明如下：

① 可查验最近 5 年内增值税发票管理系统开具的发票。

② 当日开具的发票当日可进行查验。

③ 每天每张发票可在线免费查询为 5 次，超过次数后请于次日再进行查验操作。

④ 仅提供所查询发票票面信息的查验结果。如对查验结果有疑义，请持发票原件至当地税务机关进行鉴定。

⑤ 如遇个别浏览器版本无法查验，建议更换浏览器（要求：IE 9.0 及以上）。

图 5-4　涉税电子票据的查验页面

5.2.1　查验方式

无论是电子还是纸质形式的增值税发票，均可在 PC 端浏览器登录图 5-4 所示的国家税务总局全国增值税发票查验平台进行查验，具体包括手工录入、扫描和文件导入三种方式进行操作，细节说明如下：

1. 手工录入方式查验

针对纳税人取得的纸质发票或电子发票，在财务报销环节大都需要查验发票的真伪。对于少量的发票，可手工录入发票代码、发票号码、开票日期、检验码（后 6 位）、验证码等相关查验项目信息后，单击“查验”按钮以获取查验结果，操作过程如图 5-5 所示。

扫描　导入

发票代码:　051001

*发票号码:　8572

*开票日期:　20211104

*校验码:　449

*验证码:　工　请输入验证码图片中蓝色文字

点击图片刷新

查验　重置

图 5-5　增值税发票的手工录入方式查验过程

2. 扫描方式查验

国家税务总局全国增值税发票查验平台为 PC 端用户提供了扫描方式查验增值税发票信息的功能，用于提高发票信息的录入效率。操作方法是在图 5-4 所示的页面中单击“扫描”按钮，平台会弹出图 5-6 所示的窗口提示。

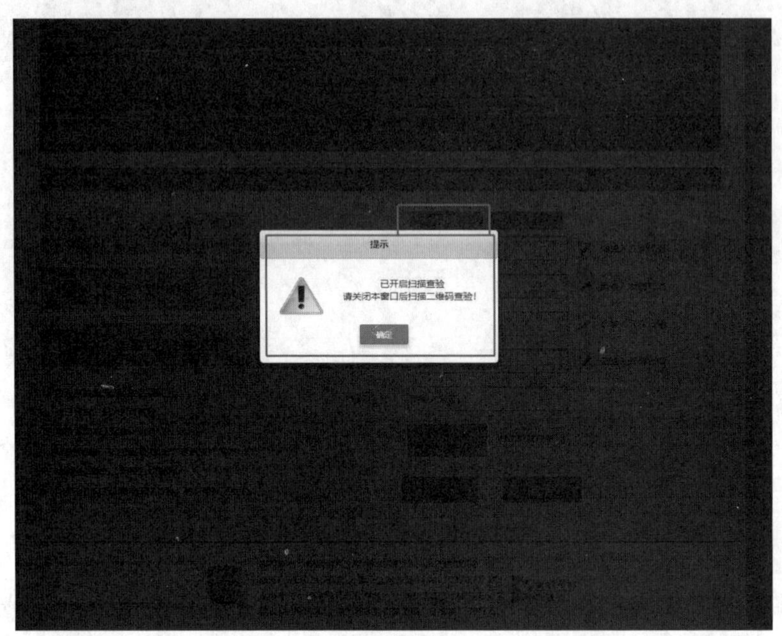

图 5-6　国家税务总局全国增值税发票查验平台的扫描查验过程 a

单击图 5-6 中的“确定”按钮后，即可使用已连入计算机的扫描枪对发票上的二维码进行扫描，则页面带出对应的发票代码、发票号码、开票日期、税价合计等信息，如图 5-7 所示。手工填写验证码并单击“查验”按钮，即可获取查验结果。

图 5-7　国家税务总局全国增值税发票查验平台的扫描查验过程 b

3. 导入方式查验

国家税务总局全国增值税发票查验平台还能以导入方式查验发票。操作步骤如下：

① 单击图 5-8 所示页面中的“导入”按钮。

图 5-8　国家税务总局全国增值税发票查验平台的导入查验过程 a

② 跳转至“导入查验”弹窗，如图5-9所示。

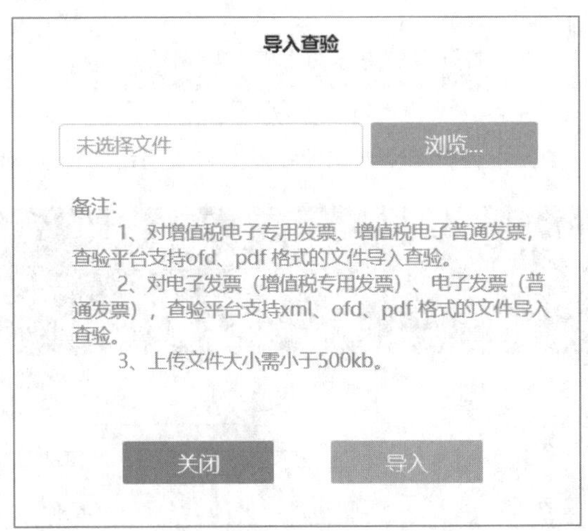

图 5-9　国家税务总局全国增值税发票查验平台的导入查验过程 b

③ 单击图5-9对话框中的“浏览”按钮，选中需要导入的文件（支持文件格式为pdf、ofd），单击“打开”按钮，如图5-10所示。

④ 单击图 5-11 对话框中的“导入”按钮，系统回到首页面并带出图 5-12 所示的发票信息。

⑤ 在图5-12中，手工填写验证码并单击“查验”按钮，即可获取发票查验结果。

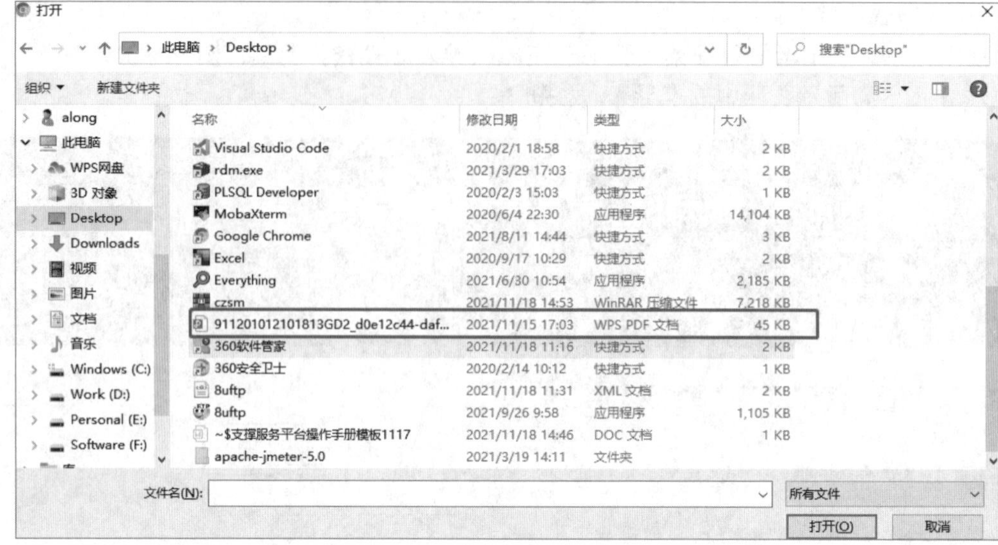

图 5-10　国家税务总局全国增值税发票查验平台的导入查验过程 c

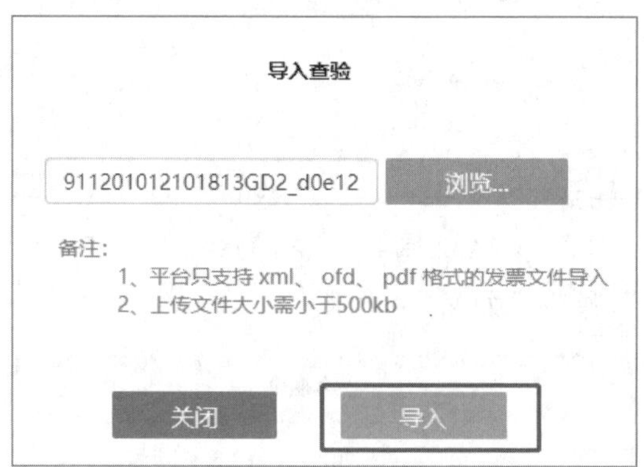

图 5-11　国家税务总局全国增值税发票查验平台的导入查验过程 d

图 5-12　国家税务总局全国增值税发票查验平台的导入查验过程 e

5.2.2　查验结果

1. 增值税专用发票

国家税务总局全国增值税发票查验平台的增值税专用发票查验结果如图5-13所示。

发票查验明细

查验次数：第3次　　查验时间：2017-11-23 16:30:33　　打印　关闭

北京增值税专用发票

发票代码：　　发票号码：　　开票日期：　　校验码：

购买方　名称：　纳税人识别号：　地址、电话：　开户行及账号：购方银行账号　　密码区

货物或应税劳务、服务名称	规格型号	单位	数量	单价	金额	税率	税额
货物劳务名称6	6规格型号	8单位	8664	6889.79	48906.18	30%	45882.46
货物劳务名称6	2规格型号	6单位	31	5941.54	468267.55	70%	2537.19
货物劳务名称9	1规格型号	3单位	13379	7589.22	255976.61	60%	22637.63
货物劳务名称5	7规格型号	3单位	5453	6461.78	808810.72	60%	74809.70
货物劳务名称4	1规格型号	5单位	11001	5225.30	472907.81	70%	3803.43
合计					¥758972.93		¥87452.27
价税合计（大写）	⊗捌拾肆万陆仟肆佰贰拾伍圆贰角				（小写）　¥846425.20		

销售方　名称：　纳税人识别号：　地址、电话：　开户行及账号：销方银行账号　　备注　收款人2016051900003名称开票人

图 5-13　增值税专用发票查验结果

2. 增值税电子专用发票

对于税务局自建电子发票开具软件开具的增值税电子专用发票在查验平台中提供版式文件下载功能。在发票查验明细中，单击“版式文件下载”按钮，预览或下载增值税电子专用发票的版式文件，如图 5-14 所示。

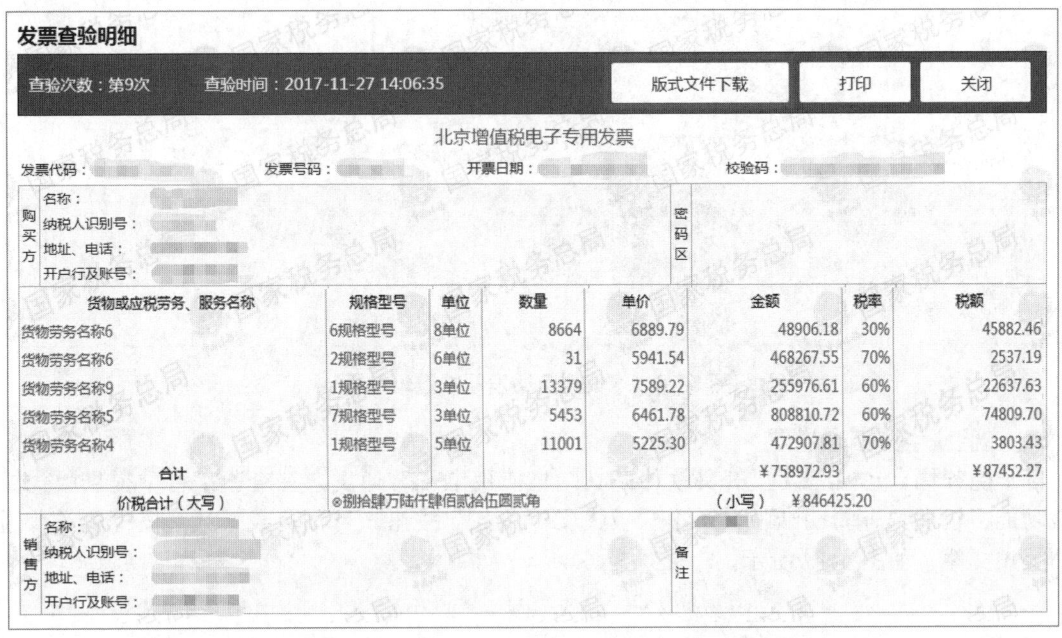

发票查验明细

查验次数：第9次　　查验时间：2017-11-27 14:06:35　　版式文件下载　打印　关闭

北京增值税电子专用发票

发票代码：　　发票号码：　　开票日期：　　校验码：

购买方　名称：　纳税人识别号：　地址、电话：　开户行及账号：　　密码区

货物或应税劳务、服务名称	规格型号	单位	数量	单价	金额	税率	税额
货物劳务名称6	6规格型号	8单位	8664	6889.79	48906.18	30%	45882.46
货物劳务名称6	2规格型号	6单位	31	5941.54	468267.55	70%	2537.19
货物劳务名称9	1规格型号	3单位	13379	7589.22	255976.61	60%	22637.63
货物劳务名称5	7规格型号	3单位	5453	6461.78	808810.72	60%	74809.70
货物劳务名称4	1规格型号	5单位	11001	5225.30	472907.81	70%	3803.43
合计					¥758972.93		¥87452.27
价税合计（大写）	⊗捌拾肆万陆仟肆佰贰拾伍圆贰角				（小写）　¥846425.20		

销售方　名称：　纳税人识别号：　地址、电话：　开户行及账号：　　备注

图 5-14　增值税电子专用发票的查验结果

3. 电子发票（增值税专用发票）

国家税务总局全国增值税发票查验平台的电子发票（增值税专用发票）的查验结果如图5-15所示。

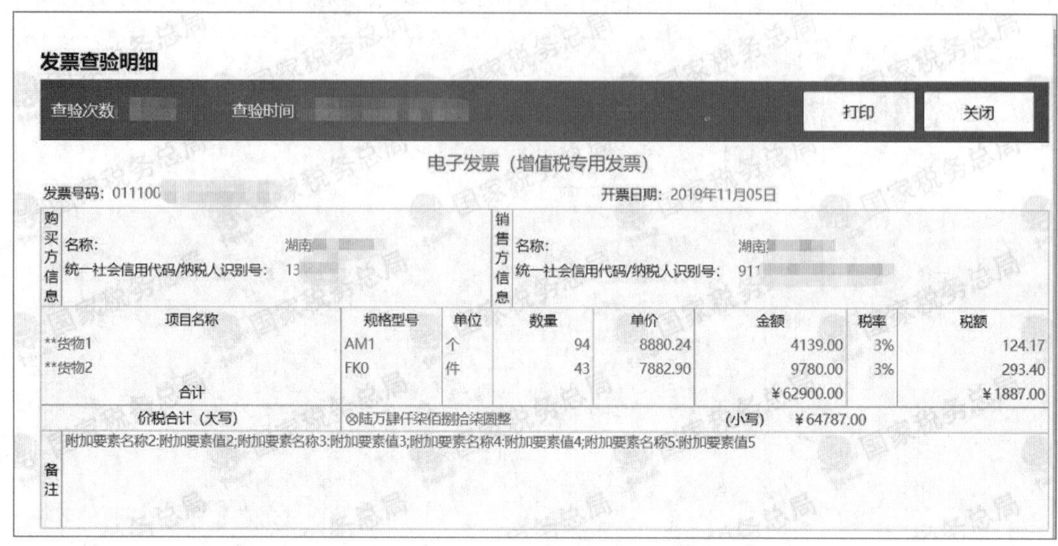

发票查验明细

查验次数 查验时间 打印 关闭

电子发票（增值税专用发票）

发票号码：011100 开票日期：2019年11月05日

购买方信息 名称：湖南 统一社会信用代码/纳税人识别号：13

销售方信息 名称：湖南 统一社会信用代码/纳税人识别号：91

项目名称	规格型号	单位	数量	单价	金额	税率	税额
**货物1	AM1	个	94	8880.24	4139.00	3%	124.17
**货物2	FK0	件	43	7882.90	9780.00	3%	293.40
合计					¥62900.00		¥1887.00
价税合计（大写）	⊗陆万肆仟柒佰捌拾柒圆整				（小写） ¥64787.00		

备注 附加要素名称2:附加要素值2;附加要素名称3:附加要素值3;附加要素名称4:附加要素值4;附加要素名称5:附加要素值5

图 5-15 电子发票（增值税专用发票）的查验结果

4. 增值税普通发票

国家税务总局全国增值税发票查验平台的增值税普通发票的查验结果如图5-16所示。

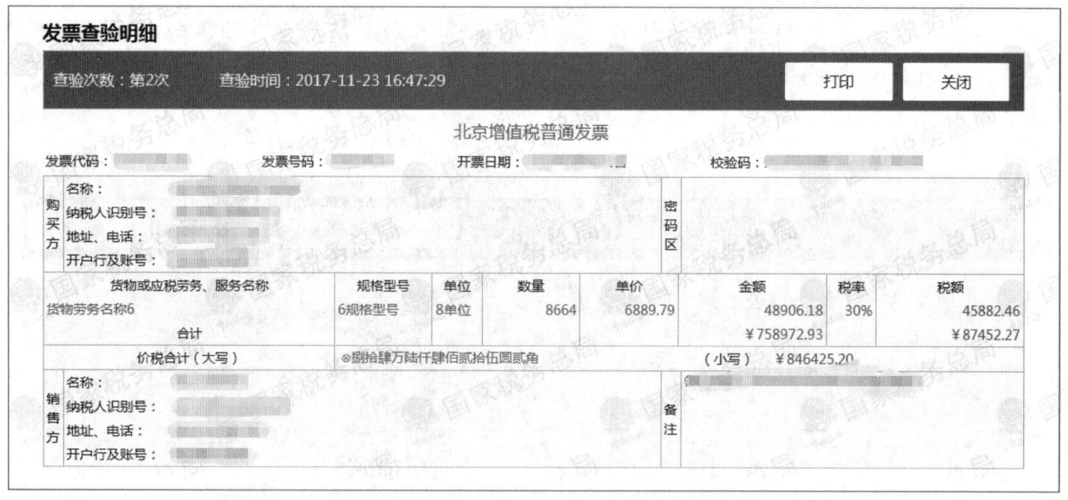

发票查验明细

查验次数：第2次 查验时间：2017-11-23 16:47:29 打印 关闭

北京增值税普通发票

发票代码： 发票号码： 开票日期： 校验码：

购买方 名称： 纳税人识别号： 地址、电话： 开户行及账号： 密码区

货物或应税劳务、服务名称	规格型号	单位	数量	单价	金额	税率	税额
货物劳务名称6	6规格型号	8单位	8664	6889.79	48906.18	30%	45882.46
合计					¥758972.93		¥87452.27
价税合计（大写）	⊗捌拾肆万陆仟肆佰贰拾伍圆贰角				（小写） ¥846425.20		

销售方 名称： 纳税人识别号： 地址、电话： 开户行及账号： 备注

图 5-16 增值税普通发票的查验结果

5. 增值税电子普通发票

对于税务局自建电子发票开具软件开具的增值税电子普通发票在查验平台中提供版式文件下载功能。在发票查验明细中，单击“版式文件下载”按钮，可预览或下载增值税电子普通发票的版式文件，如图 5-17 所示。

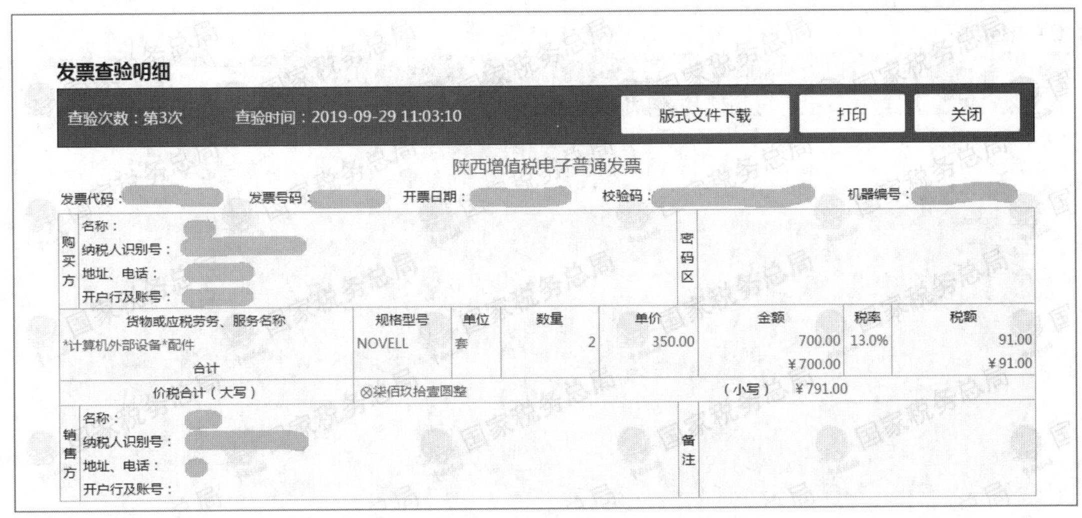

发票查验明细

查验次数：第3次　　查验时间：2019-09-29 11:03:10　　版式文件下载　打印　关闭

陕西增值税电子普通发票

发票代码：　发票号码：　开票日期：　校验码：　机器编号：

购买方	名称： 纳税人识别号： 地址、电话： 开户行及账号：					密码区		
货物或应税劳务、服务名称		规格型号	单位	数量	单价	金额	税率	税额
*计算机外部设备*配件		NOVELL	套	2	350.00	700.00	13.0%	91.00
合计						¥700.00		¥91.00
价税合计（大写）		⊗柒佰玖拾壹圆整				（小写）　¥791.00		
销售方	名称： 纳税人识别号： 地址、电话： 开户行及账号：					备注		

图 5-17　增值税电子普通发票的查验结果

6. 增值税普通发票（卷票）

国家税务总局全国增值税发票查验平台的增值税普通发票（卷票）的查验结果如图5-18所示。

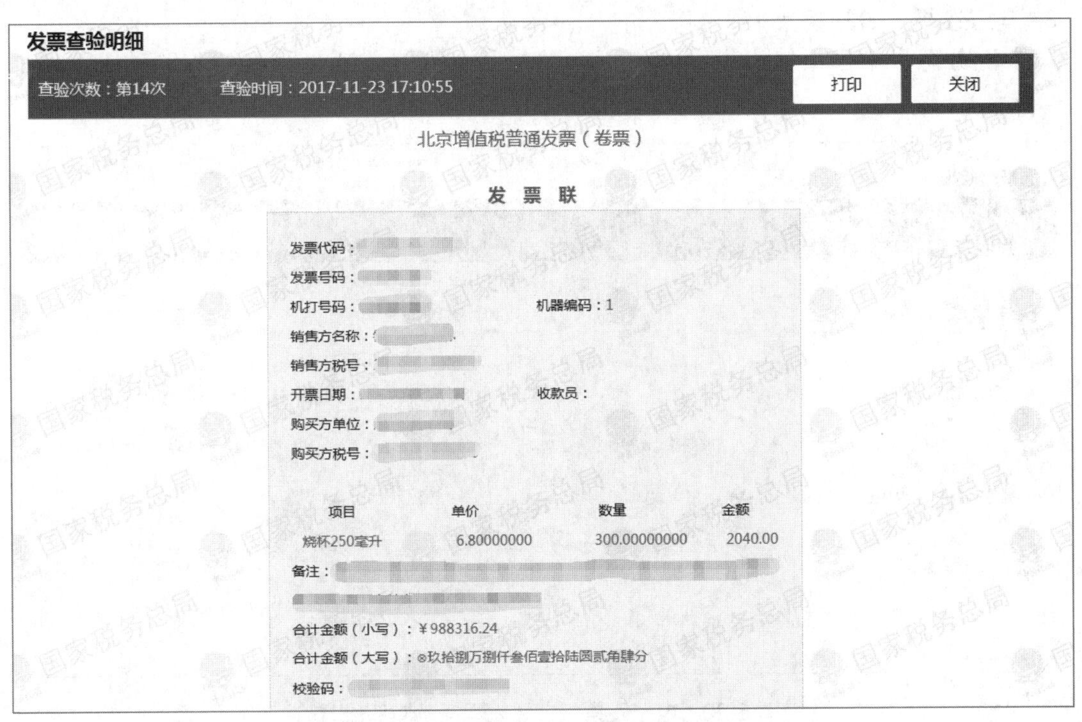

发票查验明细

查验次数：第14次　　查验时间：2017-11-23 17:10:55　　打印　关闭

北京增值税普通发票（卷票）

发 票 联

发票代码：

发票号码：

机打号码：　　机器编码：1

销售方名称：

销售方税号：

开票日期：　　收款员：

购买方单位：

购买方税号：

项目	单价	数量	金额
烧杯250毫升	6.80000000	300.00000000	2040.00

备注：

合计金额（小写）：¥988316.24

合计金额（大写）：⊗玖拾捌万捌仟叁佰壹拾陆圆贰角肆分

校验码：

图 5-18　增值税普通发票（卷票）的查验结果

7. 增值税电子普通发票（通行费）

国家税务总局全国增值税发票查验平台的增值税电子普通发票（通行费）的查验结果如图5-19所示。

发票查验明细

查验次数：第7次　　查验时间：2017-11-27 14:02:09　　打印　关闭

通行费　　北京增值税电子普通发票

发票代码：　　发票号码：　　开票日期：　　校验码：

购买方　名称：　纳税人识别号：　地址、电话：　开户行及账号：　　密码区

项目名称	车牌号	类型	通行日期起	通行日期止	金额	税率	税额
通行费	京A12345	货车	2018-01-01	2018-01-31	1000.00	13%	13.00
通行费	京A12345	货车	2018-01-01	2018-01-31	1000.00	免税	***
通行费	京A12345	货车	2018-01-01	2018-01-31	749317.98	不征收	***
通行费	京A12345	货车	2018-01-01	2018-01-31	97437.61	0%	0.00
通行费	京A12345	货车	2018-01-01	2018-01-31	986817.90	0%	0.00
通行费	京A12345	货车	2018-01-01	2018-01-31	496525.01	0%	0.00
合计					￥46378.66		￥17823.54
价税合计（大写）	⊗陆万肆仟贰佰零贰圆贰角				（小写）￥64202.20		

销售方　名称：　纳税人识别号：　地址、电话：　开户行及账号：　　备注

图 5-19　增值税电子普通发票（通行费）的查验结果

8. 电子发票（普通发票）

国家税务总局全国增值税发票查验平台的电子发票（普通发票）的查验结果如图5-20所示。

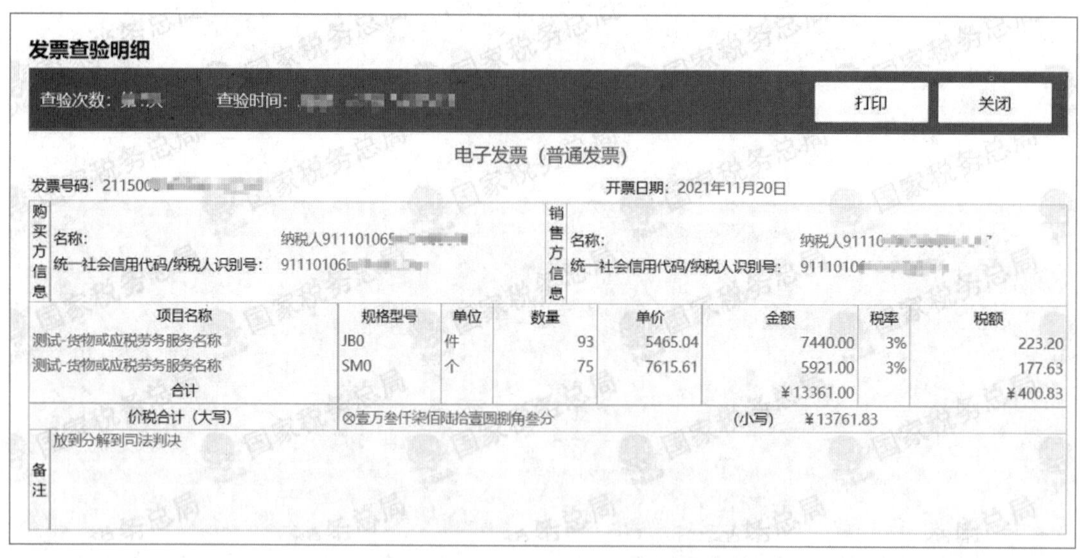

发票查验明细

查验次数：　　查验时间：　　打印　关闭

电子发票（普通发票）

发票号码：21150　　开票日期：2021年11月20日

购买方信息　名称：纳税人911101065　统一社会信用代码/纳税人识别号：911101065

销售方信息　名称：纳税人91110　统一社会信用代码/纳税人识别号：9111010

项目名称	规格型号	单位	数量	单价	金额	税率	税额
测试-货物或应税劳务服务名称	JB0	件	93	5465.04	7440.00	3%	223.20
测试-货物或应税劳务服务名称	SM0	个	75	7615.61	5921.00	3%	177.63
合计					￥13361.00		￥400.83
价税合计（大写）	⊗壹万叁仟柒佰陆拾壹圆捌角叁分				（小写）￥13761.83		

备注　放到分解到司法判决

图 5-20　电子发票（普通发票）的查验结果

9. 机动车销售统一发票

国家税务总局全国增值税发票查验平台的机动车销售统一发票查验结果如图5-21所示。

发票查验明细

查验次数：第3次　　查验时间：2017-11-23 16:41:46　　打印　关闭

河北机动车销售统一发票

发票代码：　　发票号码：　　开票日期：

机打代码 机打号码 机器编号				税控码			
购买方名称及身份证号码/组织机构代码				纳税人识别号			
车辆类型		厂牌型号				产地	
合格证号		进口证明书号				商检单号	
发动机号码				车辆识别代号/车架号码			
价税合计	⊗陆拾柒万伍仟陆佰叁拾叁元柒角陆分					小写	¥675633.76
销货单位名称				电话			
纳税人识别号				账号			
地址			开户银行				
增值税税率或征收率		增值税税额		主管税务机关及代码			
不含税价	小写 ¥597905.98	完税凭证号码		吨位		限乘人数	

图 5-21　机动车销售统一发票查验结果

10. 二手车销售统一发票

国家税务总局全国增值税发票查验平台的二手车销售统一发票的查验结果如图5-22所示。

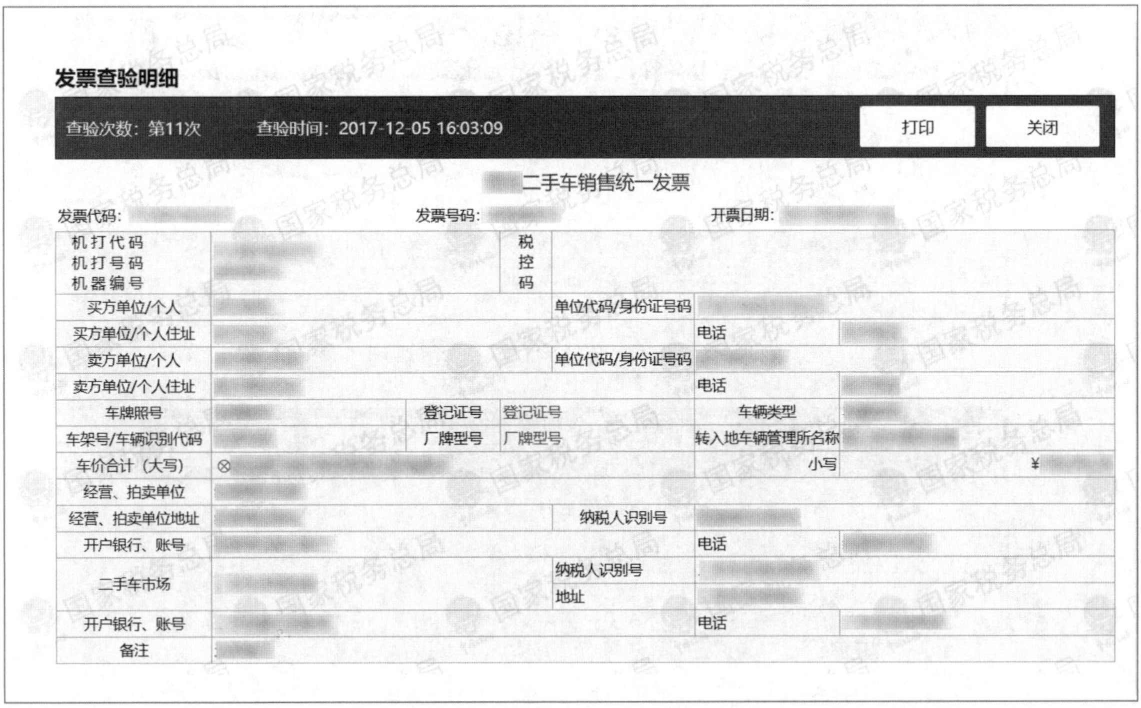

发票查验明细

查验次数：第11次　　查验时间：2017-12-05 16:03:09　　打印　关闭

二手车销售统一发票

发票代码：　　发票号码：　　开票日期：

机打代码 机打号码 机器编号			税控码		
买方单位/个人			单位代码/身份证号码		
买方单位/个人住址				电话	
卖方单位/个人			单位代码/身份证号码		
卖方单位/个人住址				电话	
车牌照号		登记证号	登记证号	车辆类型	
车架号/车辆识别代码		厂牌型号	厂牌型号	转入地车辆管理所名称	
车价合计（大写）	⊗			小写	¥
经营、拍卖单位					
经营、拍卖单位地址			纳税人识别号		
开户银行、账号				电话	
二手车市场			纳税人识别号		
			地址		
开户银行、账号				电话	
备注					

图 5-22　二手车销售统一发票查验结果

5.2.3　查验结果说明

发票状态为正常：纳税人输入的发票校验信息与税务部门电子信息一致，且发票处于正常状态。

发票状态为作废：纳税人输入的发票校验信息与税务部门电子信息一致，但发票已被发票开具方做作废处理，此发票不可作为财务报销凭证。

不一致：纳税人输入的发票信息与税务部门电子信息至少有一项不一致，如确认输入的查验项目与票面一致，请与开票方或开票方主管税务部门联系核实。

查无此票：由于存在开具方离线自开票、发票电子数据的同步滞后或查验人录入错误等问题，导致相关发票在税务部门的电子信息中无法检索到。如果确认输入项无误后，请于第二天再行查验。

验证码失败：图片验证码过期或失效，请单击验证码图片重新获取验证码后再进行查验。

验证码答案输入错误：图片验证码的问题答案录入错误，请修正输入项目后重新查验或单击验证码图片获取新的验证码进行校验。

验证码请求失败：可能原因如下：

① 请检查是否正确安装根证书，若未正确安装根证书，验证码将无法正常显示。

② 纳税人与开票方省级国税部门的网络不稳定，请稍后再查。

③ 请尝试使用谷歌或火狐浏览器进行查验。

查验失败：存在查询请求非法、请求处理超时、该发票超过系统限定的单日查验次数（5 次）、提交的查验请求过于频繁等问题或存在网络、系统故障等。

不同查验结果的展现示例：“不一致”“查无此票”的查验结果截图分别如图 5-23 和图 5-24 所示。

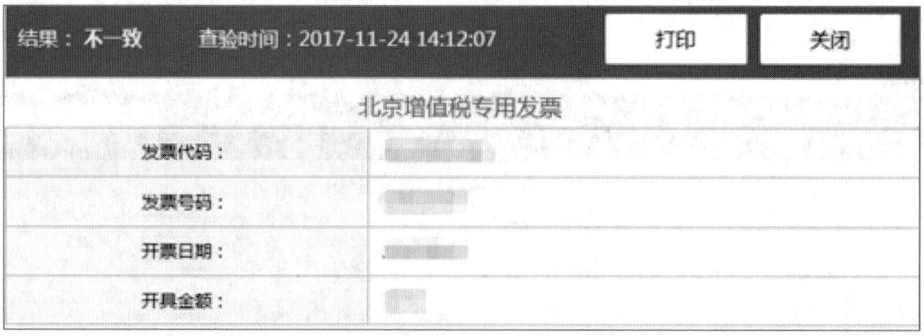

结果：不一致　　查验时间：2017-11-24 14:12:07　　打印　　关闭	
北京增值税专用发票	
发票代码：	
发票号码：	
开票日期：	
开具金额：	

图 5-23　发票查验结果“不一致”截图

结果：查无此票　　查验时间：2017-11-24 14:40:41　　打印　　关闭	
北京增值税专用发票	
发票代码：	
发票号码：	
开票日期：	
开具金额：	

图 5-24　“查无此票”的发票查验结果截图

5.3　非税电子票据查验——PC 端

5.3.1　统一查验平台

如前所述，财政电子票据是非税电子票据的主要形式。在具体操作过程中，为防止出现财政电子票据重复报销、虚假入账、篡改信息等问题，在入账报销时，财务会计人员需鉴别财政电子票据的真实性和合法性，且可能要求报销人员提供财政电子票据的验真凭证。如何辨别财政电子票据真伪?

在尚未全国财政电子票据查验平台之前，各省、市开具的财政电子票据无法实施跨省查验、异地报销应用和入账反馈。例如，2021年8月之前，河南省与全国财政电子票据查验平台尚未对接，入账报销单位和用票人只能在“河南政务服务网”的财政电子票据查验平台查验河南财政电子票据，无法直接访问财政部全国财政电子票据查验平台以及“财政票据”公众号查验河南省和其他省份财政电子票据；福建省财政电子票据于2020年7月10日，浙江财政电子票据于2020年12月，云南省财政电子票据于2021年10月15日，新疆维吾尔自治区于2022年3月9日、新疆生产建设兵团财政电子票据于2022年3月9日分别接入财政部全国财政电子票据查验平台。截至2022年9月，除大连、厦门、湖南、青海外，全国其他的省、市均与全国财政电子票据查验平台成功对接，实现全国财政电子票据一站式查询、真伪查验和报销入账。

全国财政电子票据查验查询界面如图5-25所示。该平台为财政电子票据的社会化流转、电子票据跨省报销等提供了技术支撑。

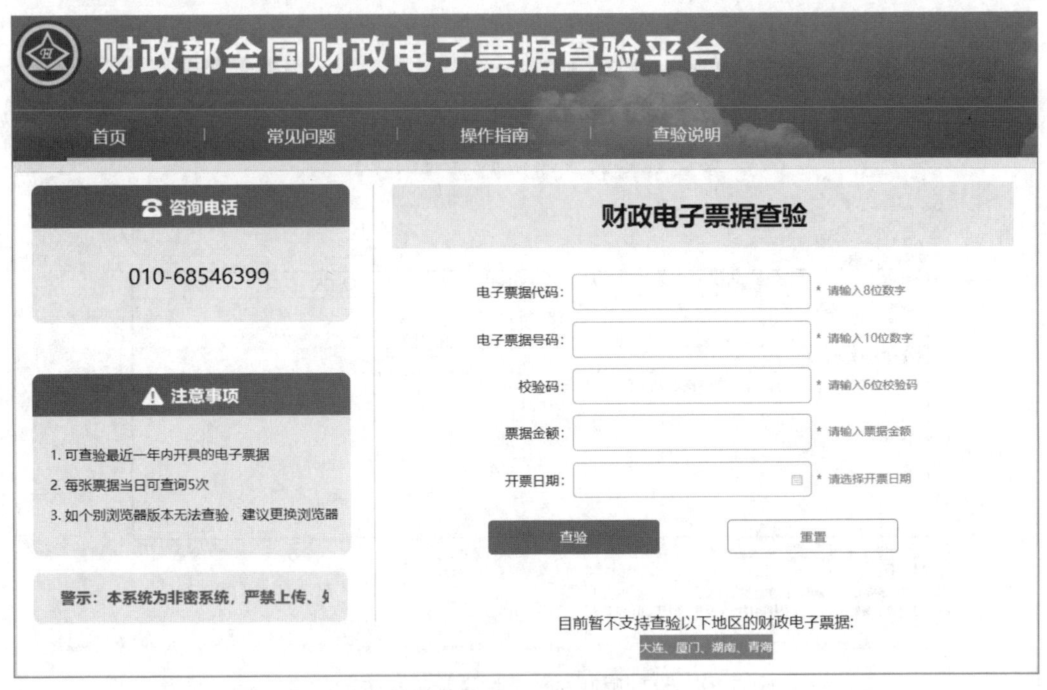

图 5-25　全国财政电子票据查验平台界面

5.3.2　查验操作流程

步骤 1：访问全国财政电子票据查验平台。

步骤 2：依据财政电子票据上的信息，在图 5-26 所示的对话框中按规范要求录入电子票据代码、电子票据号码、校验码、票据金额、开票日期。

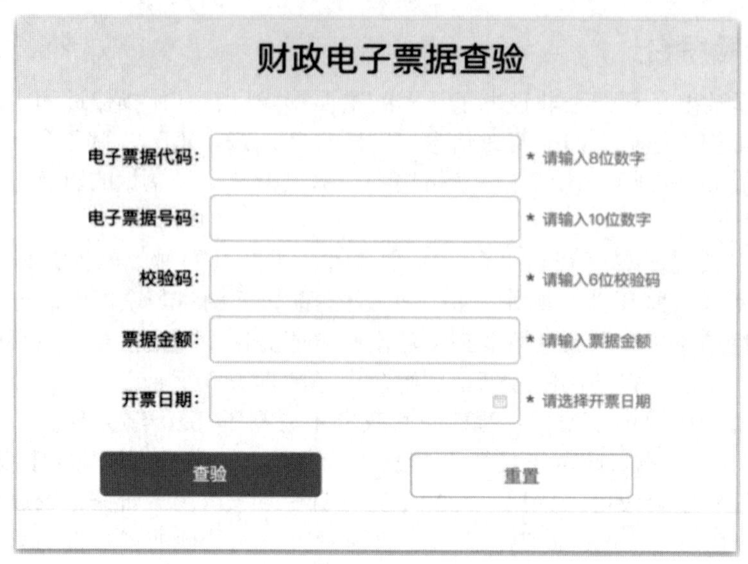

图 5-26　全国财政电子票据查验平台操作过程

步骤3：确认输入的信息无误后，单击图5-26所示“查验”按钮，将弹出查验结果，如图5-27所示。

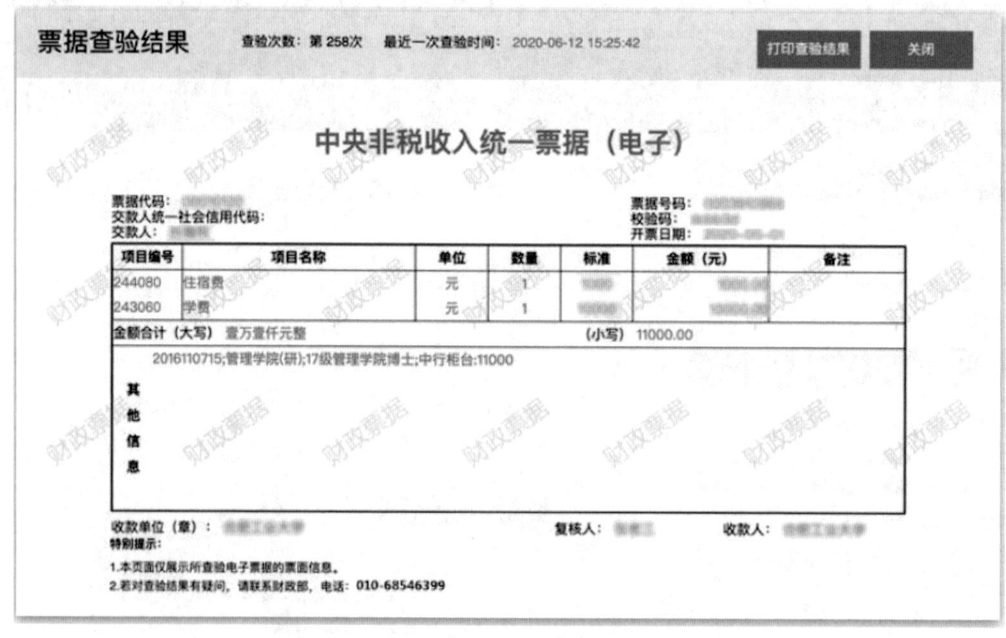

票据查验结果　查验次数：第 258次　最近一次查验时间：2020-06-12 15:25:42　打印查验结果　关闭

中央非税收入统一票据（电子）

票据代码：
交款人统一社会信用代码：
交款人：
票据号码：
校验码：
开票日期：

项目编号	项目名称	单位	数量	标准	金额（元）	备注
244080	住宿费	元	1			
243060	学费	元	1			
金额合计（大写）	壹万壹仟元整			（小写）	11000.00	

其他信息：2016110715;管理学院(研);17级管理学院博士;中行柜台:11000

收款单位（章）：　复核人：　收款人：
特别提示：
1.本页面仅展示所查验电子票据的票面信息。
2.若对查验结果有疑问，请联系财政部，电话：010-68546399

图 5-27　全国财政电子票据查验平台查询结果

5.3.3　查验结果说明

查验结果说明：若交款人输入的电子票据查验信息与财政部门电子票据信息一致，则显示相关的电子票据详细信息（若电子票据已被开票单位冲红，则在查验结果中显示“已开红票”

标识；若电子票据已被开票单位打印为纸质票据，则在查验结果中显示“已打印”标识），查验结果信息截图分别如图5-28至图5-31所示。

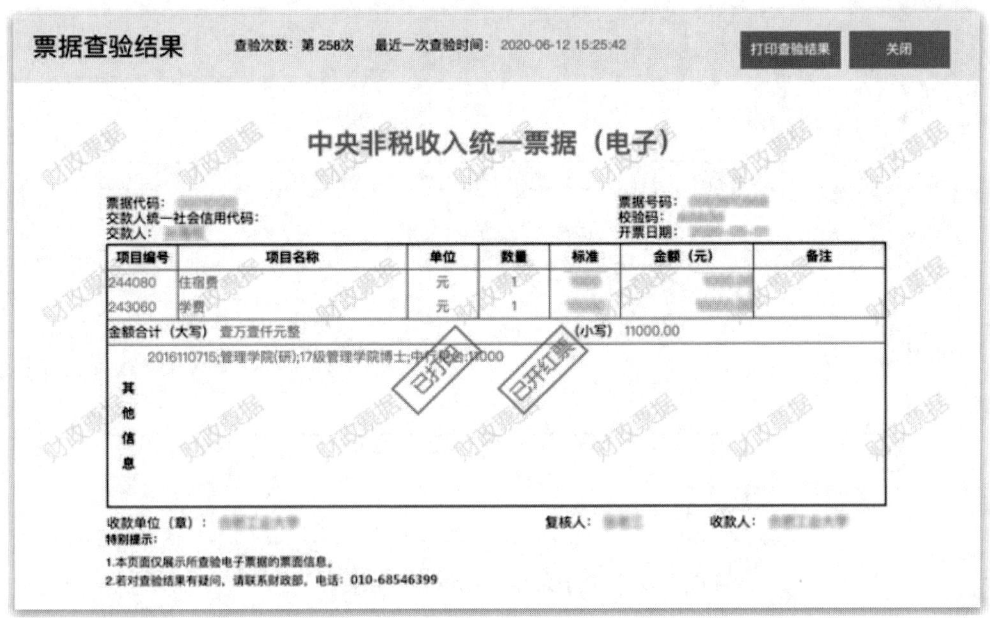

票据查验结果　查验次数：第 258次　最近一次查验时间：2020-06-12 15:25:42　打印查验结果　关闭

中央非税收入统一票据（电子）

票据代码：
交款人统一社会信用代码：
交款人：
票据号码：
校验码：
开票日期：

项目编号	项目名称	单位	数量	标准	金额（元）	备注
244080	住宿费	元	1			
243060	学费	元	1			
金额合计（大写）	壹万壹仟元整			（小写）	11000.00	

其他信息：2016110715;管理学院(研);17级管理学院博士;中行柜台;11000

已打印　已开红票

收款单位（章）：　复核人：　收款人：
特别提示：
1.本页面仅展示所查验电子票据的票面信息。
2.若对查验结果有疑问，请联系财政部，电话：010-68546399

图 5-28　电子票据详细信息（已开红票，已打印）

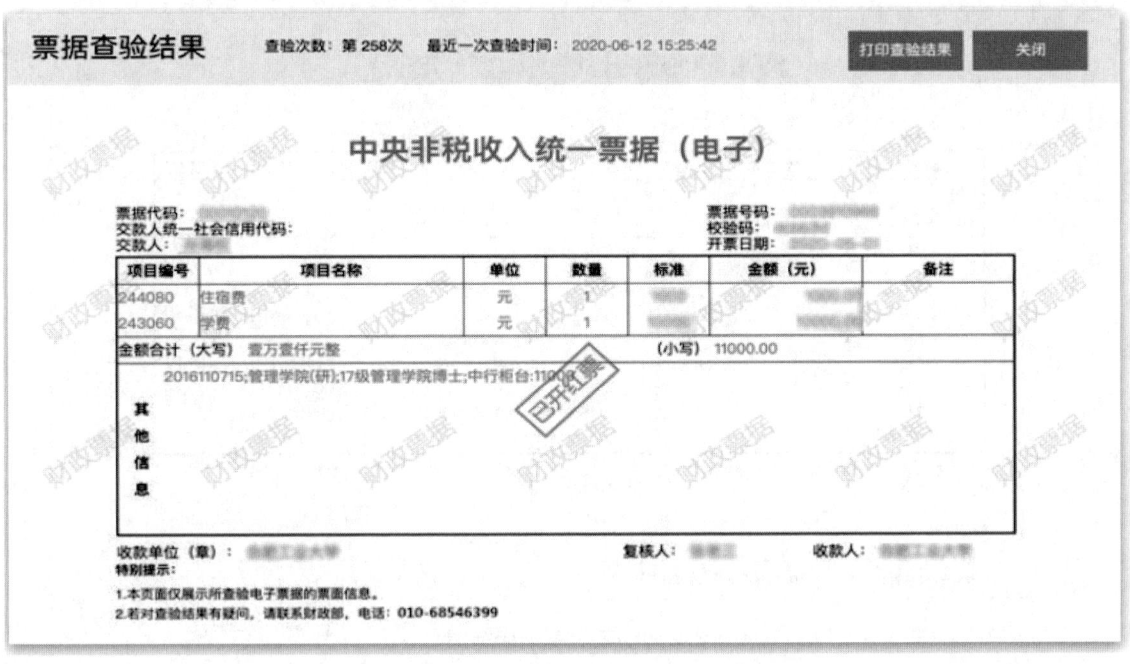

票据查验结果　查验次数：第 258次　最近一次查验时间：2020-06-12 15:25:42　打印查验结果　关闭

中央非税收入统一票据（电子）

票据代码：
交款人统一社会信用代码：
交款人：
票据号码：
校验码：
开票日期：

项目编号	项目名称	单位	数量	标准	金额（元）	备注
244080	住宿费	元	1			
243060	学费	元	1			
金额合计（大写）	壹万壹仟元整			（小写）	11000.00	

其他信息：2016110715;管理学院(研);17级管理学院博士;中行柜台;11000

已开红票

收款单位（章）：　复核人：　收款人：
特别提示：
1.本页面仅展示所查验电子票据的票面信息。
2.若对查验结果有疑问，请联系财政部，电话：010-68546399

图 5-29　电子票据详细信息（已开红票）

票据查验结果　查验次数：第258次　最近一次查验时间：2020-06-12 15:25:42　打印查验结果　关闭

中央非税收入统一票据（电子）

票据代码：
交款人统一社会信用代码：
交款人：
票据号码：
校验码：
开票日期：

项目编号	项目名称	单位	数量	标准	金额（元）	备注
244080	住宿费	元	1			
243060	学费	元	1			
金额合计（大写）	壹万壹仟元整			（小写）	11000.00	

其他信息：2016110715;管理学院(研);17级管理学院博士;中行退费:11000

已打印

收款单位（章）：　复核人：　收款人：

特别提示：
1.本页面仅展示所查验电子票据的票面信息。
2.若对查验结果有疑问，请联系财政部，电话：010-68546399

图 5-30　电子票据详细信息（已打印）

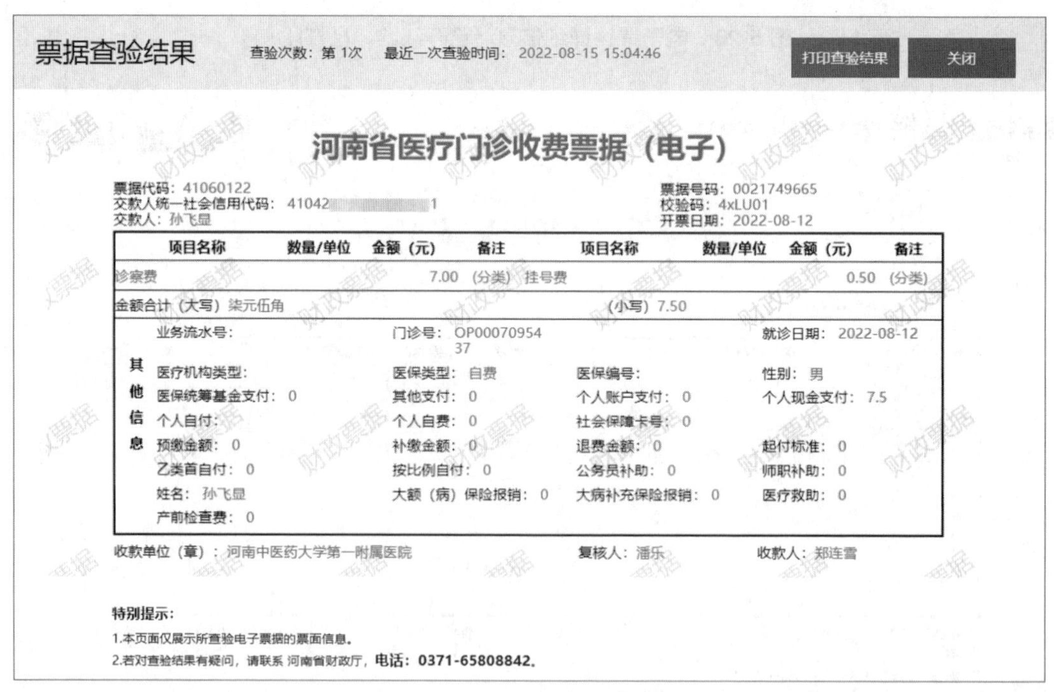

票据查验结果　查验次数：第 1次　最近一次查验时间：2022-08-15 15:04:46　打印查验结果　关闭

河南省医疗门诊收费票据（电子）

票据代码：41060122
交款人统一社会信用代码：41042　1
交款人：孙飞显
票据号码：0021749665
校验码：4xLU01
开票日期：2022-08-12

项目名称	数量/单位	金额（元）	备注	项目名称	数量/单位	金额（元）	备注
诊察费		7.00	（分类）	挂号费		0.50	（分类）
金额合计（大写）柒元伍角				（小写）7.50			

其他信息：
业务流水号：　门诊号：OP0007095437　就诊日期：2022-08-12
医疗机构类型：　医保类型：自费　医保编号：　性别：男
医保统筹基金支付：0　其他支付：0　个人账户支付：0　个人现金支付：7.5
个人自付：　个人自费：0　社会保障卡号：0
预缴金额：0　补缴金额：0　退费金额：0　起付标准：0
乙类首自付：0　按比例自付：0　公务员补助：0　师职补助：0
姓名：孙飞显　大额（病）保险报销：0　大病补充保险报销：0　医疗救助：0
产前检查费：0

收款单位（章）：河南中医药大学第一附属医院　复核人：潘乐　收款人：郑连雪

特别提示：
1.本页面仅展示所查验电子票据的票面信息。
2.若对查验结果有疑问，请联系 河南省财政厅，电话：0371-65808842。

图 5-31　电子票据详细信息

若交款人输入的电子票据查验信息与财政部门电子票据信息不一致，查验结果提示交款人“票据不存在，请您核对后再次查验。”如图5-32所示。

若交款人输入的电子票据查验信息不是全国财政电子票据查验平台支持的区域，查验结果提示交款人“暂不支持该（省市）电子票据查验，如有疑问可咨询：010-68546399。”如图5-32所示。

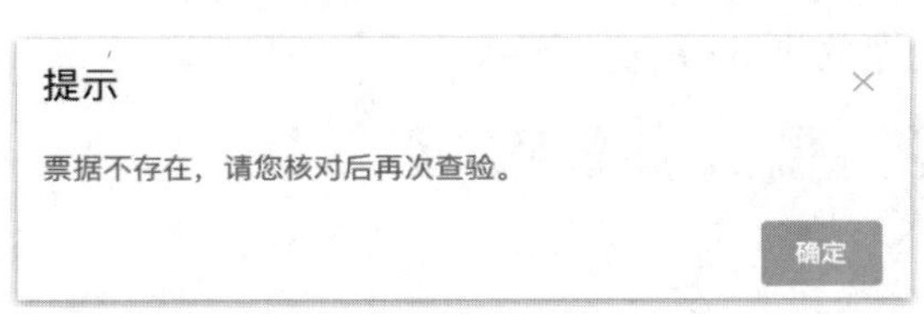

图 5-32　电子票据查验信息不存在的信息截图

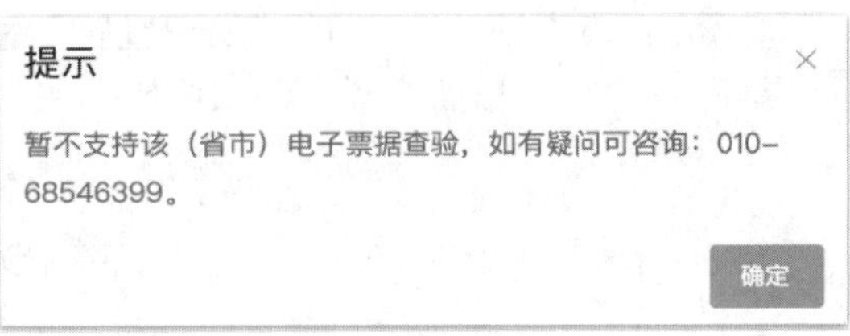

图 5-33　全国财政电子票据查验平台不支持地区的查验提示

5.4　电子票据查验——手机端

在智能手机普及的当下，无论纸质还是电子形式的增值税发票、非税电子票据，均可通过手机端查验。下面简要概述增值税发票和财政电子票据手机端查验的主要途径和方法。

5.4.1　增值税发票的手机端查验

目前，发票查验的手机端小程序有多种，如诺诺发票查验（已更新至诺诺网）、发票查询 - 票易得、八戒财税发票真伪验证、票大侠、发票助手 - 票易得、轩逸发票真伪查验助手等。鉴于这些小程序的用法相似，下面以“诺诺发票查验”小程序为例，简要说明增值税发票的手机端查验方法和操作步骤。

步骤 1：打开支付宝，搜索并打开“诺诺发票查验”（已更新至诺诺网），界面如图 5-34 所示。

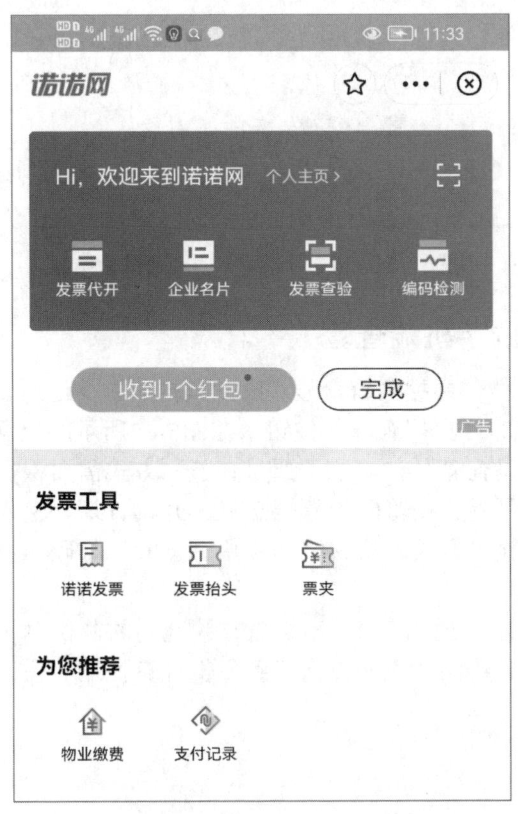

图 5-34　诺诺网小程序的发票查验页面

步骤 2：点击图 5-34 中的“发票查验”按钮，进入图 5-35 所示页面后，点击“点击扫描发票二维码”按钮，扫描发票上的二维码即可显示发票的查验信息。

图 5-35　诺诺网小程序的发票查验结果

5.4.2　财政电子票据的手机端查验

步骤1：在手机端，在微信中搜索公众号“财政票据”，关注后，如图5-36所示。

步骤2：点击图5-36中的“票据查验”按钮，在图5-37所示的票据查询页中选择“电子票号查验”（默认）或者“扫码查验”，“电子票号查验”方式需要根据票面信息，手工正确录入电子票据代码、电子票据号码、校验码、票据金额、开票日期，输入随机码之后点击“查验”按钮即可查验；“扫码查验”方式直接扫描非税票据上的二维码，系统即可自动带入除随机码外的全部信息。

需要说明的是，因数据整合的问题，不少省市、地区的非税电子票据信息尚未接入“财政票据”微信公众号后台，导致该公众号查询不到，但计算机端的全国财政电子票据查验平台能够正常查询。

图 5-36　“财政票据”微信公众号界面

图 5-37　“财政票据”微信公众号票据查询页

5.5　财政电子票据公共服务接口

5.5.1　适用范围

财政电子票据公共服务接口规范是财政电子票据服务平台和外部系统间在交互财政电子票据相关电子信息时的接口技术规范，实现财政电子票据的下载和入账反馈。

5.5.2　技术规范

1. 处理流程

使用公共服务接口时，基于HTTPS协议，采用POST方式“请求-响应”模式进行交互，其原理如图5-38所示。

（1）请求方发送请求

请求方系统由财政电子票据服务平台分配一个身份标识app_id，每个app_id配有一个密钥（appKey）。请求方根据接口要求，构造请求参数并使用密钥（appKey）对请求参数进行签名。

（2）电子票据服务平台返回响应结果

电子票据服务平台通过验证请求参数的签名来验证请求方身份合法性及数据完整性，无误后进行处理。

处理成功时，根据请求服务不同，响应结果分为两种情况：电子票据下载时，返回电子票据文件压缩包；电子票据入账时，返回JSON格式的参数。

处理失败时，响应结果为JSON格式的参数。

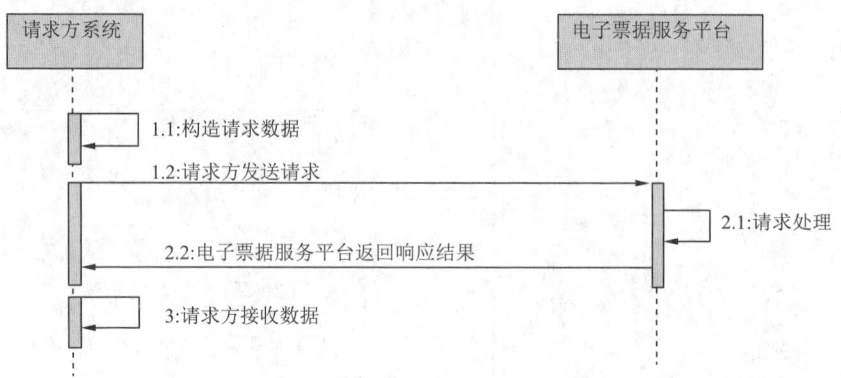

图 5-38　财政电子票据公共服务接口的“请求 - 响应”原理示意图

（3）请求方接收数据

请求方收到响应结果后，首先判断电子票据服务平台响应是否成功：电子票据下载时，通过HTTP Content-Type判断是否成功；电子票据入账时，通过返回码判断是否成功。

2. 数据类型

财政电子票据公共服务接口用到的数据类型信息见表5-4。

表 5-4　财政电子票据公共服务接口用到的数据类型信息一览表

序号	类型	类型名称	说　明
1	String	字符串	标准 XML 字符串类型（xs:string）。长度分为定长和变长两种，例如：长度“8”表示字符串长度固定为 8，长度“[1,100]”表示字符串长度在 1 ~ 100 之间
2	NString	数字串	表示由数字 0 ~ 9 组成的字符串，如：0123456789
3	Integer	整数	标准 XML 整数类型（xs:integer）
4	Decimal	实数	标准 XML 实数类型（xs:decimal）
5	Base64Binary	Base64 编码字符串	标准 XML Base64 编码字符串类型（xs:base64Binary）
6	Date	日期	表示日期，格式为 yyyyMMdd（年月日），长度为 8 位，如 20160613
7	Time	时间	表示时间，格式为 HH:mm:ss（时分秒），长度为 8 位，如 09:29:53
8	DateTime	日期时间	表示日期时间，格式为 yyyyMMddHH:mm:ss（年月日 时分秒），长度为 17 位，如 20160613 09:29:53
9	UTCDateTime	UTC 日期时间	表示 UTC 日期时间，格式为 dd MMM yyyyHH:mm:ss z（日月年 时分秒 时区），长度为 24 位，如 13 Jun 2016 09:29:53 GMT
10	Currency	金额	表示金额，单位为元，整数部分最长 15 位，小数部分固定两位，不能包含逗号等分隔符，如 12345.67

3. 参数说明

财政电子票据公共服务接口用到的相关参数信息见表5-5。

表 5-5　财政电子票据公共服务接口用到的数据类型信息一览表

序号	标识符	数据项名称	类型	长度	说明	强制
1	method		String		接口服务名称	是
2	app_id		String		应用账号	是
3	security	安全码	String		请求串的防伪码	是
4	format		String		定义请求参数 message 和接口返回的数据格式。 取值说明：json	是
5	datetime		DateTime		时间，格式为 yyyyMMddHHmmssSSS	是
6	version	版本	NString	5	接口版本，默认版本 1.0.1	是
7	message_id	请求编号	String	[1,50]	每次请求生成唯一请求编号	是
8	message	请求业务参数	String		请求业务参数，参见具体接口描述。需转换为 Base64 编码	

说明：

① 参数名必须为小写字母。

② 业务参数message的构成，根据具体接口描述构造。

③ 字符集统一采用UTF-8编码格式。

5.5.3　接口列表

按照财政部关于印发《关于稳步推进财政电子票据管理改革的试点方案》的通知（财综〔2017〕32号）要求，《财政电子票据公共服务接口规范》的接口服务及其描述信息见表5-6。

表 5-6　财政电子票据公共服务接口列表信息一览表

接口服务名称	描　述
downloadPNG4AccountByDate	电子票据下载
accountForRecode	电子票据入账反馈

5.5.4　接口描述——电子票据下载

单位通过该接口可下载待入账的电子票据，服务名、业务参数、返回参数如下：

1. 服务名

downloadPNG4AccountByDate。

2. 业务参数

节点：message。

财政电子票据公共服务接口服务信息见表5-7。

表 5-7　财政电子票据公共服务接口服务信息一览表

序号	标识符	数据项名称	类型	长度	说明	强制
1	agency_code	单位代码	String	[1,30]	一般采用组织机构代码	是
2	agency_name	单位名称	String	[1,100]		是
3	agency_type	单位类型	NString	1	1：开票单位 2：交款单位	是
4	bill_batch_code	电子票据代码	NString	8		否
5	end_date	开票终止日期	Date			否
6	batch_no	批次序列号	NString	13	上次下载时返回的最大序列号；初始值为 0	是

3. 返回参数

根据HTTP响应头中的Content-Type值，可以判断返回成功还是返回失败。成功时，返回值为application/x-zip-compressed；失败时，返回值为application/json。

成功返回：电子票据文件压缩包，命名规则为：包内电子票据份数-最大批次序列号.zip。电子票据压缩包文件名提取方式：HTTP Header content-disposition，值为“attachment;filename=包内电子票据份数-最大批次序列号.zip”。

压缩包内包含电子票据文件和清单文件，每批最大份数100。电子票据文件命名规则为：电子票据代码-电子票据号码.扩展名（扩展名为png）。清单文件是JSON格式的文本文件，命名规则为：最大批次序列号.json。

财政电子票据公共服务接口服务电子票据下载的清单文件内容见表5-8。

表 5-8　电子票据下载的清单文件内容信息表

序号	标识符	数据项名称	类型	长度	说明	强制
1	Data	电子票据清单内容	String	[1,4096]	JSON 格式	是

Data包含一系列电子票据，每份电子票据的数据项目信息见表5-9。

表 5-9　下载的电子票据数据项目信息表

序号	标识符	数据项名称	类型	长度	说明	强制
1	EInvoiceCode	票据代码	NString	8		是
2	EInvoiceNumber	票据号码	NString	10		是
3	EInvoiceName	电子票据名称	String	[1,100]		是
4	InvoicingPartyName	开票单位名称	String	[1,100]		是
5	IssueDate	开票日期	Date			是
6	TotalAmount	总金额	Currency			是
7	HandlingPerson	开票人	String	[1,20]		是
8	PayerPartyName	交款人名称	String	[1,100]		是
9	Item	项目明细				
	|-ItemCode	项目编码	String	[1,30]		是
	|-ItemName	项目名称	String	[1,100]		是
	|-ItemQuantity	数量	Integer			否
	|-ItemUnit	单位	String	[1,30]		否
	|-ItemAmount	金额	Currency			是
	|-ItemExt	项目明细扩展	节点			否
10	RelatedEInvoice	相关电子票据				
	|-RelatedEInvoiceCode	相关电子票据代码	NString	8	红字电子票据非空	否
	|-RelatedEInvoiceNumber	相关电子票据号码	NString	10	红字电子票据非空	否
11	MainExt	基本信息扩展	节点			否
12	EInvoiceFileNumber	电子票据份数	NString	[1,3]	固定值 1	是
13	EInvoiceFile	电子票据文件名	String	[1,100]	PNG 文件名称	是

失败返回参数：节点error_message包括error_code、error_msg两项信息，含义见表5-10。

表 5-10　失败返回参数 error_message 信息一览表

序号	标识符	数据项名称	类型	长度	说明	强制
1	error_code	返回码	NString	3	失败的返回代码	是
2	error_msg	返回消息	NString	[1,200]	错误信息	是

5.5.5　其他

财政电子票据公共服务接口的返回码及其含义说明见表5-11。

表 5-11　财政电子票据公共服务接口的返回码及其含义说明信息一览表

序号	返回码	说　明	分类
1	200	调用成功	成功
2	401	参数错误	失败
3	418	AppID 不存在或者为空	
4	419	身份认证错误	
5	410	票据不存在	
6	415	该票据已经被其他单位入账备案，不能备案	
7	416	入账金额超额，可用入账金额小于当前入账金额	
8	417	同一单位入账多次	
9	421	服务不可用，原因：[根据具体情况而定]	
10	500	系统错误	

习题与实践

一、判断题

1. 电子票据验签是指电子票据接收、查验时，验证电子票据的数字签名，解密数据信息，比对摘要信息，证明数据的真实性、完整性、安全性、有效性的过程。（　　）

2. SM2、SM3、SM4等国产商用密码算法的基本数学原理是哈希函数，也就是将不定长度的消息迭代压缩成固定长度的摘要。（　　）

3. 在多印章的电子印章服务器中，多次签名的结构为逐层包含关系。（　　）

4. 截至2022年9月，财政部全国财政电子票据查验平台实现了全国财政电子票据（除大连、厦门、湖南、青海外）的一站式查询、真伪查验和报销入账。（　　）

5. 单位自研系统在接入财政电子票据公共服务接口时，需基于HTTPS协议并采用POST方式的“请求-响应”模式进行交互。（　　）

二、单项选择题

在电子票据签名、验签系统中，对称密钥在发送方和接收方之间的安全传递时，依赖的关键技术是（　　）。

A. 加密　　B. 解密　　C. 数字签名　　D. 数字信封

三、多项选择题

1. 从技术层面看，电子票据签名、验签系统主要包括三个技术模块，分别是（　　）。

A. 加解密技术　　B. 数字签名、验签技术

C. 摘要生成技术　　D. 数据传输技术

2. 目前，全国增值税发票查验平台在查验增值税发票真伪时，可使用的查验法主要包括（　　）。

A. 手工录入方式查验　　B. 扫描方式查验

C. 文件导入方式查验　　D. 语音录入方式查验

四、启发与思考

一般地，国内涉税、非税电子票据系统的票据在验签过程中，大都只对票据上录入的具体字符数据和电子印章等信息进行SM4加密处理，使用SM3杂凑算法生成信息摘要，使用SM2算法对电子印章的位置、印章信息构建数字签名。请问为什么加密、摘要生成、数字签名三个过程不使用相同的SM商密算法？

第6章

电子票据存储技术与应用

近来，全国各地非税收入收缴和财政电子票据一体化流程再造，基本实现了以电子载体代替实物仓储，建立了在线归档、实时查验流程，变“存储实物”为“存储数据”。本章在概述数据存储技术基础上，分别介绍外部和内置存储技术，并结合第三方案讲述电子票据存储及UKey应用。

6.1 数据存储技术概述

由林康平、孙杨编著的《数据存储技术》是华为ICT学院数据存储技术专业官方教材，详细介绍了数据存储技术的基本概念和原理以及存储系统的搭建和使用。限于篇幅，本书不再详述数据存储技术的存储接口、传输协议、关键技术和功能支持及直接连接存储、存储区域网络、网络附加存储、海量存储和灾备存储的详细实现，本模块结合电子票据应用，在概述数据存储及其分类的基础上，简要说明外置数据存储技术、内置数据存储技术及常见的电子票据存储技术应用。

在当今的信息时代，人们每天都在与计算机、手机、平板电脑等电子产品打交道，人们的工作和生活已离不开信息、视频、音乐、图片、文本、表格等数据文件。而所有这些需要保存的数据文件，都需要进行保存，这就是一般意义上的数据存储，简称存储。

在冯·诺依曼体系架构的计算机中，常把运算器和控制器合称为中央处理器（CPU），内部小容量的存储提供快速访问，外部存储器提供大量的存储空间。在单机计算时代（大型机、小型机、微机），内部存储器可以理解为内存（即Memory），外部存储可以理解为物理硬盘（包括本地硬盘和通过网络映射的逻辑卷）。

外挂存储根据连接的不同方式可分为：直连式存储（Direct-Attached Storage，DAS）和网络化存储（Fabric-Attached Storage，FAS）；而网络化存储根据传输协议又分为：NAS（Network-Attached Storage）和 SAN（Storage Area Network）。存储分类如图 6-1 所示。

图 6-1 所示的内置存储就是将存储设备和服务设备等其他硬件直接安装在同一个机箱中，仅供服务器使用；外置存储是将存储设备分离出来，存储设备通过线缆等介质连接到服务器上，I/O 请求直接发送到存储设备。外置存储必须依靠服务器 OS 进行读写和维护，因此会占用服务器资源；外置存储的连接通道采用 iSCSI 连接，随着 CPU 处理速度的高速发展，存储设备的容量增大，总线和接口都成为瓶颈。

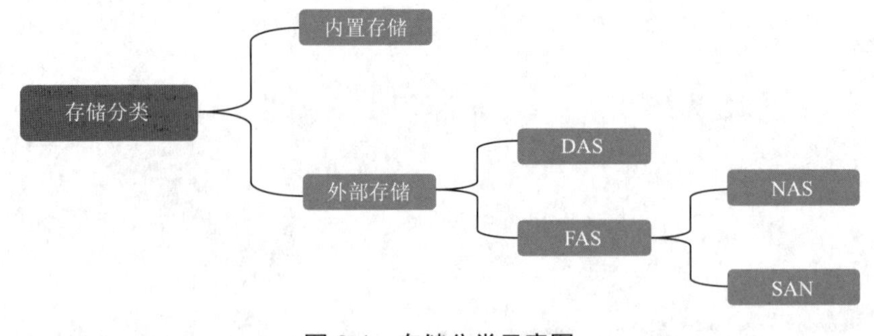

图 6-1　存储分类示意图

6.2　外部存储技术

本节在介绍图 6-1 所示数据存储分类的技术上，结合现实社会实际，讲述分布式存储技术及其应用。

6.2.1　直连式存储（DAS）技术

DAS（Direct-Attached Storage）又称直连式存储、直接附加存储技术。DAS 存储方式通过外部存储直接挂接在计算机（或者服务器）的内部总线上。所以，DAS 数据存储设备是整个服务器结构的一部分，具有连接简单、易于配置且安全、可靠，费用低的优点，但扩展能力差且无法共享。

在 20 世纪 90 年代之前，由于存储需求有限，外部存储基本都采用直连方式（DAS）。DAS 目前在很多中小企业中依然很常见，PC 中的硬盘或只有一个外部 SCSI 接口（Small Computer System Interface，小型计算机系统接口）的 JBOD（Just a Bunch Of Disks/Drives，只是一堆磁盘 / 驱动器）都属于 DAS 架构。

DAS一般使用专用线缆（如SCSI）连接到计算机（或者服务器）内部总线上，存储设备只与一台独立的主机连接。

DAS 存储方式大都只应用在以下方面：

① 小型网络。

② 地理位置分散的网络。

③ 特殊应用服务器。

④ 提高 DAS 存储性能。

DAS存储方式的主要缺点如下：

① 数据备份操作复杂。

② 服务器本身容易成为系统瓶颈。

③ 服务器发生故障，数据不可访问。

④ 对于存在多个服务器的系统来说，设备分散，不便管理。

6.2.2　网络附加存储（NAS）技术

NAS（Network-Attached Storage，网络附加存储）数据存储方式比 DAS 存储方式有了很大的改进。它的原理是采用单独的服务器，并单独为网络数据存储而形成一个专门的网络，它为用户提供文件存储服务的共享网络存储，支持 NFS、SMB/CIFS 等协议。

NAS 大大提高了存储的安全性、共享性和成本，主要优点如下：

① 真正的即插即用。

② 存储部署简单。

③ 存储设备位置灵活。

④ 管理成本低且操作简便。

但 I/O（输入 / 输出）问题渐渐成为制约 NAS 的性能瓶颈，存在性能较低、可靠度不高等问题，主要缺点如下：

① 存储数据通过网络传输，因此容易产生数据泄漏等安全问题。

② 存储数据通过网络传输，因此易受网络上其他流量的影响，当网络上有其他大数据流量时会严重影响系统性能。

③ 存储只能以文件方式访问，而不能像普通文件系统一样直接访问物理数据块，因此会在某些情况下严重影响系统效率，比如大型数据库就不能使用 NAS 这种存储方案。

6.2.3　存储区域网络（SAN）技术

SAN（Storage-Area Network，存储区域网络）存储方式是 NAS 的演进，工作于内核层，它将传输网络模拟成 SCSI 总线来使用，每一个主机的网卡相当于 SCSI 总线中的发起者，服务器相当于一个或多个目标，它需要借助客户端和服务端的 SCSI 驱动，通过 FC 或 TCP/IP 协议封装 SCSI 报文。它实现的是块级别的共享，通常被识别为一个块设备，但是需要借助专门的锁管理软件才能实现多主机并发访问，并通过光纤通道交换机（硬件基础设施）访问数据。用光纤通道构建的 SAN 存储系统由以下三部分组成：

① 存储和备份设备：磁带、磁盘、光盘库等。

② 光纤通道网络连接部件：驱动程序、主机总线适配卡、光缆、交换机、集线器、光纤通道和 SCSI 间的桥接器等。

③ 应用和管理软件：包括备份软件、资源存储管理软件和存储设备管理软件等。

SAN 实际是一种专门为存储建立的独立于 TCP/IP 网络之外的专用网络。目前一般的 SAN 提供 2 ~ 4Gbit/s 的传输速率，同时 SAN 网络独立于数据网络存在，因此存取速度很快。另外，SAN 一般采用高端的 RAID 阵列，使 SAN 的性能在几种专业网络存储技术中傲视群雄。SAN 由于其基础是一个专用网络，因此扩展性很强，不管是在一个 SAN 系统中增加一定的存储空间还是增加几台使用存储空间的服务器都非常方便。

但 SAN 存在如下缺点：

① 需要单独建立光纤网络，异地扩展比较困难。

② 不论是 SAN 阵列柜还是 SAN 必需的光纤通道交换机价格都十分昂贵。

DAS、NAS 和 SAN 三种存储技术的综合对比如图 6-2 所示。

目前很多家庭都开始使用小型 NAS 设备，相当于一个小型服务器。目前国内比较主流的 NAS 厂商有群晖、威联通等。NAS 和 SAN 共享网络存储，极大地提高了存储资源的利用率，统一集中管理模式降低了存储运维成本，提供了丰富的企业级存储解决方案。但 NAS、SAN 存储也有自己的缺点，其主要性能受控制器的影响，虽然在扩展能力方面相比 DAS 有了明显提升，但仍然有限，在 PB 级以上的需求就无能为力。同时，设备到了生命周期要进行更换，数据迁移需要耗费大量的时间和精力，于是分布式存储应运而生。

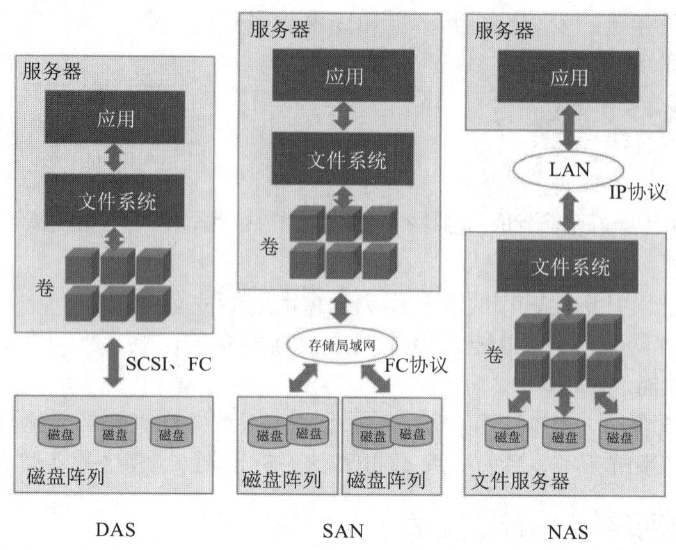

图 6-2　DAS、NAS 和 SAN 三种存储技术的综合对比图

6.2.4　分布式存储技术

随着互联网行业的发展，人们对存储的需求越来越大，传统的采用集中式存储存放所有数据的存储服务器成为数据中心系统的瓶颈，也是可靠性和安全性的焦点，不能满足大规模存储应用的需要。受益于服务器技术的发展和成熟，将数据分散存储在多台独立设备上的分布式存储技术开始出现，并被广泛应用。

分布式存储就是将数据分散存储到多个存储服务器上，并将这些分散的存储资源构成一个虚拟的存储设备，实际上数据分散地存储在企业的多个角落。分布式存储的特点如下：

① 运行在多台节点上，自动整合。

② 整合集群内所有存储空间资源，虚拟化并对外提供文件访问服务。

③ 更好的扩展性，更大的容量，更适合大规模数据的性能需求。

分布式存储的主要优势如下：

① 易于扩展。分布式存储技术的分布式架构可预估并且弹性扩展计算、存储容量和性能，节点扩展后，旧数据会自动迁移到新节点，实现负载均衡，避免单点过热的情况出现；水平扩展只需要将新节点和原有集群连接到同一网络，整个过程不会对业务造成影响；当节点被添加到集群，集群系统的整体容量和性能也随之线性扩展，此后新节点的资源就会被管理平台接管，被用于分配或者回收。

② 高性能。一个具有高性能的分布式存储通常能够高效地管理读缓存和写缓存，并且支持自动的分级存储。

③ 支持分级存储。由于通过网络进行松耦合连接，分布式存储允许高速存储和低速存储分开部署，或者任意比例混布。

④ 多副本一致性。与传统的存储架构使用 RAID 模式来保证数据的可靠性不同，分布式存储采用了多副本备份机制，最小化对业务的影响。

⑤ 容灾与备份。在分布式存储的容灾中，一个重要的手段就是多时间点快照技术，使得用户生产系统能够实现一定时间间隔下的各版本数据的保存。特别值得一提的是，多时间点快照技术支持同时提取多个时间点样本同时恢复，这对于很多逻辑错误的灾难定位十分有用，如果

用户有多台服务器或虚拟机可以用作系统恢复，通过比照和分析，可以快速找到哪个时间点才是需要恢复的时间点，降低了故障定位的难度，缩短了定位时间。这个功能还非常有利于进行故障重现，从而进行分析和研究，避免灾难在未来再次发生。多副本技术、数据条带化放置、多时间点快照和周期增量复制等技术为分布式存储的高可靠性提供了保障。

UCLOUD（优刻得）公司设计的新一代高性能分布式存储系统的架构如图 6-3 所示。

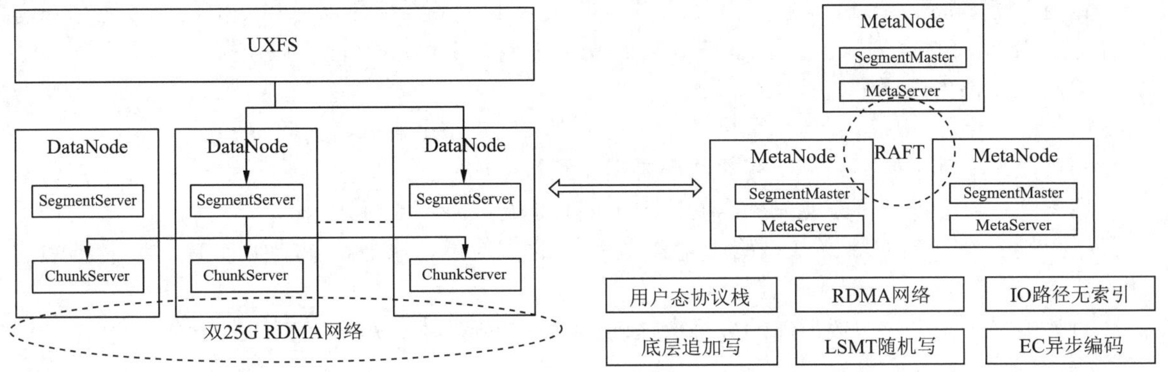

图 6-3　UCLOUD 新一代高性能分布式存储系统架构原理图

UCLOUD 新一代高性能分布式存储系统前端接入的是 UXFS，提供用户态的 IO 栈，当 DB 接入到 UXFS 之后，直接通过 RDMA 到存储节点。存储层细分为两层，上面一层是 SegmentServer，下一层是 ChunkServer。通过增加 SegmentServer，将 DB 需要的随机写 IO 转化为 ChunkServer 的顺序 IO。整个 IO 路径并不完全强依赖 MetaNode，将 IO 路径去除索引，减少一跳 IO，从而提高 IO 性能。

6.3　内置存储技术

热数据需要在内存中存储和处理，适合用缓存或内存数据库（如Redis或SAP Hana）。AWS提供了ElastiCache服务，可生成托管的Redis或Memcached环境。NoSQL数据库是面向高速但小规模记录（例如，用户会话信息或物联网数据）的理想选择。NoSQL数据库对于内容管理也很有用，可以存储数据目录。

6.3.1　结构化数据存储

结构化数据存储已经存在了几十年，是人们最熟悉的数据存储技术。大多数事务型数据库（如Oracle、MySQL、SQL Server和PostgreSQL）都是行式数据库，因为要处理来自软件应用程序的频繁数据写入。企业经常将事务型数据库同时用于报表，在这种情况下，需要频繁读取数据，但数据写入频率要低得多。随着数据读取的需求越来越强，有更多的创新进入了结构化数据存储的查询领域，比如列式文件格式的创新，它有助于提高数据读取性能，满足分析需求。

基于行的格式将数据以行的形式存储在文件中。基于行的写入方式是将数据写入磁盘的最快方式，但它不一定能最快地读取，因为你必须跳过很多不相关的数据。基于列的格式将所有列值一起存储在文件中。这样会带来更好的压缩效果，因为相同的数据类型现在被归为一组。通常，它还能提供更好的读取性能，因为你可以跳过不需要的列。

从实际应用方面看，结构化数据存储是常见的选择。例如，你需要从订单表中查询某个月的销售总数，但该表有50列。在基于行的架构中，查询时会扫描整个表的50个列；但在列式架构中，查询时只会扫描订单销售列，因而提高了数据查询性能。

1. 关系型数据库

RDBMS比较适合在线事务处理（OLTP）应用。流行的关系型数据库有Oracle、MSSQL、MariaDB、PostgreSQL等。其中一些传统数据库已经存在了几十年。许多应用，包括电子商务、银行业务和酒店预订，都是由关系型数据库支持的。关系型数据库非常擅长处理表之间需要复杂联合查询的事务数据。从事务数据的需求来看，关系型数据库应该坚持原子性、一致性、隔离性、持久性原则，具体如下：

原子性：事务将从头到尾完全执行，一旦出现错误，整个事务将会回滚。

一致性：一旦事务完成，所有数据都要提交到数据库中。

隔离性：要求多个事务能在隔离的情况下同时运行，互不干扰。

持久性：在任何中断（如网络或电源故障）的情况下，事务应该能够恢复到最后已知的状态。

通常情况下，关系型数据库的数据会被转存到数据仓库中，用于报表和聚合。

2. 数据仓库

数据仓库更适合在线分析处理（OLAP）应用。数据仓库提供了对海量结构化数据的快速聚合功能。虽然这些技术（如Amazon Redshift、Netezza和Teradata）旨在快速执行复杂的聚合查询，但它们并没有针对大量并发写入进行过优化。所以，数据需要分批加载，使得仓库无法在热数据上提供实时洞察。

现代数据仓库使用列式存储来提升查询性能，例如Amazon Redshift、Snowflake和Google Big Query。得益于列式存储，这些数据仓库提供了非常快的查询速度，提高了I/O效率。除此之外，Amazon Redshift等数据仓库系统还通过在多个节点上并行查询以及大规模并行处理（MPP）来提高查询性能。

数据仓库是中央存储库，可以存储来自一个或多个数据库的累积数据。它们存储当前和历史数据，用于创建业务数据的分析报告。虽然，数据仓库集中存储来自多个系统的数据，但它们不能被视为数据湖。数据仓库只能处理结构化的关系型数据，而数据湖则可以同时处理结构化的关系型数据和非结构化的数据，如JSON、日志和CSV数据。

Amazon Redshift等数据仓库解决方案可以处理PB级的数据，并提供解耦的计算和存储功能，以节省成本。除了列式存储外，Redshift还使用数据编码、数据分布和区域映射来提高查询性能。比较传统的基于行的数据仓库解决方案包括Netezza、Teradata和Greenplum。

6.3.2 NoSQL数据库

NoSQL数据库（如Dynamo DB、Cassandra和Mongo DB）可以解决在关系型数据库中经常遇到的伸缩和性能挑战。顾名思义，NoSQL表示非关系型数据库。NoSQL数据库存储的数据没有明确结构机制连接不同表中的数据（没有连接、外键，也不具备范式）。

NoSQL运用了多种数据模型，包括列式、键值、搜索、文档和图模型。NoSQL数据库提供可伸缩的性能、具有高可用性和韧性。NoSQL通常没有严格的数据库模式，每条记录都可以有任意数量的列（属性），这意味着某一行可以有4列，而同一个表中的另一行可以有10列。分区键用于检索包含相关属性的值或文档。NoSQL数据库是高度分布式的，可以复制。NoSQL数据库非常耐用，高可用的同时不会出现性能问题。

SQL数据库已存在了几十年，也是大多数人非常熟悉的关系型数据库。SQL数据库和

NoSQL数据库的综合比较见表6-1。

表 6-1　SQL 数据库和 NoSQL 数据库的比较

项目	SQL 数据库	NoSQL 数据库
数据模型	在 SQL 数据库中，关系模型将数据规范化为包含行和列的表。模式包括表、列的数量、表之间的关系、索引和其他数据库元素	NoSQL 数据库不强制要求模式。通常用分区键从列集中检索值。它存储半结构化数据，如 JSON、XML 或其他文档（如数据目录和文件索引）
事务	基于 SQL 的传统 RDBMS 支持并符合 ACID 的事务性特点	为了实现水平伸缩，保持数据模型的灵活性，NoSQL 数据库可能会牺牲一部分传统 RDBMS 的 ACID 特点
性能	基于 SQL 的 RDBMS 会在存储昂贵的情况下优化存储，尽量减少对磁盘的占用。对于传统 RDBMS 来说，性能主要取决于磁盘。为了实现性能查询优化，需要创建索引和修改表结构	对于 NoSQL 来说，性能取决于底层硬件集群的大小、网络延迟以及应用程序如何调用数据库
伸缩	对基于 SQL 的 RDBMS 数据库来说，用高配置的硬件进行垂直伸缩是最容易的。此外，还可以让关系表跨分布式系统，如执行数据分片	NoSQL 数据库可以使用低成本硬件的分布式集群来提高吞吐量而不影响延迟，从而实现水平伸缩

根据数据特点，市面上有各种类别的NoSQL数据存储来解决特定的问题，接下来讲述NoSQL数据库的类型。

6.3.3　NoSQL数据库类型

NoSQL数据库的主要类型如下：

列式数据库：Apache Cassandra和Apache HBase是流行的列式数据库。列式数据存储有助于在查询数据时扫描某一列，而不是扫描整行。如果物品表有10列100万行，而你想查询库存中某一物品的数量，那么列式数据库只会将查询应用于物品数量列，不需要扫描整个表。

文档数据库：最流行的文档数据库有MongoDB、Couchbase、MarkLogic、Dynamo DB和Cassandra。可以使用文档数据库来存储JSON和XML格式的半结构化数据。

图数据库：流行的图数据库包括Amazon Neptune、JanusGraph、TinkerPop、Neo4j、OrientDB、GraphDB和Spark上的GraphX。图数据库存储顶点和顶点之间的连接（称为边）。图可以建立在关系型和非关系型数据库上。

内存式键值存储：最流行的内存式键值存储是Redis和Memcached。它们将数据存储在内存中，用于数据读取频率高的场景。应用程序的查询首先会转到内存数据库，如果数据在缓存中可用，则不会冲击主数据库。内存数据库很适合存储用户会话信息，这些数据会导致复杂的查询和频繁的请求数据，如用户资料。

NoSQL有很多用例，但要建立数据搜索服务，需要对所有数据建立索引。

6.3.4　搜索数据存储

Elasticsearch是大数据场景（如点击流和日志分析）最受欢迎的搜索引擎之一。搜索引擎能很好地支持对具有任意数量的属性（包括字符串令牌）的温数据进行临时查询。一般的二进制或对象存储适用于非结构化、不可索引和其他没有专业工具能理解其格式的数据。

Amazon Elasticsearch Service管理Elasticsearch集群，并提供API访问。它还提供了Kibana作为可视化工具，对Elasticsearch集群中存储的索引数据进行搜索。AWS管理集群的容量、伸缩和补丁，省去了运维开销。日志搜索和分析是常见的大数据应用场景，Elasticsearch可以帮助分析来自网站、服务器、物联网传感器的日志数据。Elasticsearch被大量的行业应用使用，如银行、游戏、营销、应用监控、广告技术、欺诈检测、推荐和物联网等。

6.3.5 非结构化数据存储

当你有非结构化数据存储的需求时，Hadoop是一个完美的选择，因为它是可扩展、可伸缩的，而且非常灵活。它可以运行在消费级设备上，拥有庞大的工具生态，而且运行起来很划算。Hadoop采用主节点和子节点模式，数据分布在多个子节点，由主节点协调作业，对数据进行查询运算。Hadoop系统依托于大规模并行处理（MPP），这使得它可以快速地对各种类型的数据进行查询，无论是结构化数据还是非结构化数据。

在创建Hadoop集群时，从服务器上创建的每个子节点都会附带一个称为本地Hadoop分布式文件系统（HDFS）的磁盘存储块。用户可以使用常见的处理框架（如Hive、Ping和Spark）对存储数据进行查询。但是，本地磁盘上的数据只在相关实例的生命期内持久化。

如果使用Hadoop的存储层（即HDFS）来存储数据，那么存储与计算将耦合在一起。增加存储空间意味着必须增加更多的机器，这也会提高计算能力。为了获得最大的灵活性和最佳成本效益，需要将计算和存储分开，并将两者独立伸缩。总的来说，对象存储更适合数据湖，以经济高效的方式存储各种数据。基于云计算的数据湖在对象存储的支持下，可以灵活地将计算和存储解耦。

6.3.6 数据湖

数据湖是结构化和非结构化数据的集中存储库。数据湖正在成为在集中存储中存储和分析大量数据的一种流行方式。它按原样存储数据，使用开源文件格式来实现直接分析。由于数据可以按当前格式原样存储。因此，不需要将数据转换为预定义的模式，从而提高了数据获取的速度。如图6-4所示，数据湖是企业中所有数据的单一真实来源。

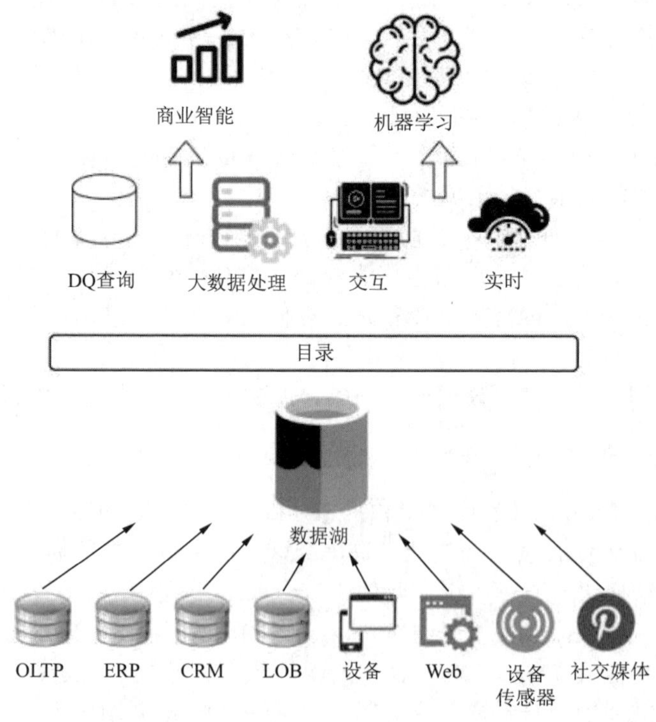

图 6-4 数据湖的对象存储示意图

数据湖的好处如下：

① 从各种来源获取数据：数据湖可以让你在一个集中的位置存储和分析来自各种来源（如关系型、非关系型数据库以及流）的数据，以产生单一的真实来源。它解答了一些问题，例如，为什么数据分布在多个地方？单一真实来源在哪里？

② 采集并高效存储数据：数据湖可以获取任何类型的数据，包括半结构化和非结构化数据，不需要任何模式。这就回答了如何从各种来源、各种格式的数据中快速获取数据，并高效地进行大规模存储的问题。

③ 随着产生的数据量不断扩展：数据湖允许用户将存储层和计算层分开，对每个组件分别伸缩。这就回答了如何随着产生的数据量进行伸缩的问题。

④ 将分析方法应用于不同来源的数据：通过数据湖，用户可以在读取时确定数据模式，并对从不同资源收集的数据创建集中的数据目录。这使用户能够随时、快速地对数据进行分析。这回答了是否能将多种分析和处理框架应用于相同的数据的问题。

用户需要为数据湖提供一个能无限伸缩的数据存储解决方案。将处理和存储解耦会带来巨大的好处，包括能够使用各种工具处理和分析相同的数据。虽然这可能需要一个额外的步骤将数据加载到对应工具中，但使用Amazon S3作为中央数据存储比传统存储方案有更多的好处。

数据湖还有其他好处。它能让你的架构永不过时。假设12个月后，可能会有你想要使用的新技术。因为数据已经存在于数据湖，你可以以最小的开销将这种新技术插入工作流程中。通过在大数据处理流水线中构建模块化系统，将AWS S3等通用对象存储作为主干，当特定模块不再适用或有更好的工具时，可以自如地替换。

6.4　电子票据存储概述

无论是涉税还是非税领域，纸质票据印制费用高、存储保管难、开具效率低和不便于流转报销等问题突出，用电子票据替代纸质票据势不可挡。那么，海量的电子票据如何存储呢？

6.4.1　电子票据存储的政策要求

在电子发票、非税收入等电子票据存储管理的相关政策方面，自 2020 年 3 月 23 日起开始施行新的电子会计凭证规范制度，其中规定“电子发票与纸质发票具有同等法律效力，按照财政部、国家档案局《关于规范电子会计凭证报销入账归档的通知》（财会〔2020〕6 号）第五条的规定，纳税人取得的电子发票，可不再另以纸质形式保存”“电子票据可通过计算机、手机等载体存储保管，支持本地以及云端存储”。同时规定，企业若想仅以电子形式存放电子发票，须满足：

① 须在电子发票归档前，逐一进行查验，并防止重复录入。

② 须对电子发票的传输环节进行闭环管理，并对经办、审核、审批等环节进行记录，以防止传输过程中的人为篡改。

③ 须具备相关系统对电子发票版式文件及元数据进行妥善保存，并与企业内部的纸质凭证建立关联关系。

④ 须具备电子档案管理系统用于保存电子发票版式文件，并按照档案管理要求定期进行异地灾备。

按照《关于规范电子会计凭证报销入账归档的通知》的要求，对于无电子档案管理系统且未实施会计信息系统的单位，参照《企业电子文件归档电子档案管理指南》（档办发〔2015〕4 号）

的规定，电子发票的存储结构如图 6-5 所示。

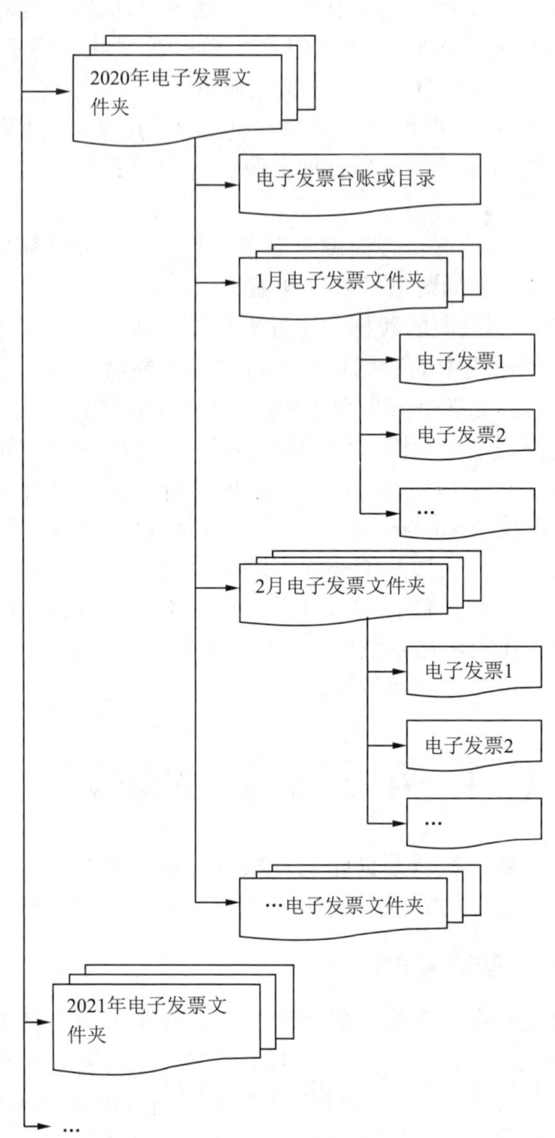

图 6-5　无电子档案管理系统且未实施会计信息系统单位电子发票存储结构示意图

从图6-5可知，对于无电子档案管理系统且未实施会计信息系统的单位，其电子发票的存储可采用基于DAS技术的本地存储。

6.4.2　电子票据存储第三方案例

从现实应用层面看，2013 年，全国第一张电子发票被开出；2015 年 7 月，全国首张增值税发票系统升级版电子发票在京东集团总部开出，电子发票开票技术日渐成熟，电子发票逐步开始在全国范围进行推广，应用领域从出租车到电商、通信、餐饮、住宿、物流、快递、网约车、停车收费、外卖等众多领域；据艾媒数据中心统计，2016 年、2017 年、2018 年、2019 年、2020 年、2021 年，全国分别开具了 3.5、9.1、32.7、100.5、246、499.7 亿张电子发票。

从自然人和中小微企业纳税人的现实情况看，这些纳税人大都无法满足“仅以电子形式存放电子发票”的政策要求。此外，电子发票可能来自 51 发票平台（航天信息）、百旺金穗云财税服务平台、用友电子发票服务平台、京东、淘宝、拼多多等平台，收取途径、方式多样化，收取后的发票基本可能会被保存在不同的地方，如电子邮箱、计算机、手机等，但经常会出现找不到发票、未及时下载发票而链接过期等问题。为了解决这样的问题，第三方提供的解决方案，如支付宝和微信的“理票侠”小程序，可从小程序里面获取计算机端链接，也可以从官网进入计算机端。无论是手机端还是计算机端，“理票侠”作为集发票收集、存储、导出、打印为一体的发票管理工具，同时具有发票去重、发票真伪查验、票面风险检查、生成电子台账的功能；此外，自 2021 年 12 月 31 日，“理票侠”开始收录中央非税收入统计票票据，中央行政事业单位资金往来结算票据。“理票侠”小程序的应用方法相对简单，界面如图 6-6 所示。

图 6-6　“理票侠”小程序界面

从信息系统设计的视角看，“理票侠”小程序对电子发票的存储可采用NAS或SAN技术实现。

需要说明的是，在政府性基金收入、专项收入、行政事业性收费收入、罚没收入、国有资本经营收入、国有资源（资产）有偿使用收入等非税收入电子票据管理系统的实施过程中，“存储实物”“存储数据”成为必然趋势，非营利性的公立医院、公办大中专院校等非税收入收缴电子化项目实施单位也大都陆续建立了基于专属数据库服务器的电子票据安全存储机制。山东省中医院2018年、2019两年的纸质票据存根约700余万份、近3 500箱，需要两间仓库才能存放这些纸质票据，非税收入收缴电子化之后，用电子票据信息存储仅需要一块容量134 GB的硬盘就能轻松解决，存储期限也由5年延长为最高30年；贵州省清镇市人民医院两年的320余万份、近1 600箱票据存根，存放需堆满一间仓库，电子化后的电子票据信息存储仅需要一块硬盘就能轻松解决。

6.5 税务 UKey 技术与数据存储应用

中共中央办公厅、国务院办公厅印发的《关于进一步深化税收征管改革的意见》要求“大力推进会计核算和财务管理信息化，通过电子发票与财政支付、金融支付和各类单位财务核算系统、电子档案管理信息系统的衔接，加快推进电子发票无纸化报销、入账、归档、存储。”为进一步优化税收营商环境，减轻纳税人负担，国家税务总局制订了《税务 UKey 技术规范》，并自 2019 年 7 月起实施。为全面落实《优化营商环境条例》，深化税收领域“放管服”改革，加大推广使用电子发票的力度，国家税务总局决定在前期宁波、石家庄和杭州等 3 个地区试点的基础上，在全国新设立登记的纳税人（简称“新办纳税人”）中实行增值税专用发票电子化（简称“专票电子化”），《国家税务总局关于在新办纳税人中实行增值税专用发票电子化有关事项的公告》（国家税务总局公告 2020 年第 22 号）规定“自各地专票电子化实行之日起，本地区需要开具增值税纸质普通发票、增值税电子普通发票（简称‘电子普票’）、纸质专票、电子专票、纸质机动车销售统一发票和纸质二手车销售统一发票的新办纳税人，统一领取税务 UKey 开具发票。税务部门向新办纳税人免费发放税务 UKey，并依托增值税电子发票公共服务平台，为纳税人提供免费的电子专票开具服务。”

税务 UKey 是电子发票公共服务平台的身份认证及信息加密设备，作为增值税发票数据安全存储载体，能够帮助纳税人办理增值税专用发票、增值税电子专用发票、增值税普通发票、增值税电子普通发票、机动车销售统一发票和二手车销售统一发票的开具、报税、查询、上传等基础服务，保障用票者及报税过程安全。下面重点从存储视角，摘述《税务 UKey 技术规范》（税总发〔2019〕81 号）的相关内容。

6.5.1 税务UKey结构模型

根据国家税务总局印发的《税务 UKey 技术规范》要求，税务 UKey 结构模型如图 6-7 所示。

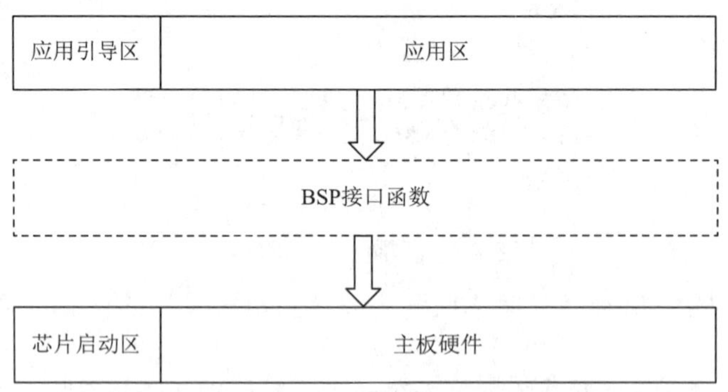

图 6-7 税务 UKey 的层次结构模型图

图6-7所示的BSP[①]接口位于税务UKey的主板硬件与应用引导区和应用区之间，BSP接口函数主要包括与存储、芯片、通信相关的设备管理函数以及文件管理函数等。

① BSP（Board Support Package，板级支持包）是介于硬件和操作系统之间的一层，属于操作系统的一部分，主要目的是支持操作系统，使之能够更好地配合硬件（如税务UKey）的运行。

6.5.2　税务UKey片内存储划分区

税务 UKey 的片内存储分为程序区和数据区。程序区包括芯片启动固件、出厂固件、应用引导固件和应用固件。数据区包括应用数据区和出厂数据（出厂数据也可存储于片外，要求保证数据不被篡改和删除）。

税务 UKey 芯片启动固件由芯片厂商预置，不能被擦除，但在加载应用后可以被限制是否允许重新运行。

税务 UKey 在出厂时，厂商通过调用芯片启动固件下载出厂固件，同时将出厂数据写入到出厂数据区。

应用固件开发商通过调用出厂固件，重新运行芯片启动固件，在擦除出厂固件后下载应用引导固件和应用固件。应用固件可将应用数据存储到应用数据区，通过 BSP 支持库对应用数据进行安全读写。

税务 UKey 的片内存储在生产和应用环节的区域划分如图 6-8 所示。

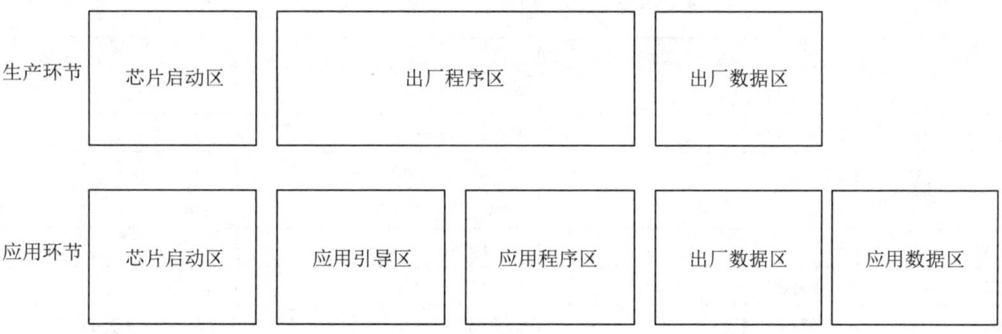

图 6-8　税务 UKey 片内存储的生产、应用环节区域划分示意图

6.5.3　税务UKey出厂数据定义

税务 UKey的出厂数据包括：产品编号、生产日期、硬件版本号，其长度、格式等信息见表 6-2。

表 6-2　税务 UKey 出厂数据定义信息一览表

数　据　项	长度 /B	格　　式	备　　注
产品编号	6	BCD	示例：017123456789
生产日期	7	BCD（CCYYMMDDHHMMSS）	示例：20190615235959
硬件版本号	7	BCD	示例：01010001190610

税务 UKey 的出厂数据由生产厂商在生产环节写入税务 UKey 的出厂数据区。出厂数据一旦写入税务 UKey，不可擦除和修改。

6.5.4　税务UKey存储数据的类型

1. 基本数据类型

按照《税务 UKey 技术规范》要求，税务 UKey 存储数据的字节数组均为高位字节在前（Big-Endian）方式交换，定义的基本数据类型见表 6-3。

表 6-3　税务 UKey 基本数据类型一览表

类型名称	描　述	定　义	
int8_t	有符号 8 位整数	typedef signed char	int8_t
int16_t	有符号 16 位整数	typedef signed short	int16_t
int32_t	有符号 32 位整数	typedef signed int	int32_t
uint8_t	无符号 8 位整数	typedef unsigned char	uint8_t
uint16_t	无符号 16 位整数	typedef unsigned short	uint16_t
uint32_t	无符号 32 位整数	typedef unsigned int	uint32_t
bool	布尔类型，取值为 TRUE 或 FALSE	typedef int	bool

2. 常量定义

按照《税务 UKey 技术规范》要求，税务 UKey 定义的数据常量标识（常量名、取值、描述）见表 6-4。

表 6-4　税务 UKey 定义的数据常量标识一览表

常　量　名	取　值	描　述	
TRUE	0x00000001	布尔值为真	
FALSE	0x00000000	布尔值为假	
S8_MAX	127	#define S8_MAX	(127)
S8_MIN	–128	#define S8_MIN	(–128)
S16_MAX	32 767	#define S16_MAX	(32 767)
S16_MIN	–32 768	#define S16_MIN	(–32 768)
S32_MAX	2 147 483 647	#define S32_MAX	(2 147 483 647)
S32_MIN	–2147483648uL	#define S32_MIN	(–2147483648uL)
U8_MAX	255	#define U8_MAX	(255)
U16_MAX	65535u	#define U16_MAX	(65535u)
U32_MAX	4294967295uL	#define U32_MAX	(4294967295uL)

3. 复合数据类型

（1）USB 枚举信息

类型定义：

```
struct ST_USB_PARA
{
    uint8_t       *m_pui8StrDescProduct;
};
```

数据项描述：

税务 UKey 的 USB 枚举信息的数据项描述见表 6-5。

表 6-5　税务 UKey 的 USB 枚举信息的数据项描述一览表

数　据　项	类　型	意　义	备　注
m_pui8StrDescProduct	uint8_t	产品描述符	36 字节，以空格 0x20 补位，出厂值："SWUKEY"

（2）USB 运行信息

类型定义：

```
struct ST_USB_INFO
{
```

```
    uint16_t    m_ui16PacketLen;
    uint8_tm_ui8SpeedMode;
};
```

数据项描述：

税务 UKey 的 USB 运行信息的数据项描述见表 6-6。

表 6-6 税务 UKey 的 USB 运行信息的数据项描述一览表

数 据 项	类 型	意 义	备 注
m_ui16PacketLen	uint16_t	收发包大小	
m_ui8SpeedMode	uint8_t	速度类型	0x00：低速 0x01：全速 0x02：高速

（3）厂商信息

类型定义：

```
struct ST_VENDOR_INFO
{
    uint8_t   m_aui8TaxDevID[6];
    uint8_t   m_aui8HWVersion[7];
    uint8_t   m_aui8ProductTime[7];
};
```

数据项描述：

税务 UKey 的 USB 厂商信息的数据项描述见表 6-7。

表 6-7 税务 UKey 的 USB 厂商信息的数据项描述一览表

数 据 项	类 型	意 义	备 注
m_aui8TaxDevID	uint8_t	税务 UKey 编号（6B，BCD）	
m_acHWVersion	uint8_t	硬件版本号信息（7B，BCD）	
m_aui8ProductTime	uint8_t	生产时间（7B，BCD）	CCYYMMDDHHMMSS

（4）片内存储

税务 UKey 片内存储的类型定义：

```
struct ST_INF_INFO
{
    uint32_t    m_ui32LogicBlockSize;
    uint32_t    m_ui32LogicBlockCnt;
    uint32_t    m_ui32RawBlockSize;
    uint32_t    m_ui32RawBlockCnt;
    uint32_t    m_ui32RawBaseAddr;
};
```

数据项描述：

税务 UKey 片内存储的数据项描述见表 6-8。

表 6-8 税务 UKey 片内存储的数据项描述一览表

数 据 项	类 型	意 义	备 注
m_ui32LogicBlockSize	uint32_t	逻辑块大小	安全写存储空间的逻辑块大小（单位字节），该大小值为逻辑块的实际可用值

续表

数 据 项	类 型	意 义	备 注
m_ui32LogicBlockCnt	uint32_t	逻辑块数量	安全写存储空间的逻辑块数量
m_ui32RawBlockSize	uint32_t	物理块大小	芯片物理块大小（单位字节）
m_ui32RawBlockCnt	uint32_t	物理块数量	芯片物理块数量
m_ui32RawBaseAddr	uint32_t	物理块起始地址	芯片物理块起始地址

（5）文件系统

类型定义：

税务 UKey 文件系统的文件数据结构、目录数据结构由厂商文件系统内部设计，数据项由厂商自定义，应用固件可根据数据结构做文件操作即可。该结构体的空间由应用固件申请和释放。

税务 UKey 文件数据结构：

```
struct TC_FILE
{
    厂商自定义，不得大于128B（该数值根据各厂家采用的文件系统确定，文件数据结构过大会严重占用应用内存空间，故做此限制）；
};
```

税务 UKey 目录数据结构：

```
struct TC_DIR
{
    厂商自定义，不得大于128B（该数值根据各厂家采用的文件系统确定，限制原因同上）；
};
```

税务 UKey 文件信息数据结构：

```
struct TC_FILINFO
{
    uint32_t m_ui32FileSize;
    uint32_t m_ui32FileAttrib;
    uint16_tm_acFileName[13];
};
```

数据项描述：

税务 UKey 文件信息的数据项描述见表 6-9。

表 6-9 税务 UKey 文件信息的数据项描述一览表

数 据 项	类 型	意 义	备 注
m_ui32FileSize	uint32_t	文件大小	
m_ui32FileAttrib	uint32_t	文件属性	bit 从低到高排序。 bit0：为 1 时属性为目录。 其他 bit 值：保留
m_acFileName[13]	uint16_t	文件名称	与 Windows 标准文件名格式一致，采用“8.3 格式短文件名”

6.5.5 税务UKey接口函数

1. 设备管理函数

税务 UKey 的设备管理接口函数名称、功能及相关说明见表 6-10。

表 6-10　税务 UKey 的设备管理函数信息一览表

模　块	函数名称	功　能	其他说明
芯片	TC_CHIP_Init	芯片初始化	
	TC_CHIP_Reset	芯片复位	
	TC_CHIP_EnterBoot	恢复芯片 Bootloader 模式	
	TC_CHIP_Sleep	延时毫秒	
	TC_LED_Operate	LED 操作	
	TC_RTC_Init	RTC 初始化	
	TC_RTC_Set	设置 RTC 时间	
	TC_RTC_Get	读取 RTC 时间	
通信	TC_USB_Init	USB 初始化	
	TC_USB_Send	USB 发送数据	
	TC_USB_Recv	USB 接收数据	
	TC_USB_GetInfo	获取 USB 信息	
	TC_UART_Open	打开串口	调试接口，发布版本固件不可调用该函数
	TC_UART_Send	串口发送数据	
	TC_UART_Recv	串口接收数据	
存储	TC_INF_Init	片内存储初始化	
	TC_INF_Create	片内存储安全运行环境创建	
	TC_INF_WriteAntiTear	片内存储安全写	
	TC_INF_ReadAntiTear	片内存储安全读	
	TC_INF_WriteRaw	片内存储直接写	
	TC_INF_ReadRaw	片内存储直接读	

（1）芯片初始化函数

函数原型：`int32_t TC_CHIP_Init(struct ST_VENDOR_INFO *pstVendorInfo, uint8_t *pui8BspVersion );`

功能描述：芯片初始化，建立芯片运行环境。

函数参数：pstVendorInfo　[OUT] 厂商信息。

pui8BspVersion　[OUT]BSP 版本号，长度 7 字节。

返回值：TC_OK，成功。

其他，错误码。

（2）芯片复位函数

函数原型：`void TC_CHIP_Reset(void);`

功能描述：芯片复位（软复位）。

函数参数：无。

返回值：无。

（3）恢复芯片 Bootloader 模式函数

函数原型：`void TC_CHIP_ EnterBoot(void);`

功能描述：该函数将设备恢复到芯片 BOOT 状态，需要对芯片进行软复位。出厂数据必须保留，不允许擦除和修改。

函数参数：无。

返回值：无。

（4）延时函数

函数原型：`int32_t TC_CHIP_Sleep(uint32_t ui32Ms);`

功能描述：该函数将目前动作延迟一段时间，延迟时长可以不设上限。

函数参数：ui32Ms　[IN] 延时毫秒时长。

返回值：TC_OK，成功。

其他，错误码。

（5）LED 操作函数

函数原型：`int32_t TC_LED_Operate(uint32_t ui32Value);`

功能描述：该函数操作 LED 闪烁状态。

函数参数：ui32Value　[IN]LED 操作标志。0x00000000：长灭（指示灯保持熄灭，直至有后续操作点亮）；0xFFFFFFFE：亮灭切换；0xFFFFFFFF：常亮；其他：按数值 *10 ms 为周期亮灭闪烁，周期最长 10 s。

返回值：TC_OK，成功。

其他，错误码。

（6）RTC 初始化函数

函数原型：`int32_t TC_RTC_Init(void);`

功能描述：该函数初始化与 RTC 通信。

函数参数：无。

返回值：TC_OK，成功，仅表示与 RTC 通信成功，不代表 RTC 时钟有效。

其他，错误码。

（7）设置 RTC 时间函数

函数原型：`int32_t TC_RTC_Set(uint8_t *pui8Value);`

功能描述：该函数设置 RTC 到指定时间。

函数参数：pui8Value　[IN] 待设置时间，BCD 码，CCYYMMDDHHMMSS。

返回值：TC_OK，成功。

其他，错误码。

（8）读取 RTC 时间函数

函数原型：`int32_t TC_RTC_Get(uint8_t *pui8Value);`

功能描述：该函数读取 RTC 时间。

函数参数：pui8Value　[OUT] 读取的 RTC 当前时间，BCD 码，CCYYMMDDHHMMSS。

返回值：TC_OK，成功。

其他，错误码。

（9）USB 初始化函数

函数原型：`int32_t TC_USB_Init(struct ST_USB_PARA *pstUsbPara);`

功能描述：该函数将 USB 复位。

相关说明：BSP 支持库实现 USB 中断管理，实现 USB 枚举，将设备枚举为一个 MASS STORAGE 设备（通过将接口描述符中的 class sub-class protocol 设为 0x08 0x06 0x50 实现）。BSP 支持库负责端点 0 的数据收发。枚举完成后，BOT 协议由应用固件负责实现，BSP 支持库只提供收发函数。

函数参数：pstUsbPara　[IN] USB 信息初始化。

返回值：TC_OK，成功。

其他，错误码。

（10）USB 发送数据函数

函数原型：`int32_t TC_USB_Send(void *pvSrcBuf, uint32_t ui32SendLen);`

功能描述：该函数通过 USB 接口发送数据。

函数参数：pvSrcBuf　[IN] 发送数据缓冲区。

ui32SendLen　[IN] 发送数据长度。

返回值：TC_OK，成功。

其他，错误码。

（11）USB 接收数据函数

函数原型：`int32_t TC_USB_Recv(void *pvDesBuf, uint32_t ui32RecvLen);`

功能描述：该函数通过 USB 接口接收数据，阻塞模式接收，如 USB 控制接收到 busreset，则返回相应错误码。

函数参数：pvDesBuf　[OUT] 接收数据缓冲区。

ui32RecvLen　[IN] 接收数据缓冲区长度。

返回值：TC_OK，成功。

其他，错误码。

（12）获取 USB 信息函数

函数原型：`int32_t TC_USB_GetInfo (struct ST_USB_INFO *pstUsbInfo );`

功能描述：该函数获取 USB 信息。

函数参数：pstUsbInfo　[OUT]USB 信息。

返回值：TC_OK，成功。

其他，错误码。

（13）打开串口函数

函数原型：`int32_t TC_UART_Open (uint32_t ui32BaudRate);`

功能描述：该函数将串口初始化，用于 debug 调试。除波特率需设置外，其余参数默认为 8n1 无流控。

函数参数：ui32BaudRate　[IN] 波特率。

返回值：TC_OK，成功。

其他，错误码。

（14）串口接收数据函数

函数原型：`int32_t TC_UART_Recv(void *pvDesBuf, uint32_t ui32RecvLen);`

功能描述：该函数通过串口接收数据。

函数参数：pvDesBuf　[OUT] 接收数据缓冲区。

ui32RecvLen　表示接收数据缓冲区长度。

返回值：TC_OK，成功。

其他，错误码。

（15）串口发送数据函数

函数原型：`int32_t TC_UART_Send(void *pvSrcBuf, uint32_t ui32SendLen);`

功能描述：该函数通过串口发送数据。

函数参数：pvSrcBuf　表示发送数据缓冲区。

ui32SendLen　表示发送数据长度。

返回值：TC_OK，成功。

其他，错误码。

（16）片内存储初始化函数

函数原型：int32_t TC_INF_Init(struct ST_INF_INFO *pstInfInfo);

功能描述：该函数创建片内存储运行环境。厂商可以在该接口中实现断电保护恢复。

函数参数：pstInfInfo　[OUT] 获取片内存储信息。

返回值：TC_OK，成功。

其他，错误码。

（17）片内存储安全运行环境创建函数

函数原型：int32_t TC_INF_Create(void);

功能描述：清除安全写存储空间内的所有数据，创建片内安全写存储空间。

函数参数：无。

返回值：TC_OK，成功。

其他，错误码。

（18）片内存储安全写函数

函数原型：int32_t TC_INF_WriteAntiTear(uint32_t ui32LBA, void *pvSrcBuf, uint32_tui32WriteLen);

功能描述：该函数对片内存储逻辑块进行安全写操作。

函数参数：ui32LBAi　表示从 0 开始的逻辑块地址。

pvSrcBuf　表示写入缓冲区。

ui32WriteLen　代表写入长度，最大写入长度为 4 000 B。

返回值：TC_OK，成功。

其他，错误码。

（19）片内存储安全读函数

函数原型：int32_t TC_INF_ReadAntiTear(uint32_t ui32LBA, void *pvDesBuf, uint32_tui32ReadLen);

功能描述：该函数对片内存储逻辑块进行安全读操作。

函数参数：ui32LBAi　表示逻辑块地址，相对地址从 0 开始。

pvDesBuf　表示读出缓冲区。

ui32ReadLen　代表读出长度。

返回值：TC_OK，成功。

其他，错误码。

（20）片内存储直接写函数

函数原型：int32_t TC_INF_WriteRaw(uint32_t ui32PBA, void *pvSrcBuf, uint32_tui32ReadLen);

功能描述：该函数对片内存储物理块进行写操作。

函数参数：ui32PBA　表示物理块地址，用于应用程序升级。

pvSrcBuf　代表写入缓冲区。

ui32WriteLen　表示写入长度。

返回值：TC_OK，成功。

其他，错误码。

（21）片内存储直接读函数

函数原型：TC_INF_ReadRaw(uint32_t ui32PBA, void *pvDesBuf, uint32_t ui32ReadLen);

功能描述：该函数对片内存储物理块进行读操作。

函数参数：ui32PBA　表示物理块地址，用于应用程序升级。

pvDesBuf　代表读出缓冲区。

ui32ReadLen　表示读出长度。

返回值：TC_OK，成功。

其他，错误码。

2. 文件管理函数

税务UKey要求文件系统至少支持5级目录深度，文件命名与Windows标准文件名格式一致，采用"8.3 格式短文件名"，文件读写共用一个指针。文件管理系统文件写入需实现掉电保护。执行任何具有写功能的函数遭遇掉电，再次上电后，如果之前执行成功，则为新数据；如果不成功则为原数据。不能为中间状态，例如一半新数据一半原数据。在扇区对齐的情况下，最小掉电保护空间为 2 048 B。

税务 UKey 的文件管理接口函数信息见表 6-11。

表 6-11　税务 UKey 的文件管理接口函数信息一览表

模　块	函数名称	功　能	其他说明
文件管理	TC_FILE_Init	文件系统初始化	
	TC_FILE_Mkfs	文件系统格式化	
	TC_FILE_Getfree	获取文件系统剩余空间	
	TC_FILE_Open	打开文件	
	TC_FILE_Close	关闭文件	
	TC_FILE_Rename	重命名文件	
	TC_FILE_Seek	设置文件读写指针	
	TC_FILE_Tell	获取文件读写指针	
	TC_FILE_Size	获取文件大小	
	TC_FILE_Write	文件写入	
	TC_FILE_Read	文件读取	
	TC_FILE_Truncate	截取文件	
	TC_FILE_Unlink	删除文件或空目录	
	TC_FILE_Mkdir	创建目录	
	TC_FILE_OpenDir	打开目录	
	TC_FILE_ReadDir	读取目录	

（1）文件系统初始化函数

函数原型：`int32_t TC_FILE_Init ( void );`

功能描述：文件系统初始化，完成挂载。厂商可以在该接口中实现断电保护恢复。

函数参数：无。

返回值：TC_OK，成功。

其他，错误码。

（2）文件系统格式化函数

函数原型：`int32_t TC_FILE_Mkfs ( void );`

功能描述：文件系统格式化（清空文件系统，将文件系统设置为可使用）。

函数参数：无。

返回值：TC_OK，成功。

其他，错误码。

（3）获取文件管理剩余空间函数

函数原型：`int32_t TC_FILE_Getfree ( uint32_t *pui32FreeSpace );`

功能描述：获取文件管理剩余空间。

函数参数：pui32FreeSpace　[OUT] 剩余空间（字节）。

返回值：TC_OK，成功。

其他，错误码。

（4）打开文件函数

函数原型：`int32_t TC_FILE_Open (TC_FILE *pstFileObject, const char *pcPathName, uint32_t ui32ModeFlags );`

功能描述：打开文件。

函数参数：pstFileObject　[IN] 文件句柄结构体。

pcPathName　[IN] 文件路径和名称。

ui32ModeFlags　[IN] 文件打开选项，详见表 6-12。

返回值：TC_OK，成功。

其他，错误码。

表 6-12　税务 UKey 的文件打开选项信息一览表

宏定义	参数	说明
TC_FILE_OPENMODE_READ	0x01	只读模式打开文件
TC_FILE_OPENMODE_WRITE	0x02	只写模式打开文件
TC_FILE_OPENMODE_OPEN_EXISTING	0x00	打开已存在文件，不存在返回错误
TC_FILE_OPENMODE_OPEN_ALWAYS	0x10	打开文件，若不存在则创建新的文件
TC_FILE_OPENMODE_CREATE_NEW	0x04	创建新的文件，若文件存在返回错误
TC_FILE_OPENMODE_CREATE_ALWAYS	0x08	创建新的文件，若文件存在则被清空

（5）关闭文件函数

函数原型：`int32_t TC_FILE_Close ( TC_FILE *pstFileObject );`

功能描述：关闭文件。

函数参数：pstFileObject　[IN] 文件句柄结构体。

返回值：TC_OK，成功。

其他，错误码。

（6）重命名文件函数

函数原型：`int32_t TC_FILE_Rename ( char *pcOldPathName, char *pcNewPathName );`

功能描述：重命名文件。

函数参数：pcOldPathName　[IN] 原路径和名称。

pcNewPathName　[IN] 新路径和名称。

返回值：TC_OK，成功。

其他，错误码。

（7）设置文件读写指针函数

函数原型：`int32_t TC_FILE_Seek ( TC_FILE *pstFileObject, uint32_t ui32Offset );`

功能描述：设置文件读写指针。

函数参数：pstFileObject　[IN] 文件句柄结构体。
　　　　　ui32Offset　[IN] 偏移值。

返回值：TC_OK，成功。
　　　　其他，错误码。

（8）获取文件读写指针函数

函数原型：`uint32_t TC_FILE_Tell ( TC_FILE *pstFileObject );`

功能描述：获取文件读写指针。

函数参数：pstFileObject　[IN] 文件句柄结构体。

返回值：当前文件指针的位置，该位置是当前文件指针相对于文件开头的偏移量。

（9）获取文件大小函数

函数原型：`uint32_t TC_FILE_Size( TC_FILE *pstFileObject );`

功能描述：获取文件大小。

函数参数：pstFileObject　[IN] 文件句柄结构体。

返回值：文件大小。

（10）文件写入函数

函数原型：`int32_t TC_FILE_Write ( TC_FILE *pstFileObject,  void *pvSrcBuf, uint32_t ui32ByteToWrite, uint32_t *pui32ByteWritten );`

功能描述：文件写入。

函数参数：pstFileObject　[IN] 文件句柄结构体。
　　　　　pvSrcBuf　[IN] 写入数据缓冲区。
　　　　　ui32ByteToWrite　[IN] 需要写入长度。
　　　　　pui32ByteWritten　[OUT] 实际写入长度。

返回值：TC_OK，成功。
　　　　其他，错误码。

（11）文件读取函数

函数原型：`int32_t TC_FILE_Read (TC_FILE *pstFileObject,  void *pvDesBuf, uint32_t ui32ByteToRead,  uint32_t *pui32ByteRead );`

功能描述：文件读取。

函数参数：pstFileObject　[IN] 文件句柄结构体。
　　　　　pvDesBuf　[IN] 读出数据缓冲区。
　　　　　ui32ByteToRead　[IN] 需要读出长度。
　　　　　pui32ByteRead　[OUT] 实际读出长度。

返回值：TC_OK，成功。
　　　　其他，错误码。

（12）截取文件函数

函数原型：`int32_t TC_FILE_Truncate(TC_FILE *pstFileObject );`

功能描述：截取当前文件从零地址到文件读写指针之间的内容，文件读写指针之后的内容抛弃。当前文件的文件读写指针之后的空间应被系统回收利用。文件读写指针未设置时，指向零地址。不限制具体实现方法。

函数参数：pstFileObject　[IN] 文件句柄结构体。

返回值：TC_OK，成功。
　　　　其他，错误码。

（13）删除文件或空目录函数

函数原型：`int32_t TC_FILE_Unlink ( char *pcPathName );`

功能描述：删除文件或空目录。

函数参数：pcPathName [IN] 目标路径和名称。

返回值：TC_OK，成功。

其他，错误码

（14）创建目录函数

函数原型：`int32_t TC_FILE_Mkdir ( char *pcPathName );`

功能描述：创建目录。

函数参数：pcPathName [IN] 目标路径和名称。

返回值：TC_OK，成功。

其他，错误码。

（15）打开目录函数

函数原型：`int32_t TC_FILE_OpenDir ( TC_DIR *pstDirObject, char *pcPathName );`

功能描述：打开目录。

函数参数：pstDirObject [IN] 目录句柄结构体。

pcPathName [IN] 目标路径和名称。

返回值：TC_OK，成功。

其他，错误码。

（16）读取目录函数

函数原型：`int32_t TC_FILE_ReadDir(TC_DIR *pstDirObject, TC_FILINFO *pstFileInfo );`

功能描述：读取目录。

函数参数：pstDirObject [IN] 目录句柄结构体。

pstFileInfo [OUT] 读出数据。

返回值：TC_OK，成功。

其他，错误码

6.5.6 税务UKey返回代码

税务UKey默认的返回代码及其含义见表6-13。

表 6-13　税务 UKey 的返回代码及其含义信息一览表

宏 描 述	预定义值	说 明
TC_OK	0x00000000	成功
TC_PARA_ERROR	0x07000001	参数错
TC_UNKNOW_ERROR	0x07000002	未知数错
TC_CHIP_INITFAIL	0x07000010	芯片初始化失败
TC_RTC_HWFAIL	0x07000011	RTC 硬件操作失败
TC_RTC_TIMEERR	0x07000012	RTC 计时错误
TC_USB_INITFAIL	0x07000020	USB 初始化失败
TC_USB_BUSSRESET	0x07000021	检测到 usb bus reset
TC_INF_INITFAIL	0x07000030	内部存储初始化失败
TC_INF_MEDIAERR	0x07000031	内部存储媒体错误
TC_FILE_DISK_ERR	0x07000040	磁盘错误

续表

宏 描 述	预定义值	说 明
TC_FILE_NO_FILE	0x07000041	没有文件
TC_FILE_NO_PATH	0x07000042	没有路径
TC_FILE_INVALID_NAME	0x07000043	无效名称
TC_FILE_EXIST	0x07000044	文件已经存在
TC_FILE_INVALID_OBJECT	0x07000045	无效句柄
TC_FILE_NO_FILESYSTEM	0x07000046	无文件系统

6.5.7 税务UKey数据格式

1. 产品编号

税务UKey的编号由本体码和校验码组成，共12位十进制数字，从左至右共4部分。前3部分为本体码，第4部分为校验码。

第1部分税务UKey厂商编号：2位数字。

第2部分产品代号：1位数字，税务UKey为7。

第3部分序列号：8位数字。

第4部分校验码：1位数字。

例如，税务UKey本体码为01712345678，其校验码的计算步骤如下：

步骤1：计算本体码数字值（记为C_i）与对应位置上加权因子（记为W_i）的乘积，见表6-14。

步骤2：计算级数和为244。

步骤3：使用求余函数，先模11求余为2，用11与2的差9，再模10求余结果为9，数字9即为校验码。

表 6-14　税务 UKey 编号的计算过程信息变化一览表

I	1	2	3	4	5	6	7	8	9	10	11
W_i	2	1	6	3	7	9	10	5	8	4	2
C_i	0	1	7	1	2	3	4	5	6	7	8
$C_i \times W_i$	0	1	42	3	14	27	40	25	48	28	16

基于上述算法及税务UKey编号规则，该税务UKey的编号为017123456789。

2. 税务UKey产品版本号

（1）概述

版本号总体规则由：生产厂商代码（2位数字，可选）＋主版本号（2位数字）＋副版本号（4位数字）＋定版时间（6位数字，YYMMDD）组成，共14位十进制数字。

根据应用场景进行裁剪及固定定义。

工具类可以将主版本号和副版本号高位“0”省略，采用“.”间隔显示。

固件类直接采用字节显示。

（2）硬件版本号

固定为：生产厂商代码（2位数字）＋主版本号（2位数字）＋副版本号（4位数字）＋定版时间（6位数字，YYMMDD），要求丝印在电路板上。

生成厂商代码（2位数字）：固定为税务UKey入围的生产厂商代码。

主版本号（2位数字）：由税局统一定义。

副版本号（4位数字）：厂商定义。

PCBA版本号可通过工厂生产工具写入税务UKey厂商信息文件前。

示例："01010001190610"。

（3）BSP支持库版本号

固定为：生成厂商代码（2位数字）+主版本号（2位数字）+副版本号（4位数字）+定版时间（6位数字，YYMMDD）

生成厂商代码（2位数字）：固定为税务UKey入围的生产厂商代码。

主版本号（2位数字）：由税局统一定义。

副版本号（4位数字）：厂商定义。

示例："01010001190610"。

（4）出厂固件版本号

固定为：生成厂商代码（2位数字）+主版本号（2位数字）+副版本号（4位数字）+定版时间（6位数字，YYMMDD）

生成厂商代码（2位数字）：固定为税务UKey入围的生产厂商代码。

主版本号（2位数字）：由税局统一定义。

副版本号（4位数字）：厂商定义。

示例："01010001190610"。

习题与实践

一、判断题

1. 电子票据的直连式存储（DAS）和网络化存储（FAS）都属于外挂式存储。（　　）

2. DAS存储方式存在数据备份操作复杂、服务器本身容易成为系统瓶颈、服务器发生故障时数据不可访问等缺陷。（　　）

3. 网络附加存储（NAS）采用单独的服务器，单独为网络数据存储而形成一个专门网络，为用户提供文件存储服务的共享网络存储，支持NFS、SMB/CIFS等协议，相对于DAS存储方式有了很大的改进。（　　）

4. SAN实际是一种专门为存储建立的独立于TCP/IP网络之外的专用网络，可提供2~4 Gbit/s的传输速率，独立于数据网络存在，存取速度很快。（　　）

5. 税务Ukey是电子发票公共服务平台的身份认证及信息加密设备，作为增值税发票数据安全存储载体，能够帮助纳税人办理增值税专用发票、增值税电子专用发票、增值税普通发票、增值税电子普通发票、机动车销售统一发票和二手车销售统一发票的开具、报税、查询、上传等基础服务，保障用票者及报税过程安全。（　　）

二、单项选择题

针对电子票据相关资料的存储，若需要集中存储结构化和非结构化数据，理想的选择是（　　）。

A. MySQL　　B. NoSQL　　C. DB2　　D. 数据湖

三、多项选择题

1. 关于电子票据的外置存储，以下说法正确的是（　　）。

A. 外置存储是将存储设备分离出来，存储设备通过线缆等介质连接到服务器上，I/O 请求直接发送到存储设备

B. 外置存储必须依靠服务器OS进行读写和维护，会占用服务器资源

C. 外置存储的连接通道采用iSCSI连接

D. 随着CPU处理速度的高速发展，存储设备的容量增大，总线和接口都成为瓶颈

2. 电子票据的直连式存储（DAS）大都应用于（　　）方面。

A. 小型网络　　B. 地理位置分散的网络

C. 特殊应用服务器　　D. 提高DAS存储性能

3. 税务UKey的片内存储分为程序区和数据区，其中程序区主要包括（　　）。

A. 芯片启动固件　　B. 出厂固件

C. 应用引导固件　　D. 应用固件

四、启发与思考

参考国家税务总局税务印发的《税务UKey技术规范》，请结合实际应用，自选编程语言设计并实现可视化的UKey出厂数据（产品编号、生产日期、硬件版本号）的读取程序。

第7章

电子票据的入账归档与行业案例分析

与传统纸质票据相比，尽管电子发票具有无纸化、低能耗、易保存、易查询、成本低、查验简单、保存方便等优点，但也存在重复报销、虚假入账、篡改信息等问题。因此，电子票据的入账归档也十分重要。本章在简述财政部、国家档案局关于电子会计凭证[①]报销入账、归档等基本要求基础上，重点从应用方面介绍财政电子票据、非税会计档案解决方案，并结合案例进行分析。

7.1 电子发票报销入账归档相关规定

目前，电子发票已经在国内全面推广。因提供电子发票开具服务的厂商众多，直接面向用户服务的商家不计其数，用户使用这些服务系统或者商家服务端申请需要的发票，当发票较多时，对票据的管理就需要在不同系统之间来回切换，票据管理就变得复杂，对于用户来说很不方便，尤其是当用户使用的服务系统较多、票据信息较多的情况下。

7.1.1 基本规定与主要问题

1. 电子专票报销入账归档基本规定

采用电子专票进行报销、入账且本单位财务信息系统能导出符合国家档案部门规定的电子归档格式的，应当将电子专票与其他电子会计记账凭证等一起归档保存，电子专票不再需要打印和保存纸质件；不满足上述条件的单位，采用电子专票纸质打印件进行报销、入账的，电子专票应当与其纸质打印件一并交由会计档案人员保存。

2. 如何借助标准化手段支持会计核算系统对电子专票进行自动接收、识别和入账处理

财政部即将出台电子发票入账数据标准，并将会同国家税务总局在部分企业开展试点，以

① 本书所称电子会计凭证，是指单位从外部接收的电子形式的各类会计凭证，包括电子发票、财政电子票据、电子客票、电子行程单、电子海关专用缴款书、银行电子回单等电子会计凭证。

进一步规范电子发票等电子凭证入账，方便受票方会计核算系统进行自动化的接收、识别和入账处理。

3. 电子专票的纸质打印件能否单独作为报销入账归档依据使用

根据《关于规范电子会计凭证报销入账归档的通知》（财会〔2020〕6号）的规定："无论采用何种报销、入账方式，只要接收的是电子专票，则必须归档保存电子专票。单位如果以电子专票的纸质打印件作为报销入账归档依据的，必须同时保存打印该纸质件的电子专票。"因此，电子专票纸质打印件不能单独入账归档。

4. 受票方应如何防范电子专票的纸质打印件重复报销入账的风险

电子专票的纸质打印件只是承载电子专票发票信息的载体，不具备物理防伪功能，具有可复制的特点。为避免电子专票的纸质打印件重复报销入账，各单位应建立完善的内控机制，严格按照财会〔2020〕6号文规定。如果以电子专票的纸质打印件作为报销入账归档依据的，必须同时保存打印该纸质件的电子专票。同时建议各单位在报销入账时对发票代码、号码进行查重处理。对于已经使用财务信息系统的单位，可以通过建立发票数据库的方式，升级系统功能，利用系统进行自动比对；对于尚未使用财务软件实行纯手工记账的单位，可以通过电子表格等方式，建立已入账发票手工台账，有效防范重复报销、虚假入账等风险。

7.1.2　归档保存

1. 已建立电子档案管理系统和实施会计信息系统的单位

与电子发票相关的记账凭证、报销凭证等已全部实现电子化（不包括纸质凭证扫描，下同），可将电子发票与相关的记账凭证、报销凭证等电子会计凭证通过归档接口或手工导入电子档案管理系统进行整理、归档并长期保存，归档方法可参照《企业电子文件归档和电子档案管理指南》（档办发〔2015〕4号）；如果与电子发票相关的记账凭证、报销凭证等未实现电子化，可单独将电子发票通过归档接口或手工导入电子档案管理系统进行整理、归档并长期保存；整理、归档、长期保存方法可参照《企业电子文件归档电子档案管理指南》。

2. 无电子档案管理系统但实施会计信息系统的单位

与电子发票相关的记账凭证、报销凭证等已全部实现电子化，可将电子发票与相关的记账凭证、报销凭证等移交会计档案管理人员保存，编制档号，存储结构建议如图7-1所示。

同时，需要建立电子会计档案台账或者目录，台账或者目录的结构建议见表7-1。

3. 无电子档案管理系统未实施会计信息系统的单位

对于无建立电子档案管理系统且未实施会计信息系统的单位，与电子发票相关的记账凭证、报销凭证未实现电子化，电子发票以电子形式移交会计档案管理人员保存，存储结构建议如图7-2所示。

同时，需要建立电子发票台账或者目录，台账或者目录的结构建议见表7-2。

需要说明的是：保存电子发票时，应当采用多重备份、定期检测等方法，保证电子发票档案在规定的保管期限内不会丢失并能被读取。

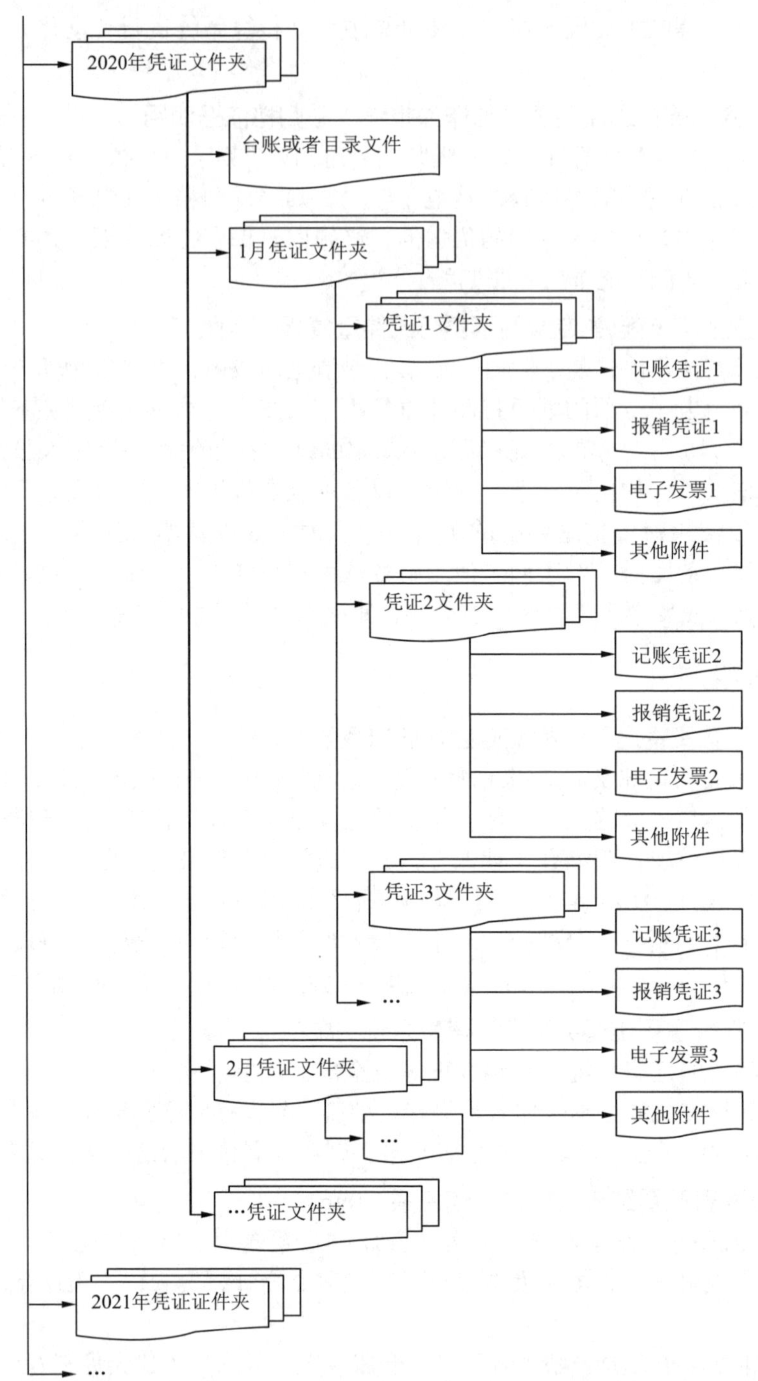

图 7-1　无电子档案管理系统但实施会计信息系统的单位电子凭证归档示意图

表 7-1　无电子档案管理系统但实施会计信息系统的单位电子会计档案台账信息一览表

序号	档号	凭证号	摘要	凭证日期	电子凭证件数	备注

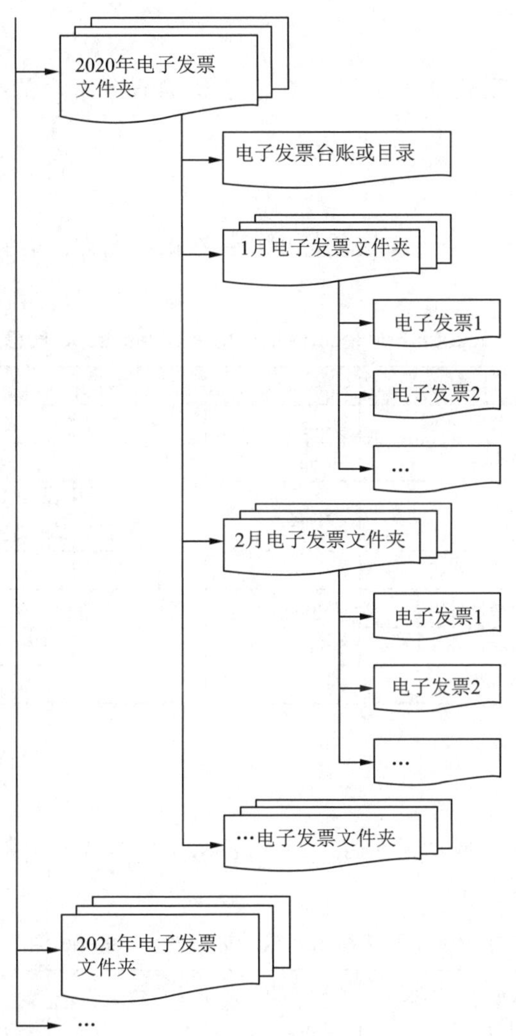

图 7-2　无电子档案管理系统未实施会计信息系统的单位电子发票归档示意图

表 7-2　无电子档案管理系统未实施会计信息系统的单位电子发票台账信息一览表

序号	纳税人识别号	年度	交易事项	开票方名称	发票号码	开具日期	报销单据号	记账凭证号	文件名	备注

7.2　财政电子票据入账反馈及其实现

按照《财政电子票据公共服务接口规范》的规定，财政电子票据的用票单位将票据入账后，需通过指定的接口将财政电子票据的入账凭证号返回到财政电子票据服务平台。本节将介绍该接口的服务名、业务参数和返回参数，为财政电子票据服务的第三方和自有ERP的财政电子票据用票单位设计、开发、运行和维护提供帮助。

7.2.1 服务名称

将财政电子票据的入账凭证号反馈财政电子票据服务平台的接口对应的服务名称是：accountForRecode。

7.2.2 业务参数

服务accountForRecode节点message的标识符、数据项名称、类型、长度、说明、是否强制等信息见表7-3。

表 7-3 accountForRecode 的业务参数 message 信息一览表

序号	标识符	数据项名称	类型	长度	说明	强制
1	agency_code	单位代码	String	[1,30]	一般采用组织机构代码	是
2	agency_name	单位名称	String	[1,100]		是
3	agency_type	单位类型	NString	1	1：开票单位 2：交款单位	是
4	bill_batch_code	电子票据代码	NString	8		是
5	bill_no	电子票据号码	NString	10		是
6	acc_number	入账凭证号	String		账务系统生成的记账凭证号	是
7	acc_amount	入账金额	Currency			是

7.2.3 返回参数

1. 成功返回参数

在服务accountForRecode成功返回时，节点message的标识符、数据项名称、类型、长度、说明、是否强制等信息见表7-4。

表 7-4 accountForRecode 成功返回的 message 信息一览表

序号	标识符	数据项名称	类型	长度	说明	强制
1	succ_code	返回码	NString	3	成功的返回代码：200	是
2	succ_msg	返回消息	NString	[1,200]		是

根据表7-4，“succ_code = 200”对应“succ_msg = 调用成功”，表示accountForRecode接口函数调用成功。

2. 失败返回参数

在服务accountForRecode失败返回时，节点message的标识符、数据项名称、类型、长度、说明、是否强制等信息见表7-5。

表 7-5 accountForRecode 失败返回的 error_message 信息一览表

序号	标识符	数据项名称	类型	长度	说明	强制
1	error_code	返回码	NString	3	失败的返回代码	是
2	error_msg	返回消息	NString	[1,200]	错误信息	是

结合表7-5，accountForRecode调用失败的错误返回包括三种情况，分别是：“error_code = 415”对应“error_msg = 该票据已经被其他单位入账备案，不能备案”；“error_code = 416”对应“error_msg = 入账金额超额，可用入账金额小于当前入账金额”；“error_code = 417”对应“error_msg = 同一单位入账多次”。

7.2.4 函数调用方法说明

为便于读者理解，且处于非税收入收缴、财政电子票据平台运维、技术服务等工作方便的考虑，本节根据《财政电子票据公共服务接口规范》的规定，详细说明accountForRecode接口函数的调用方法和步骤。

1. 设置参数值

请求参数（示例）：

```
method="accountForRecode",
app_id="7e7f4e61189145c1a5c2cce38a4219b3",
format="json",
datetime="20161018192033123",
version="1.0.1",
message_id="132e4ef89ff44816b9200219274480d2",
message="JTdCJTIybWVzc2FnZSUyMiUzQSUyMCU3QiUyMCUyMnBsYWNlX2NvZGUlMjIlM0E
lMjAlMjIwMDElMjIlMjAlN0QlN0Q="
```

其中，message为业务参数转换为Base64编码。

2. 按ASCII顺序排序

```
app_id="7e7f4e61189145c1a5c2cce38a4219b3",
datetime="20161018192033123",
format="json",
message="JTdCJTIybWVzc2FnZSUyMiUzQSUyMCU3QiUyMCUyMnBsYWNlX2NvZGUlMjIlM0E
lMjAlMjIwMDElMjIlMjAlN0QlN0Q=",
message_id="132e4ef89ff44816b9200219274480d2",
method="accountForRecode",
version="1.0.1"
```

3. 参数值拼接

函数accountForRecode的“参数值拼接”是将各个参数值连接在一起，结果为：

```
7e7f4e61189145c1a5c2cce38a4219b320161018192033123jsonJTdCJTIybWVzc2FnZS
UyMiUzQSUyMCU3QiUyMCUyMnBsYWNlX2NvZGUlMjIlM0ElMjAlMjIwMDElMjIlMjAlN0QlN0Q=
132e4ef89ff44816b9200219274480d2accountForRecode1.0.1
```

4. 生成防伪码

调用接口时需要生成请求参数防伪码（security），服务器会对该参数进行验证，用于确认调用者身份是否合法及参数信息完整性。

防伪码（security）为32位大写字符串，计算过程如下：

步骤1：将appKey拼接到参数字符串头、尾，假设appKey为"helloworld"，则拼接后的结果为：

```
helloworld7e7f4e61189145c1a5c2cce38a4219b320161018192033123jsonJTdCJTIyb
WVzc2FnZSUyMiUzQSUyMCU3QiUyMCUyMnBsYWNlX2NvZGUlMjIlM0ElMjAlMjIwMDElMjIlMjAl
N0QlN0Q=132e4ef89ff44816b9200219274480d2accountForRecode1.0.1helloworld
```

步骤2：对拼接结果进行md5加密。

步骤3：转化成32位大写，security为：66987CB115214E59E6EC978214934FB8。

5. 组装HTTP请求

按照《财政电子票据公共服务接口规范》的规定，用户的HTTP请求须将所有参数名和参数值采用utf-8进行URL编码（参数顺序可随意，但必须包括防伪参数），然后通过POST方式发起请求，例如：

http://IP:PORT/?app_id=7e7f4e61189145c1a5c2cce38a4219b3&datetime=20161018192033123&message=JTdCJTIybWVzc2FnZSUyMiUzQSUyMCU3QiUyMCUyMnBsYWNlX2NvZGUlMjIlM0ElMjAlMjIwMDElMjIlMjAlN0QlN0Q=&message_id=132e4ef89ff44816b9200219274480d2&method=accountForRecode&version=1.0.1&security=66987CB115214E59E6EC978214934FB8

7.3　电子发票归档与第三方服务平台案例

7.3.1　电子发票第三方平台概述

当前，数字经济已经成为中国经济发展的新动能，“产业数字化”“数字产业化”等推动传统领域进行数字变革的呼声日渐高涨。电子发票作为中国税务信息化的重要载体以及帮助企业实现数字化转型的有效工具，其推广和应用势在必行。在此背景下，航天信息股份有限公司的“51发票”、百望股份有限公司的“百望云”、深圳市银联金融网络有限公司的“银联商务”、用友网络科技股份有限公司的“用友电子”、金蝶票据云科技（深圳）有限公司的“金蝶发票云”、大象慧云信息技术有限公司的“大象慧云”、国信电子票据平台信息服务有限公司的“发票通”、深圳市云宝腾达科技有限公司的“米印盒子”等电子发票第三方服务平台迅速崛起并快速为全国上千万家的中小微企业提供电子发票基础服务。截至2022年5月，在国家税务总局深圳市税务局备案的29家电子发票服务平台见表7-6。

表 7-6　国家税务总局深圳市税务局备案的 29 家电子发票服务平台信息一览表

序号	第三方平台名称	运营单位	运营单位 统一社会信用代码
1	发票通电子发票服务平台	国信电子票据平台信息服务有限公司	91110108352950958Y
2	百望云电子发票服务平台	百望股份有限公司	91110108339805094M
3	票易通发票管理平台	上海云砺信息科技有限公司	91310113342290888U
4	瑞宏网电子发票服务平台	北京东港瑞宏科技有限公司	91110302397824461U
5	用友电子发票服务平台	用友网络科技股份有限公司	91110000600001760P
6	票通电子发票服务平台	北京票通信息技术有限公司	91110108MA0043365M
7	云票儿电子发票服务平台	海南高灯科技有限公司	91469027MA5RH09M0R
8	中国保信电子发票服务平台	中国银行保险信息技术管理有限公司	91110000717837414X
9	金蝶发票云电子发票服务平台	金蝶票据云科技（深圳）有限公司	91440300MA5G9GK78Y
10	51 发票服务平台	航天信息股份有限公司	91110000710927388B
11	东鹏科技电子发票服务平台	深圳市东鹏科技发展有限公司	91440300689442369M
12	盟度电子发票平台	北京盟度知汇科技有限公司	91110108339852018T
13	黑龙江省税友电子发票整合服务平台	黑龙江省税友科技有限公司	91230103MA1AWK5W0C
14	合力中税电子发票平台	北京合力中税科技发展有限公司	91110108797594415B
15	中科云链电子发票平台	北京中科云链信息技术有限公司	91110108MA01ATW72J
16	大象慧云电子发票平台	大象慧云信息技术有限公司	91110108MA004CPN95
17	诺诺发票平台	深圳航天信息有限公司	9144030032629079XF
18	易票云发票平台	深圳航天信息有限公司	9144030032629079XF
19	银联商务发票服务云平台	深圳市银联金融网络有限公司	91440300279257697T
20	易票平台	北京速票通科技有限公司	91110105MA0178AW3G
21	税票通云服务平台	深圳市电票科技有限公司	91440300078951666E

续表

序号	第三方平台名称	运营单位	运营单位 统一社会信用代码
22	税航云票通电子发票服务平台	广州税航信息科技有限公司	91440101MA59LCK170
23	泰易开票通电子发票平台	上海容津信息技术有限公司	91310112312480621D
24	票点点电子发票服务平台	江苏环迅信息科技有限公司	91320594MA1N8JDP2Q
25	收费公路通行费电子发票服务平台	行云数聚（北京）科技有限公司	91110105MA00HFB00D
26	慧票云电子发票平台	万物通科技（北京）有限公司	91110108318186554N
27	微应电子发票云平台	北京微应软件科技有限公司	91110108MA00ADTE6A
28	上海华颉电子发票平台	上海华颉信息技术有限公司	91310115060863721T
29	融汇通达发票服务平台	北京融汇通达科技服务有限公司	91110108317998622P

7.3.2　电子发票台账系统电子归档案例——米印盒子

“米印盒子”是深圳市云宝腾达科技有限公司的注册商标，米印盒子《电子发票台账》小程序通过手机扫码方式实现电子发票信息的防伪、查重复、快速录入，极大地把财务人员从烦琐的信息录入工作中解脱出来，进一步规范了财务基础工作。

1. 米印盒子功能简介

“米印盒子”电子发票管理专业平台图片说明如图7-3所示，其主要功能包括：

①电子发票台账。

②电子发票查重。

③电子发票电子归档管理。

④发票查验真伪。

⑤ETC电子发票智能台账。

图 7-3　米印盒子电子发票管理专业平台界面

2. 米印盒子电子发票台账系统的功能

（1）多种方式录入发票

米印盒子电子发票台账系统提供手工录入、手机扫码录入、扫描枪录入、pdf文件导入、邮箱导入、微信卡包导入。

（2）发票查验

米印盒子电子发票台账系统能够扫码防伪、pdf文件分析、连接税务数据查验。

（3）报销防重复

米印盒子电子发票台账系统可以扫码自动查重复、全面防止重复报销。

（4）导出Excel报表

米印盒子电子发票台账系统支持统计报表、分报表Excel文件导出到邮箱。

（5）支持多种票据

米印盒子电子发票台账系统支持增值税电子发票，普通增值税纸质发票，增值税专用发票、机动车销售统一发票、二手车统一发票，通用机打发票、增值税卷式发票、财政电子票据、区块链电子发票。

（6）支持不同使用场景配置

米印盒子电子发票台账系统支持多用户、多部门、多公司、集团模式的使用场景配置。

3. 米印盒子电子发票台账系统的电子归档

米印盒子电子发票台账系统的电子归档操作过程分别如图7-4和图7-5所示。

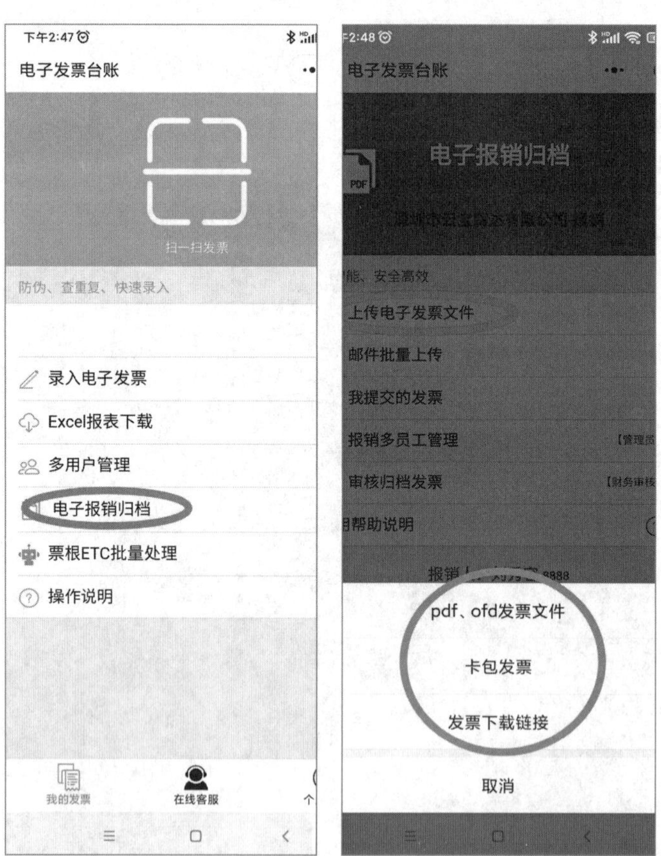

图 7-4　米印盒子电子发票电子报销归档操作过程 a

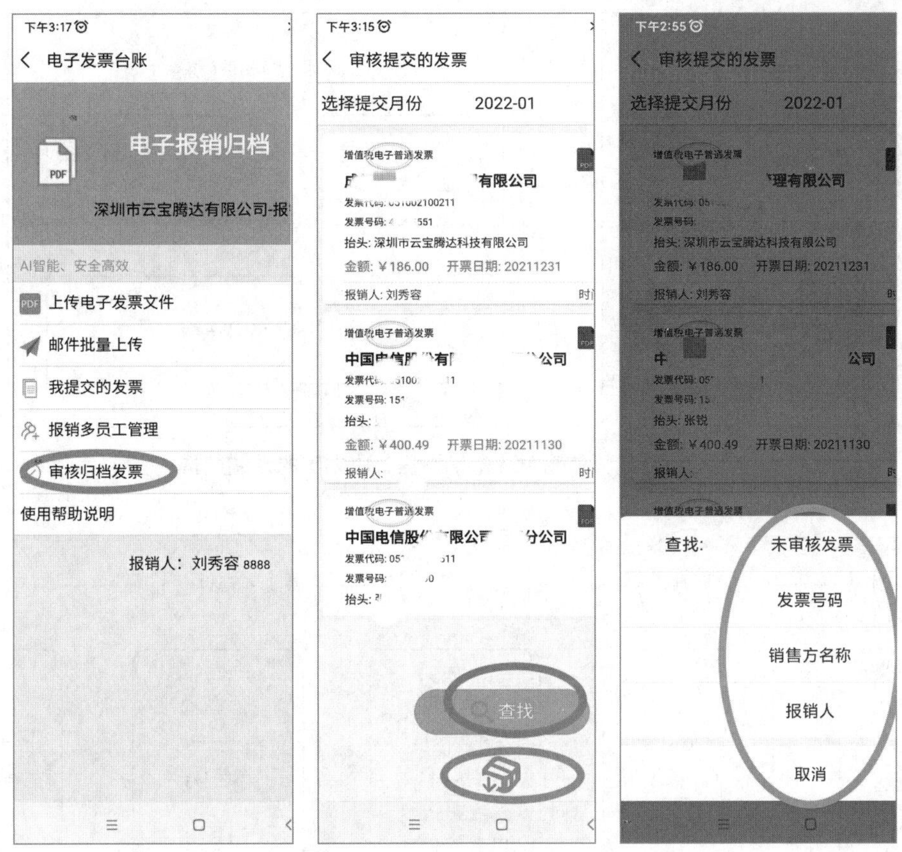

图 7-5　米印盒子电子发票电子报销归档操作过程 b

7.4　行业应用案例分析——财政电子票据解决方案

7.4.1　方案介绍

依据财政部电子票据标准规范要求，按照“领用审批、限量发放、验旧领新、以票核费”的票据管理规定，对财政票据实行“电子开具，自动核销，全程跟踪，源头控制”以实现“以票管费”，构建了财政电子票据管理、执收单位开具电子票据管理，以及自助终端、微信、支付宝、短信、邮件等多种“非接触”方式交付服务系统，实行财政电子票据入库、分发、赋码、开具、交付、入账、报销全生命周期的电子化管理，为主管部门提供多元化的管理和服务方案。已在全国 200 家医院投入使用。

7.4.2　解决的痛点

航天信息财政电子票据解决方案解决的用户痛点主要包括防截留挪用手段少、对流失漏洞管控难、手工统计数据困难、缺乏票据验真渠道等。

7.4.3　系统架构

航天信息财政电子票据解决方案的系统架构如图 7-6 所示，工作流程如图 7-7 所示。

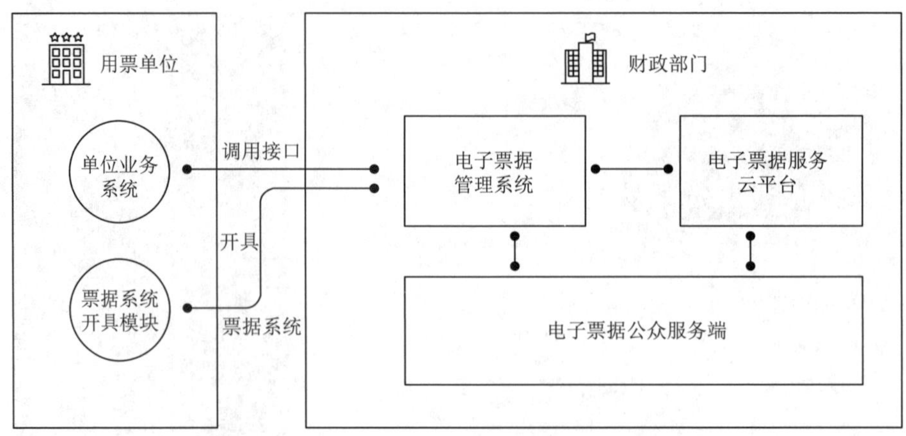

图 7-6　航天信息财政电子票据解决方案的系统架构

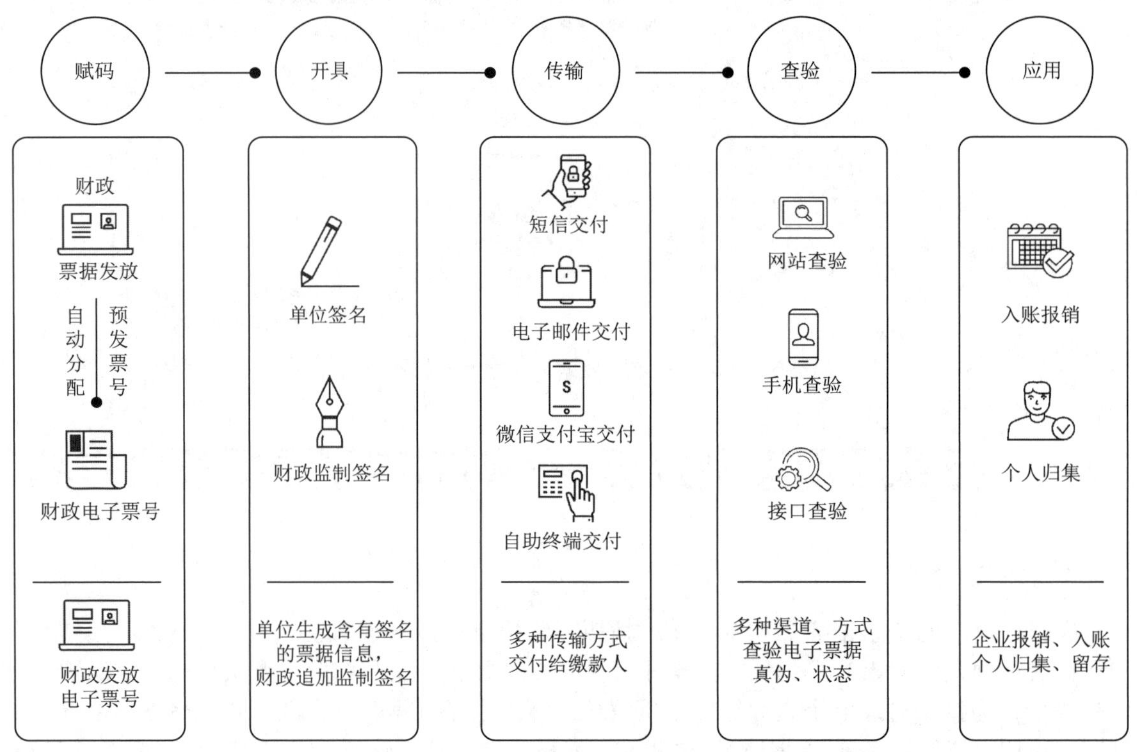

图 7-7　航天信息财政电子票据解决方案的全流程架构示意图

7.4.4　系统亮点

航天信息财政电子票据解决方案的亮点主要表现在产品架构、技术方案、应用设计和价值呈现等方面。

1. 优秀的产品架构

航天信息财政电子票据解决方案基于云服务，构建科学的电子票据管理、存储、安全、服务体系，实现“以票管费”。

2. 成熟的技术方案

航天信息财政电子票据解决方案引入成熟的电子票据管理技术，集成票据已有的管理成果，实现无缝对接，不改变原有的业务流程及用户使用习惯，低投入、高效，并快速完成项目实施。

3. 专业的应用设计

航天信息财政电子票据解决方案基于大数据，支撑决策服务，深入进行数据分析、挖掘规律、预测方向、优化政策绩效。

4. 深度的价值呈现

航天信息财政电子票据解决方案基于大数据，实现对全流程的数字化监管监督。

7.4.5　案例介绍——台州市立医院门诊收费电子票据系统

依托航天信息财政电子票据解决方案，浙江省台州市公立医疗机构进入了看病开票的“无纸”时代。2021年国庆前夕，全市共有127家公立医疗机构已全部取消纸质医疗票据，转而使用医疗收费电子票据。

作为浙江省医疗收费电子票据改革试点地区，2017年，台州市率先在医疗行业启动非税电子票据的试点工作。近年来，台州市财政局通过运用互联网、移动智能等信息技术手段，持续推进改革，打通医疗电子票据交付“最后一公里”。

2020年11月9日，台州医院全面使用医疗电子票据，成为浙江省第一家实现患者就医全流程电子化的市级医院。改革后，台州医院门诊、住院全面启用全国统一的医疗收费电子票据，患者缴费成功后，手机端能够同步收到电子版医疗收费明细清单。

电子票据改革后，患者需要时可随时查询过往发票，一年之内随用随打，丢失发票在一年内经申请可补打一次，能有效满足患者就医的票据需求。缴款人和医保机构等还可通过全省统一的财政票据管理平台下载票据，让群众享受到异地报销互认无碍的便利。

据测算，通过“电子支付+电子票据”，实现医院诊疗流程再造，使群众就医环节从6个减少到2个，高峰期平均等待时间从10 min缩短到3 min，并节省了医院人力资源和管理成本，仅台州医院预计每年可节省相关成本100多万元。

此外，台州市对接财政部电子票据业务规范，启用了全国统一的医疗收费票据式样和数据标准，做到医疗收费电子票据查询、真伪查验和报销入账等全面统一，有效防范虚假医疗收费票据。

7.5　综合应用案例分析——航天信息电子会计档案系统

7.5.1　开发背景

目前，各类企事业单位会计档案管理水平不一，集中体现为：会计档案信息化程度偏低、管理成本高，档案查找、借阅不便、管理人员专业知识储备不足，安全管理不到位、相关管理制度欠缺等。企事业单位会计档案管理痛点在于：纸质会计档案打印存储、管理成本高，归档、检索、借阅、鉴定效率低，档案共享程度差，调阅、日常管理记录不完整或不规范，难追溯，纸质会计档案容易损坏、丢失、泄密，上下级单位监管反馈不便，个别单位纸质和电子档案并行多年，数量、品类多且杂，管理无从下手。

基于会计档案管理现状和存在的痛点，2016 年 12 月 24 日，商务部、中央网信办、发改委印发《电子商务“十三五”发展规划》，强调要加快企业电子档案制度及平台建设，完善电子发票、电子会计档案等管理制度和规范标准。在此背景下，航天信息依托自身在电子发票和财政电子票据等大型信息系统建设领域的经验和技术积累，研发设计了电子会计档案系统。

2019 年 11 月，航天信息“电子文件归档及电子档案管理试点”通过国家档案局验收，得到国家档案局、国家税务总局、中国人民大学等专家组的高度评价，并入选国家档案局《企业会计电子档案管理试点案例集》典型案例。

2020 年 3 月 31 日，财政部、国家档案局发布《关于规范电子会计凭证报销入账归档的通知》，明确来源合法、真实的电子会计凭证与纸质会计凭证具有同等法律效力。

2020 年 5 月，航天信息电子会计档案管理系统序列产品全面上市。该序列产品符合国家电子会计档案规范，全面覆盖各类企事业单位用户群体，能够提供全面、专业的电子会计档案归档、存储及管理服务，帮助用户实现会计档案无纸化管理，降低档案管理成本，提升管理效率。

当前，我国正在加快数字经济建设，加快票据电子化改革，企业在票财税精细化管理方面需求明显，对会计档案管理成本、效率、安全性提出新的需求。航天信息在中国会计档案电子化关键节点上线的电子会计档案管理系统，将有效简化财务工作流程、提升财务工作效率、创新用户管理体验、保障电子档案安全、合法有效，助力企业财务转型，助推我国会计档案无纸化进程。

7.5.2 系统简介

航天电子信息会计档案系统是指会计部门及档案管理部门或机构运用信息技术手段对会计核算系统及其他业务系统生成的电子会计资料（包含会计凭证、会计账簿、会计报告，及其他会计资料）进行收集、整理、保管和利用等操作的计算机软件系统。

航天电子信息会计档案系统归档的范围主要包括会计凭证、会计账簿、会计报告和其他会计资料，该系统的架构如图 7-8 所示。

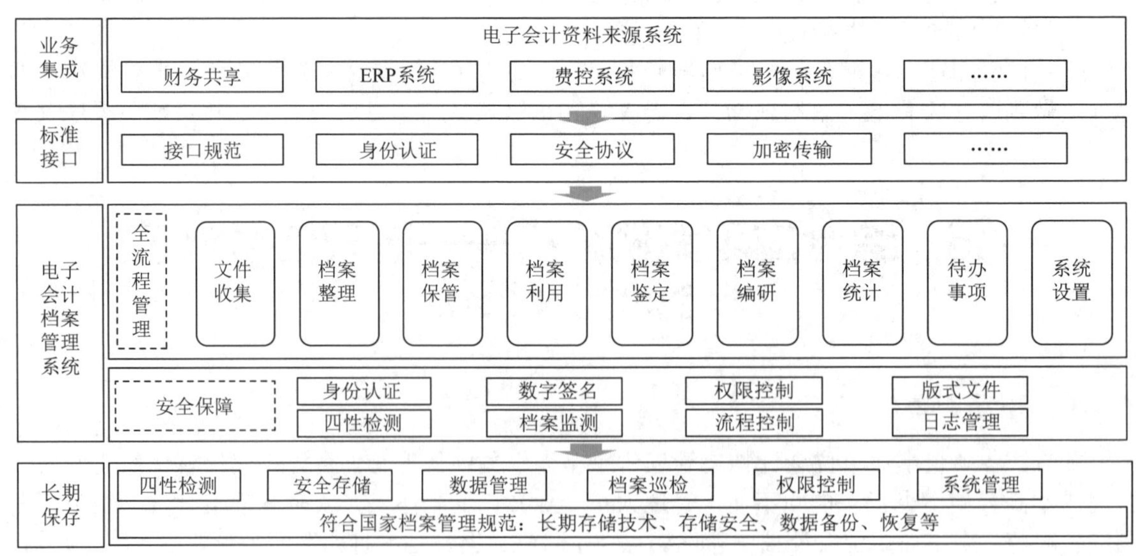

图 7-8 航天信息电子会计档案系统架构图

7.5.3　应用模式

A6 ERP 电子会计档案子系统作为 ERP A6 的一个子系统，同现有财务系统无缝集成，打造电子会计档案的本地化管理和云端管理双模式。航天信息电子信息会计档案系统的应用模式示意图如图 7-9 所示。

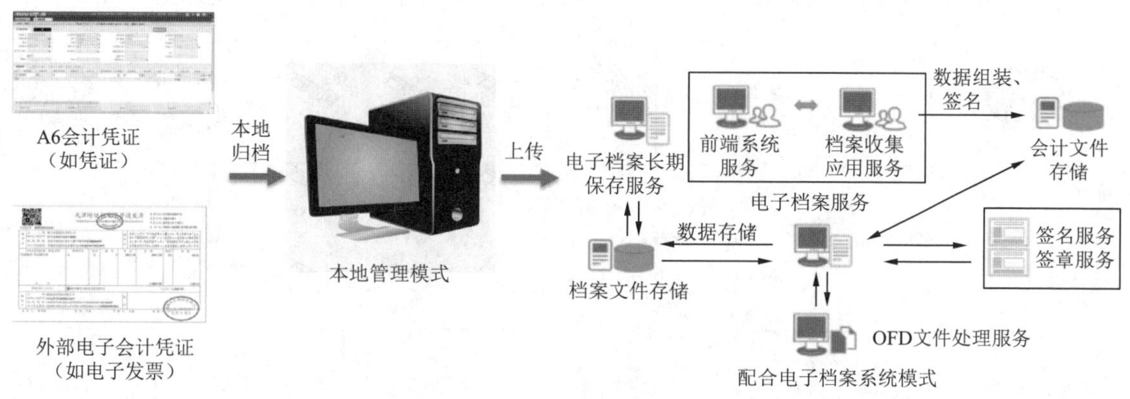

图 7-9　航天信息电子信息会计档案系统应用模式示意图

1. 本地管理模式

财政部、国家档案局在 2020 年 3 月 31 日发布的《关于规范电子会计凭证报销入账归档的通知》中规定“单位以电子会计凭证的纸质打印件作为报销入账归档依据的，必须同时保存打印该纸质件的电子会计凭证。”

航天信息电子信息会计档案系统的本地管理模式就是根据上述规定，将企业的会计电子档案（如凭证等），及原始的电子会计凭证归档到本地进行保存、管理。

2. 配合电子档案系统模式

本模式在本地管理的模式基础上，先进行本地归档，再上传到电子档案系统中，在电子档案系统中实现更高级的电子档案全生命周期管理功能。

7.5.4　归档相关

1. 归档范围

航天信息电子信息会计档案系统归档范围包括会计凭证、会计账簿、会计报告和其他会计资料。

① 会计凭证：包括原始凭证、记账凭证。

② 会计账簿：包括总账、明细账、日记账、固定资产卡片及其他辅助性账簿。

③ 财务会计报告：包括月度、季度、半年度、年度财务会计报告。

④ 其他会计资料：包括银行存款余额调节表、银行对账单、纳税申报表、会计档案移交清册、会计档案保管清册、会计档案销毁清册、会计档案鉴定意见书及其他具有保存价值的会计资料。

2. 本地归档目录结构

为了便于说明航天信息电子信息会计档案系统本地归档的目录结构情况，现举例说明如下：

假设账套号为“0001”下有一张凭证号为“记 -1”的凭证，凭证有一个附件名称为“电子发票 01”的附件（文件类型为 pdf）。

（1）凭证的版式文件存储建议

【参数设置指定的存储目录】/“账套 1”/YYYYMM（会计期间）/ 凭证 / 记 -1/ 记 -1.pdf

（2）凭证的附件存储建议

【参数设置指定的存储目录】/“账套 1”/YYYYMM（会计期间）/ 凭证 / 记 -1/attachments/ 电子发票 01.pdf

（3）凭证的原始凭证单据存储建议

【参数设置指定的存储目录】/“账套 1”/YYYYMM（会计期间）/ 凭证 / 记 -1/bills/

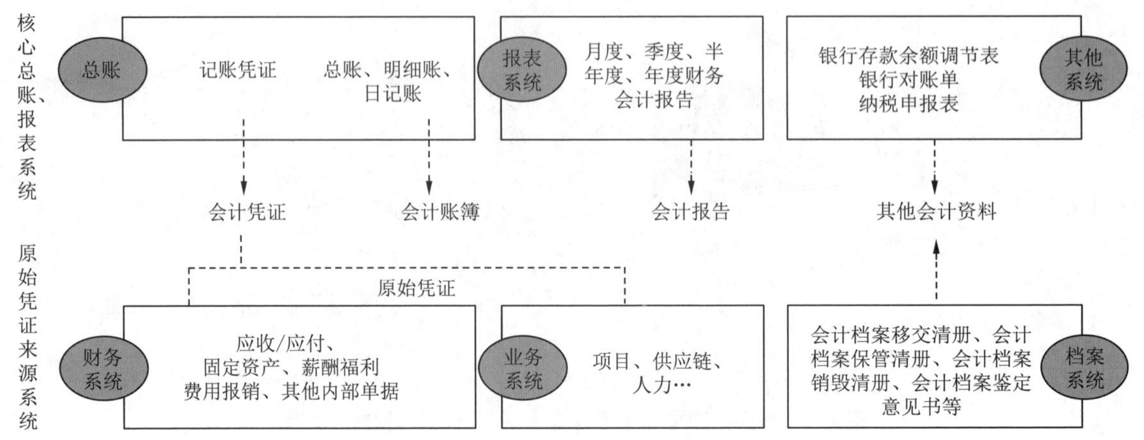

图 7-10　航天信息电子信息会计档案系统归档范围示意图

7.5.5　功能概述

航天信息电子信息会计档案系统的主要功能有：基础设置、会计档案分类、文件归档、账表查询。

1. 基础设置

参数设置：设置电子档案本地归档的文件存储路径，上传电子档案系统的相关设置等。

2. 会计档案分类

会计档案分类：设置会计档案的分类，方便对会计档案进行管理。

会计档案分类对应关系：设置会计档案分类和系统单据的对应关系，归档时按设置的对应关系进行归档。

3. 文件归档

归档设置：设置归档单据的打印模板，按此模板生成版式文件。

本地归档：按会计档案分类对应关系的设置，将系统单据归档到本地。

会计凭证上传：配合电子档案系统模式时，通过此功能将会计凭证上传到电子档案系统。

4. 账表查询

会计档案查询：查看归档的会计档案及其版式文件、附件等。

7.5.6　工作流程

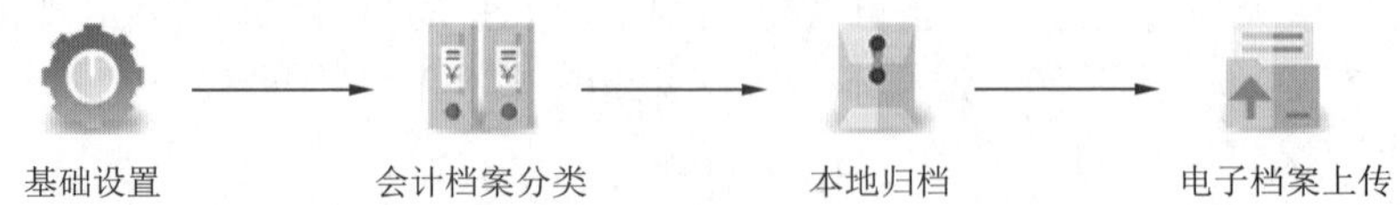

图 7-11　航天信息电子信息会计档案系统工作流程示意图

航天信息电子信息会计档案系统的工作流程主要包括基础设置、会计档案分类、文件归档、会计档案上传四个步骤，各步骤的主要工作如下：

基础设置：用户在初次使用电子档案系统时，首先进行参数设置、权限设置等。

会计档案分类：建立会计档案分类，维护会计档案分类对应关系。

文件归档：设置本地归档的打印模板，按会计档案分类对应关系的设置，将系统单据归档到本地。

会计档案上传：配合电子档案系统模式时，将会计档案上传到电子档案系统。

7.5.7　系统接口

航天信息电子信息会计档案系统的接口分为以下两种情况：

①与总账管理集成使用：电子档案系统可以从总账管理获取相应的会计凭证、会计账簿、会计报告，及其他会计资料。

②与外部电子档案集成使用：配合电子档案系统模式时，A6 电子档案系统可以与专业的电子会计档案软件联合使用，实现电子会计档案系统的全部专业功能。

7.5.8　系统特点

航天信息电子信息会计档案系统通过灵活的配置，多种应用模式，可以为企业建设电子档案数据库，方便企业集中会计档案管理工作，为企业带来以下价值：

①降低纸质会计档案的存储和管理成本。

②提高会计档案检索及业务处理效率。

③实现资源共享，加强合规性。

④解决会计档案长期保存和重复调阅的问题。

⑤提升企业形象，增强企业综合竞争力。

7.5.9　系统应用

初次使用航天信息电子信息会计档案系统时，需要进行系统初始工作，包括系统启用、参数设置、权限设置、会计档案分类、会计档案分类对应关系等。

1. 系统启用

在使用航天信息电子信息会计档案系统之前，需要先对该模块进行启用；启用电子档案管理系统之前必须先启用总账管理。

【菜单路径】功能导航 / 系统 / 公用数据 / 系统信息 / 系统启用。

2. 参数设置

航天信息电子信息会计档案系统的“参数设置”的方法和步骤：通过单击“电子档案 / 基础设置 / 参数设置”菜单项，设置电子档案模块相关控制参数。

参数设置界面如图 7-12 所示。

航天信息电子信息会计档案系统参数设置部分数据项说明：

【本地电子档案文件存储路径】本地电子档案归档后，归档文件存放的目录位置。

勾选“电子档案系统”复选框，表示应用配合电子档案系统模式，可以录入 CA 证书，CA 证书保证了 A6 系统和电子档案系统之间数据传递的安全性。注：只有购买电子档案产品后才提供 CA 证书，试用时只能体验电子档案本地归档。

“企业信息”导入 CA 证书时会写入，便于用户核对企业名称，验证 CA 证书的正确性。

“档案全宗号”导入CA证书时会写入，全宗是一个国家机构、社会组织、个人形成的具有有机联系的文件整体，是档案馆档案的第一层分类、管理单位。全宗号是各级档案馆为已进馆或可能进馆的单位分配的编号，用于区分各立档单位，也便于日常管理和查询。

租户编号：使用电子档案系统前，必须先注册一个租户编号，租户编号是电子档案系统的用户管理编号，每个租户编号下可以创建多个核算单位（税号单位）。租户编号可按照航天信息电子信息会计档案系统手册的要求进行注册。

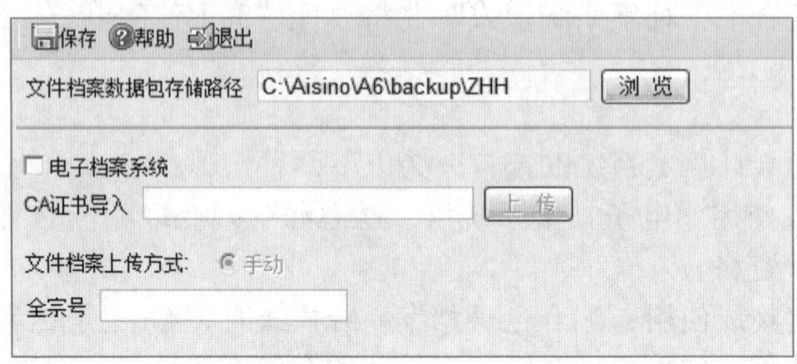

图7-12　航天信息电子信息会计档案系统参数设置界面

3. 权限设置

在使用航天信息电子信息会计档案之前，为了保证数据的安全以及人员角色定位分工，可以先维护“密码策略”、通过“角色管理”创建角色；通过“用户管理”创建用户并分配权限。

【菜单路径】功能导航 / 系统 / 权限管理。

4. 会计档案分类

会计档案分类是对会计档案的分类，方便管理会计档案，系统按照《企业和其他组织会计档案分类及保管期限表》预置了会计档案分类，预置的会计档案分类不能修改，会计凭证可以增加3级分类，会计账簿、财务会计报告、其他会计资料可以增加2级、3级分类，新建的保管期限需和上级会计档案分类保持一致。

【菜单路径】电子档案 / 会计档案分类 / 会计档案分类。

企业和其他组织会计档案分类及保管期限信息见表7-7。

表7-7　会计档案分类及保管期限信息一览表

序号	档案名称	保管期限	档案层级	备注
一	会计凭证		1	
1	记账凭证	30年	2	
2	原始凭证	30年	3	
二	会计账簿		1	
3	总账	30年	2	
4	明细账	30年	2	
5	日记账	30年	2	
6	固定资产卡片		2	固定资产报废清理后保管5年
7	其他辅助性账簿	30年	2	
三	财务会计报告		1	
8	月度、季度、半年度财务会计报告	10年	2	
9	年度财务会计报告	永久	2	

续表

序号	档案名称	保管期限	档案层级	备注
四	其他会计资料		1	
10	银行存款余额调节表	10 年	2	
11	银行对账单	10 年	2	
12	纳税申报表	10 年	2	
13	会计档案移交清册	30 年	2	
14	会计档案保管清册	永久	2	
15	会计档案销毁清册	永久	2	
16	会计档案鉴定意见书	永久	2	

5. 会计档案分类对应关系

在航天信息电子信息会计档案系统中，“会计档案分类对应关系”模块的功能是用于设置会计档案分类与 A6 系统单据的归档对应关系，即 A6 的单据（如凭证）或报表归档到哪个会计档案分类下面。航天信息电子信息会计档案系统会计档案分类对应关系界面如图 7-13 所示。

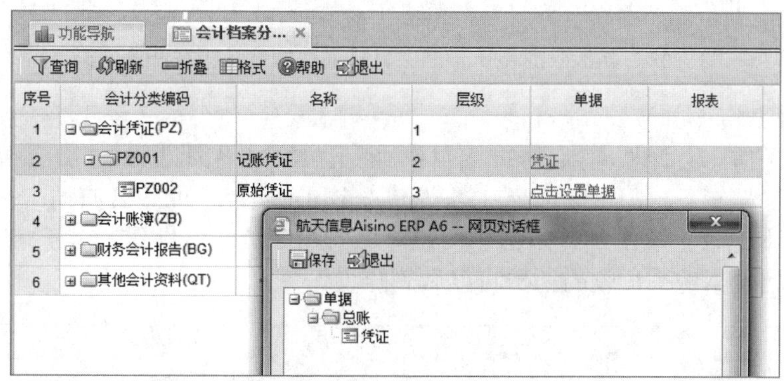

图 7-13　航天信息电子信息会计档案系统会计档案分类对应关系界面

6. 归档设置

在航天信息电子信息会计档案系统中，通过单击“电子档案 / 文件归档 / 归档设置”菜单项，设置 A6 单据或报表的打印模板，用于归档时按指定的打印模板生成电子档案版式文件。

第一次进入电子信息会计档案系统的归档设置界面，系统会自动获取用户相关单据或报表当前默认使用的模板。因此，在运行本地归档功能前，需要先进入图 7-14所示的归档设置界面进行设置。

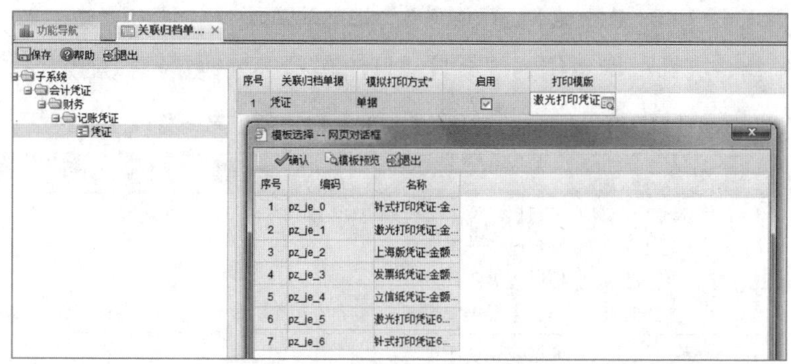

图 7-14　航天信息电子信息会计档案系统归档设置界面

7.5.10 业务处理

1. 本地归档

航天信息电子信息会计档案系统的“本地归档”，旨在将会计档案归档到本地。该功能支持“覆盖”和“增量”两种方式（见图 7-15），且为后台处理，如果有错误会给出错误提示。

覆盖：先删除所选择会计期间的本地未上传的档案，再增量归档。

增量：不删除任何文件，只处理增量。

选择会计期间时只能选择总账管理已结账的会计期间。

本地归档成功后，会回写凭证的“归档状态”为“已归档”，已归档的凭证不可删除、修改、反审核。

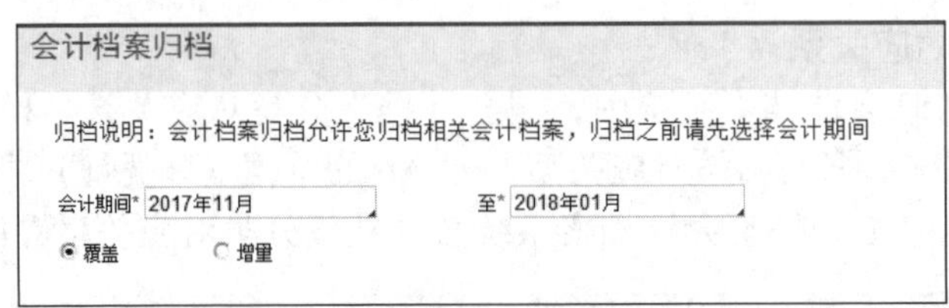

图 7-15 航天信息电子信息会计档案系统会计档案归档方式

2. 会计凭证上传

航天信息电子信息会计档案系统的“会计凭证上传”（界面见图 7-16），旨在将本地归档的档案上传到电子档案系统，可以选择多条档案，使用工具栏上的“云归档”按钮做批量上传，也可以在某条档案记录上单击“云归档”按钮对单条档案做上传操作。对于未上传、上传失败或已上传但电子档案系统未接收的档案可以做删除操作。

展开 刷新 删除 查询 格式 文件上传 帮助 退出

序号	☐	凭证日期	单据编号	单据类型	金额	币种	上传状态	四性检测	查看	上传
1	☑	2017-12-01	记-10	凭证	5690	人民币	未上传	已检测		
2	☐	2017-12-01	记-11	凭证	4300	人民币	未上传	已检测		
3	☐	2017-12-01	记-12	凭证	13300	人民币	未上传	已检测		
4	☐	2017-12-01	记-13	凭证	4700	人民币	未上传	已检测		
5	☐	2017-12-01	记-14	凭证	193800	人民币	未上传	已检测		
6	☐	2017-12-01	记-15	凭证	681513.08	人民币	未上传	已检测		
7	☐	2017-12-01	记-2	凭证	76636	人民币	未上传	已检测		
8	☐	2017-12-01	记-3	凭证	17966	人民币	未上传	已检测		
9	☐	2017-12-01	记-4	凭证	6638	人民币	未上传	已检测		
10	☐	2017-12-01	记-5	凭证	45000	人民币	未上传	已检测		
11	☐	2017-12-01	记-6	凭证	22021	人民币	未上传	已检测		
12	☐	2017-12-01	记-7	凭证	5500	人民币	未上传	已检测		
13	☐	2017-12-01	记-8	凭证	1550	人民币	未上传	已检测		
14	☐	2017-12-01	记-9	凭证	1695	人民币	未上传	已检测		
15	☐	2017-11-30	记-1	凭证	597.64	人民币	未上传	已检测		

图 7-16 航天信息电子信息会计档案系统会计档案归档方式

航天信息电子信息会计档案系统的“会计凭证上传”部分数据项说明见表 7-8。

表 7-8 电子会计凭证上传部分数据项信息一览表

项　目	说　明
上传状态	未上传：本地已归档，但未上传到电子档案系统； 已上传：已上传到电子档案系统； 上传失败：上传过程失败； 已归档：已上传到电子档案系统，并且电子档案系统已接收
查看	单击按钮查看单据或凭证明细
云归档	单击按钮上传对应的单件档案

7.5.11　档案查询

航天信息电子信息会计档案系统的“档案查询”主要针对电子档案的相关数据进行简单的汇总和分析，使业务人员能够快速、方便地在大量业务数据中找到需要的信息，并根据业务人员需要的格式将信息整理组合后表现到用户桌面。

会计档案查询功能可以查询已本地归档的会计档案，并可以通过单击“查看”按钮或双击记录行关联查询电子档案版式文件及附件，查询结果如图 7-17 所示。

展开　查询　刷新　格式　打印　帮助　退出

会计档案分类：会计凭证(PZ)、会计账簿(ZB)、财务会计报告(BG)、其他会计资料(QT)

序号	年	月	会计档案分类	会计档案名称	查看	数量	上传状态	档案系统状态
1	2020	6	记账凭证	记-1凭证		1	未上传	
2	2020	6	记账凭证	记-2凭证		1	未上传	
3	2020	6	记账凭证	记-3凭证		1	未上传	

图 7-17　航天信息电子信息会计档案系统查询结果

针对该系统的“档案查询”，部分数据项说明见表 7-9。

表 7-9　电子会计档案查询部分数据项信息一览表

项　目	说　明
数量	已归档的会计档案及其附件的数量和，无附件时数量为 1
上传状态	未上传：本地已归档，但未上传到电子档案系统； 已上传：已上传到电子档案系统； 上传失败：上传过程失败； 已归档：已上传到电子档案系统，并且电子档案系统已接收

7.5.12　成功案例——北京航信助力广联达集团财税管理数字化转型

本次项目的目标是搭建税务数字化管理平台和电子会计档案管理系统。北京航信结合自身税务领域近 20 年的财税管理经验，以“实现税务管理流程自动化、会计档案数字化、资料采集标准化、信息存储安全化和档案管理规范化”为目标，与广联达集团核心财务系统及 OA 办公系统完成集成，打通核心业务系统与税务管理平台以及会计档案管理系统之间的信息壁垒，最终形成完善的电子会计档案资源信息库。

增值税发票管理平台系统上线后，将大大加强广联达集团总部对各分子公司增值税发票开具和报销的管理；电子会计档案系统的应用，也将实现无纸化报销管理、业务单据无纸化归档、会计档案移交、借阅、鉴定销毁以及会计档案组卷、装盒、入库等全流程管理。此举将大大降低纸质会计档案的存储和管理成本，提高会计档案检索及业务处理效率，实现资源共享，加强集团管控，解决了广联达集团会计档案长期保存和重复调阅困难的问题，为广联达集团税务管理数字化转型提供强有力的支撑和保障。

7.6　电子凭证存档案例——“悦报销”

随着电子发票、非税收入电子票据、财政电子票据等电子会计凭证试点的迅速推广，基层单位在应用电子会计凭证中存在的一些不规范问题不断暴露，例如直接并仅将电子会计凭证（包括电子发票、非税收入电子票据、财政电子票据等）的纸质打印件作为单位报销入账归档的唯一凭证的现象大量存在。因电子会计凭证纸质打印件存在易篡改、易复制且难察觉等弊端，不仅增加了会计人员查验会计凭证的难度，重复报销、虚假入账、篡改信息现象先后出现，财务造假、偷逃税款等行为屡次发生且在实际工作中难以发现。这不仅严重干扰和影响单位正常的会计工作秩序，也使大量珍贵的电子档案资源流失。

针对无电子档案管理系统的单位而言，常采用的自建文件夹存储方式主要存在以下问题：

（1）电子票据收集麻烦

电子发票、非税收入电子票据、财政电子票据等原件的收集麻烦，原件分散在报销人员手上，但在报销时需要传给会计。用邮箱、微信等方式将电子票据原件发给会计，会计手动下载并逐一打开确认合规性，然后规范命名并下载到指定目录。

（2）电子票据查验麻烦

在实际工作中，当会计需要找某张发票时，只能先通过报销台账（手工登记的Excel台账）查找他的报销记录，然后再一级一级地打开对应的电子发票存档目录进行搜索查找。

（3）电子票据不安全

众所周知，电子设备随时可能坏掉，复杂的办公室局域网网络环境随时也都可能导致辛苦存储的电子档案灰飞烟灭。

（4）电子票据查重和真伪查验复杂

在实际工作中，会计可能遇到堆叠如山的电子发票打印报销件，如此多的电子票据纸质存档难以查重和真伪核验。

本节在梳理企事业单位电子凭证存档问题的基础上，以“悦报销”系统为例，介绍第三方软件在助力企业构建合规、高效、智能、共享的电子凭证归档方面的作用和做法。

7.6.1 智能票据采集

智能票据采集是“悦报销”的基本功能之一，具有批量发票OCR、全场景电子发票归集、票据信息应收尽收、票据采集同步计税等特点，分别描述如下。

（1）批量发票OCR

悦报销可以识别的发票类型涵盖所有正规的纸质发票。悦报销OCR支持对多张发票一起一键识别，识别准确率在95%以上，识别的发票自动匹配费用科目，大幅减少用户录入工作量，且具备群拍群识、超高识别率、票据核验等特点。

（2）全场景电子发票归集

悦报销支持多种电子发票录入方式：微信导入、支付宝导入、邮箱接收、分享到悦报销App、网页导入等，录入的电子发票会自动进行发票查验。支持的电子发票包括：增值税电子专用发票、增值税电子普通发票、区块链电子发票、全电发票，包含OFD电子发票、PDF电子发票。

（3）票据信息应收尽收

悦报销在识别发票过程中，能够全面识别票面信息，不仅包括发票种类、地点、日期、金额、税率、税额等基本信息，还包括发票的开票人、复核人、收款人、是否盖有发票章等高阶信息，能满足更广泛的用户需求，支持票据结构化、智能稽核。

（4）票据采集同步计税

悦报销在票据采集时自动同步计税，计税规则可以执行票面税率和税额，也可以根据用户需要自定义计税规则，比如只有包含“通行费”明细的电子发票计税，其他电子发票不计税，实现了精准计税、交通费进项税抵扣。

7.6.2 智能票据审核

悦报销的智能票据审核功能能够智能化地解放财务审票的压力，具备智能票据预警、智能预警、票据档案管理、智能硬件联动等详细功能。

（1）智能票据预警

在悦报销中不仅可以看到用户上传的原始票据影像，还可以根据发票情况不同区别展示，比如将发票分为正常、预警、超标等多种状态，重点信息突出显示；支持预警信息、预警规则自定义。

（2）智能预警

悦报销对于流程中触发了稽核规则的报销信息可以进行集中展示，包括发票连号、超标、代报销等，方便审批人了解流程中需要重点关注的信息，助力业务合规，实现重点提醒。

（3）票据档案管理

悦报销对报销流程中涉及的发票种类、数量在流程中集中展示，方便财务人员线上线下核对票据，支持票据档案多维度检索，实现便捷审计。

（4）智能硬件联动

悦报销支持与扫描枪联动，实现财务人员通过扫描报销单定位流程；也支持与高速扫描仪联动，实现线上线下发票的自动比对，实现智能收票，免去人工审票。

7.6.3　智能稽核规则设定

悦报销的智能稽核规则设定功能可助力组织业务合规，内置多种稽核规则模板，支持定制稽核规则、稽核规则联动应用。

（1）内置多种稽核规则模板

悦报销根据多年企事业单位服务经验，总结并内置了诸多稽核规则，包括发票连号、代报销、发票超期、差旅目的地有疫情等，管理员可以根据需要配置是否启用这些规则。具有启用便捷、覆盖广泛的特点。

（2）支持定制稽核规则

除了内置的稽核规则，悦报销支持稽核规则定制，定制的范围涵盖报销流程信息中的任何内容，比如一个流程中收款人只能是一个人、流程中存在替票情况，实现了稽核规则的按需定制。

（3）稽核规则联动应用

在悦报销系统中，触发稽核规则后除了可以禁止用户提交流程或给出预警外，这些稽核规则可以与审批流程设计、字典数据等联动，实现全面的管理管控和多端协同。

7.6.4　助力电子凭证归档

悦报销是在国家档案局办公室等四部门《关于进一步扩大增值税电子发票电子化报销、入账、归档试点工作的通知》（档办发〔2021〕1号）、《关于规范电子会计凭证报销入账归档的通知》、国家税务总局“加快推进电子发票无纸化报销、入账、归档、存储”等文件要求的框架内，帮助企业构建的合规、高效、智能、共享的归档方案，助力企业推进会计档案无纸化进程，有效应对全电发票时代电子发票等会计凭证合规性管理要求。大幅降低90%以上凭证整理装订工作，并降低80%以上内外部审计与合规应对人数；提升90%以上档案查阅效率。

1. 电子发票采集报销入账流程管理

（1）发票信息采集

悦报销支持手机/PC导入PDF/OFD发票、手机导入微信/支付宝卡包发票、扫描发票二维码导入发票等，智能实时提取发票信息，AI技术智能关联费用类型。

（2）发票验真查重（价税分离）

悦报销在导入发票时，系统自动对发票进行验真、查重、查连号、价税分离。对接国税发票比对电子底账库，自动完成对发票验真与税号校对工作，防止假票、错票、被篡改发票和作废发票入账；自动与已报销发票进行重复比对，避免重复报销，自动解析金额并分离发票金额和税额。

（3）电子化报销

从申请到报销到支付，悦报销实现了对于提交、审批、稽核、支付的全流程电子化处理。提交人、审批人、财务人全程线上处理和流程驱动协同，对费用标准和费用预算，自动按照相应规则精准控制，支付数据直联企业网银，实现联机支付。

（4）自动入账

悦报销与财务核算系统无缝对接，单据审核完毕后，系统将数据同步至财务系统，自动生成记账凭证，无须财务人员手工记账。系统支持将报销单、电子发票、附件等数据同步至财务系统，关联记账凭证，并可在线查询预览。

（5）一键归档

悦报销与电子会计档案系统对接后，可按类别进行电子资料的归档、装册、信息采集。自动写入电子签名，防止数据被篡改，系统配置及档案的全链路操作日志留痕，任何操作皆可追溯。全流程遵循《会计档案管理办法》等系列政策、法规，充分保障合规性。

2．档案归档全流程管理

（1）电子档案管理

对接业务系统、财务系统，实现会计档案电子数据全生命周期管理；采集、归档、利用、移交、鉴定、销毁等。

（2）实物档案管理

模拟实物档案管理流程，辅助实物档案系统化管理；管理流程包括归档、装册、电实匹配、上架、借阅、归还、鉴定、销毁等。

（3）基础数据管理

实现输出数据配置管理，包括但不限于档案室、档案柜等。

（4）权限管理

支持系统管理员、档案管理员、财务人员及相关用户功能及数据安全控制功能，支持电子档案管理用户的分组、分类管理，以及按照功能和数据进行授权等功能。

（5）日志管理

实现日志及其分类管理功能，记录用户访问、存取和使用电子档案的行为和信息；对电子档案关键业务过程、档案管理操作行为和系统非授权访问等事项进行审计、跟踪的功能，记录发现问题。

综上，悦报销可实现对电子发票“预览、查验、报销、归档”全流程电子化的应用赋能，能够大量减轻财务烦琐工作，提升财务管理价值。悦报销以企业场景为核心，重构数字化费控，真正做到“让工作更高效，让经营更有效”，持续帮助更多企业向全流程无纸化时代加速迈进。

7.7　电子票据管理中的区块链技术应用

自2016年以来，我国相继出台了多项关于区块链发展的政策，尤其是，《“十三五”国家信息化规划》中把区块链作为一项重点前沿技术。同时，上海、广州、深圳、重庆、浙江、江苏、贵州和山东等多地发布政策指导信息。2017年以来，国内多个省、直辖市都相继出台了支持区块链产业发展的指导意见或区块链专项扶持政策，为各地区块链产业园区的成立及可持续发展注入了新动能。

2019年10月24日，中共中央政治局就区块链技术发展现状和趋势进行第十八次集体学习。习近平总书记在主持学习时强调："区块链技术的集成应用在新的技术革新和产业变革中起着重要作用。我们要把区块链作为核心技术自主创新的重要突破口，明确主攻方向，加大投入力度，着力攻克一批关键核心技术，加快推动区块链技术和产业创新发展。"同时，习近平总书记指出："区块链技术应用已延伸到数字金融、物联网、智能制造、供应链管理、数字资产交易等多个领域。目前，全球主要国家都在加快布局区块链技术发展。我国在区块链领域拥有良好基础，要加快推动区块链技术和产业创新发展，积极推进区块链和经济社会融合发展。""使区块链技术在建设网络强国、发展数字经济、助力经济社会发展等方面发挥更大作用。"

区块链技术因其去中心化、分布式记账、共识机制、信任机制、加密性等特点，日益受到理论研究领域的关注，并且开始在金融创新、产业创新、公共管理、文化旅游等多个领域得到广泛应用，对于创新金融发展模式、推动产业融合以及提升政府治理能力发挥重要作用。当前，区块链技术与"互联网+"融合发展，已逐渐成为新一代信息技术背景下的重点应用之一。

目前，区块链技术已被许多大型机构作为改变业务模式或是机构运行方式的突破性技术。尽管区块链技术仍存在可拓展性存疑，开源项目尚不成熟，隐私及安全等问题，但现有的应用发展已经很好地证明了区块链的价值。然而，在未来的发展中，愈加成熟的区块链技术将广泛应用于金融服务、供应链管理等经济社会各领域，其必将提升协同效率、优化业务流程、减少运营成本，进而支撑经济社会转型升级。例如，随着区块链的成熟，将其应用于票据管理可高效支撑数字票据的签发、承兑、贴现和转贴现等业务，可促进票据市场信息的真实与统一、降低监管成本，提高运行效率。区块链作为一种点对点传输、分布式数据存储、加密算法、共识机制等技术的集成应用，被认为是继大型机、个人计算机、互联网之后计算模式的又一颠覆式创新，必将在新的技术革新和产业变革中起着主要作用。

7.7.1　区块链在票据管理的应用现状

区块链技术在票据管理各个环节上的运用以及其优势体现了区块链与票据管理的可兼容性：通过提供无须第三方中介的业务流程公开、信息证明公示的高效技术支持，从各个环节出发，很好地满足了票据市场的监管以及管理需求。但是仅有环节上的运用还不够，票据管理是一个完整的体系，如何把区块链在各个环节中的运用整合起来，成了各部门下一步需要思考的问题。

票据市场的管理者和参与者都在这方面做出了自己的努力，并取得了不错的成果，上海票据交易所在 2018 年 1 月 25 日成功上线并试运行数字票据交易平台。工商银行、中国银行、浦发银行和杭州银行在数字票据交易平台顺利完成基于区块链技术的数字票据签发、承兑、贴现和转贴现业务。

这个实验性数字票据交易平台主要是基于现有数字票据交易平台原型系统，结合区块链前沿技术进行了完善和升级。在结算方式、系统安全防护、监控管理等方面都应用了创新性解决方案。如"链上确认，线下结算"的结算方式，使得区块链系统与中心化系统对接应用成为可能；安全防护则采用SM2国密签名算法进行区块链数字签名，进一步适应金融服务应用的高安全性、自主可控需求；而在监控管理方面则建设了可视化监控平台，图形化的业务展示更直观也更易于监控。

尽管这只是个试验平台，但却是区块链在票据市场管理的落地式实践，具有创新性价值，对于后期票据市场改革也有实践性指导意义。不仅让人们看到了区块链应用票据市场管理的优势所在，也让人们挖掘到了区块链应用的更多可能。

不仅仅是票据市场的管理者，许多票据市场的参与者也在积极探索区块链在票据行业应用的可能。其中赣州银行通过金融科技创新，积极运用区块链前沿技术，在全国率先推出票链业务，上线一周年就收获“票房”超 6 亿元。

赣州银行的票链产品直击中小微企业持有“两小一短”票据的融资难问题，利用区块链交易安全便捷、平台化后端集中处理等特点，降低业务运营费用，提高清算效率，从根源上解决“两小一短”难题。技术上的优势也带来了票据融资期限和金额的灵活多变，票链业务因操作标准化、处理方式批量化、交易模式便捷化，成为越来越多中小微企业融资的首选，一大批中小微企业因此受益。

7.7.2 区块链在票据管理的应用

1. 区块链应用于票据管理的主要功能环节

区块链作为一种底层架构加入票据管理后，其可信任机制、智能合约等技术点将应用于票据托管、票据承兑、票据流转、票据托收等主要功能环节。

（1）票据托管环节

在区块链构建的票据管理系统的网络节点中，托管方发布一条信息至委托方，并声明委托方拥有该票据资产，票面真实，目前保管在托管方。票据的承兑方为第三方的信息记录节点，其完成记账并生成数据区块后，委托方的网络节点名下增加该票据资产。托管方负责票据的审验和保管，解决了票据的真伪性问题；承兑方记账防止了委托方和托管方的联合作假，解决了票据的存在性问题。

（2）票据承兑环节

加入区块链的票据管理的承兑环节中，由于加入了区块链，每个企业在该区块链下都是一个不同的节点。在这样的条件下，票据管理实现了以下三个方面的优化：①在缺乏信任的情况下，传统模式引入了冗余的流程、冗余的模式、中介机构。应用区块链技术后，票据池可实现非中心化的出票过程，节约了时间成本，解决了跨企业的信任问题。②交易信息不可篡改。没有任何一个节点可以单独记录账本数据，从而避免了单一记账人被控制或者被贿赂而记假账的可能性。只有同时控制超过 51% 的节点，才能修改信息，实际上只要记账节点足够多，就可以排除这种可能性。③提高了数据安全性。通过区块链的分布式账本技术，每个节点记录了完整的交易账目，任何节点对交易数据的操作都会被其他节点观察到。举个简单的例子：如果企业 A 需要为企业 B 开票，那么承兑人 C 作为对出票企业 A 的第三方担保，通过制定的算法验证承兑人 C 对出票企业 A 的授信、承兑金额等信息，并生成相应的数据区块。

（3）票据流转环节

在流转环节中，区块链将在智能合约中根据票据流转、贴现、转贴现、再贴现、回购等一系列业务的特点和要求制定有针对性的算法。在区块链中，数据以区块的方式永久存储。区块链包含一张被称为区块的列表，有着持续增长并且排列整齐的记录。区块结构可分为区块头与区块体两部分，区块头包含一个时间戳并与前一区块的链接，以保证数据的连续性和不可篡改性；区块体包含了经过验证的及区块创建过程中产生的所有交易信息，为交易纠纷提供可靠的取证来源。这些都很好地避免了流转环节的操作风险、信用风险及道德风险，较好地实现了价格的真实性和交易的公平性。

（4）票据托收环节

区块链应用后的票据管理中的托收环节也将得到优化，在算法中写入票据的号码、出票人、付款行、出票金额、到期日等相关信息。票据到期时，智能合约自动执行双方约定的义务，即持票人自动发出托收申请，系统自动完成交割，不存在逾期问题。完成托收后，生成数据区块记录交易信息。

2. 区块链应用于票据管理的优点分析

解决了票据发展过程中票据管理的许多问题。随着近年来我国票据市场发展的不断深入，规模的不断扩大，票据管理也相继产生了很多问题，其中不乏操作风险、法律风险、信用风险以及利率风险等问题，甚至银行内部可能存在操作流程或业务制度不完善等问题、查询和监管缺乏统一、不分离票据管理业务岗位职责、有效信息交流和反馈机制缺乏等一系列问题。

而区块链技术通过管理中心对各节点公共账本的业务统计分析，可以很容易掌握所有票据的现存状态，且操作可通过建立约束代码来实现，避免出现到期违约问题。在央行推行票据数字化的大背景下，票据管理的趋势便是数字化，所有票据在区块链管理时均以数字形式存在，大大降低了真假票据、不法票据出现的概率。所有票据分门别类统一管理，同时通过代码完善反馈机制，规避了管理风险。

区块链带来的其他优点。区块链作为当下热门的技术，其本身便具有许多特点，而这些特点应用于票据管理后也带来了许多优点。①促进票据市场信息的真实与统一。区块链技术最本质，最特殊的特点便是其去中心化特性，这一特点带来的优点有二：一是可以降低中心服务器的接入及应用成本，二来可以减少信息的接收存储空间。②降低监管成本。加入区块链后，银监会甚至人民银行等票据监管机构都可以作为一个节点加入这条链中，而链中的每个节点都可以访问其他节点的票据情况，这其中的数据调取更具有透明性和便捷性等特点，以此达到更加有效、有力的监管效果。③提高了运行效率。区块链发展过程中的一大特性便是智能合约。而智能合约的特点是可编程，票据业务的大多过程都可自动运转并完成；这一特点可很好地规范操作流程，数字票据优化交易过程也提高了票据结算的效率，不仅实现票据的统一管理，而且可助力票据市场的合规性。

7.7.3　风险及建议

区块链应用于票据，目前仍存在区块链技术问题、监管政策问题、票据管理问题等。

1. 区块链技术问题

区块链的存储成本高于通过中心化系统进行存储的成本；区块链技术的抗压能力目前为止仍没有得到实际验证，可能无法承受短时间庞大的交易数据；基于区块链技术去中心化的智能合约应用技术难度较大，相关人才紧缺，在技术上也有安全漏洞。

2. 监管政策问题

在监管方面，目前相关的监管政策仍处于缺失状态，只能在票据法及有关制度的允许范围内进行业务试点创新。

3. 票据管理问题

票据管理上也不可避免地存在票据交接、保管、托管的风险；票据质押融资违约风险；票据业务操作违规等风险。虽然，目前相关企业将区块链技术应用到票据业务仍存在许多待完善的地方，但这为票据市场注入了新的活力，必将成为票据行业发展的重要趋势。一是对于相关企业而言，金融科技产品必须拥有核心技术，如果完全依靠科技公司提供核心技术，公司只是在其基础上做简单的业务应用，则业务扩展的基础不可控，同时也存在不可控的金融风险。二是作为金融监管机构，同样需要与时俱进，促进现有金融监管方式的转变。通过创新金融监管手段，加强对监管科技工具的探索和运用，实现有效金融监管。三是对于票据管理问题，相关企业应加强对票据质押融资客户的资格审查，提高客户准入门槛；建立严密的保管、交接、查阅登记制度，规范业务流程，明确岗位交接职责。

习题与实践

一、判断题

1. 与传统纸质票据相比，尽管电子发票具有无纸化、低能耗、易保存、易查询、成本低、查验简单、保存方便等优点，但在入账、归档等管理方面也存在重复报销、虚假入账、篡改信息等问题。（　　）

2. 电子专用发票的纸质打印件可以单独作为报销入账归档依据使用。（　　）

3. 针对电子票据（如电子发票）的保存问题，应当采用多重备份、定期检测等方法，保证电子票据档案在规定的保管期限内不会丢失并能被读取。（　　）

4. 财政电子票据的用票单位将票据入账后，需通过指定的接口将财政电子票据的入账凭证号返回到财政电子票据服务平台。（　　）

二、单项选择题

针对电子专票的入账归档，正确的做法是（　　）。

A. 单独以电子专票的纸质打印件作为报销凭证并入账归档

B. 单独以电子专票电子档入账归档

C. 以电子专票的纸质打印件作为报销入账归档依据的，必须同时保存打印该纸质件的电子专票

D. 什么都不需要

三、启发与思考

参考财政部关于印发《关于稳步推进财政电子票据管理改革的试点方案》的通知（财综〔2017〕32号）《财政电子票据公共服务接口规范》要求，自行选择DBMS，设计必要的数据库，模拟实现downloadPNG4AccountByDate和accountForRecode接口服务函数的功能。

第8章 电子票据（非税）服务解决方案与案例分析

前七章以制样、赋码、开具、传输、查验、入账和归档顺序，讲解了财政电子票据基本管理流程及相关技术。为便读者在全局上把握非税电子票据服务平台的整体解决方案，本章在简要介绍高校非税票据一体化系统解决方案、医疗电子票据综合服务平台解决方案基础上，以马鞍山市医疗电子票据管理服务平台为例，详细引述该项目的建设方案，旨在为读者撰写项目建设方案提供参考。

8.1 高校非税票据一体化系统解决方案

目前，教育信息化已成为国家战略，网络化、数字化、个性化、终身化是核心目标。在国家大力推行非税收入收缴和财政电子票据管理改革的背景下，诸多高校为适应加快现代财政制度改革和信息化发展的需求，充分运用互联网、移动智能等信息技术手段，推广运用财政电子票据，推进财政电子票据管理改革，全面提高财政票据社会需求便捷度，提升财政票据监管水平和效率，全面推开财政电子票据管理改革，规范收缴行为，执行统一收费规程，以直缴为主、汇缴为辅的资金收缴方式，大大提高了高校非税电子发票及往来票据查询、奖助金发放的便利度。

目前，能够提供高校非税票据一体化系统解决方案有许多，如福建博思软件股份有限公司（简称博思软件）的博思财信高校非税票据一体化系统、天津鑫茂科技股份有限公司的天大天才智能校园统一支付平台等。限于篇幅，本章以博思财信高校非税票据一体化系统为例进行说明。

8.1.1 汇缴业务流程

汇缴模式的高校非税票据一体化系统业务流程如图8-1所示。

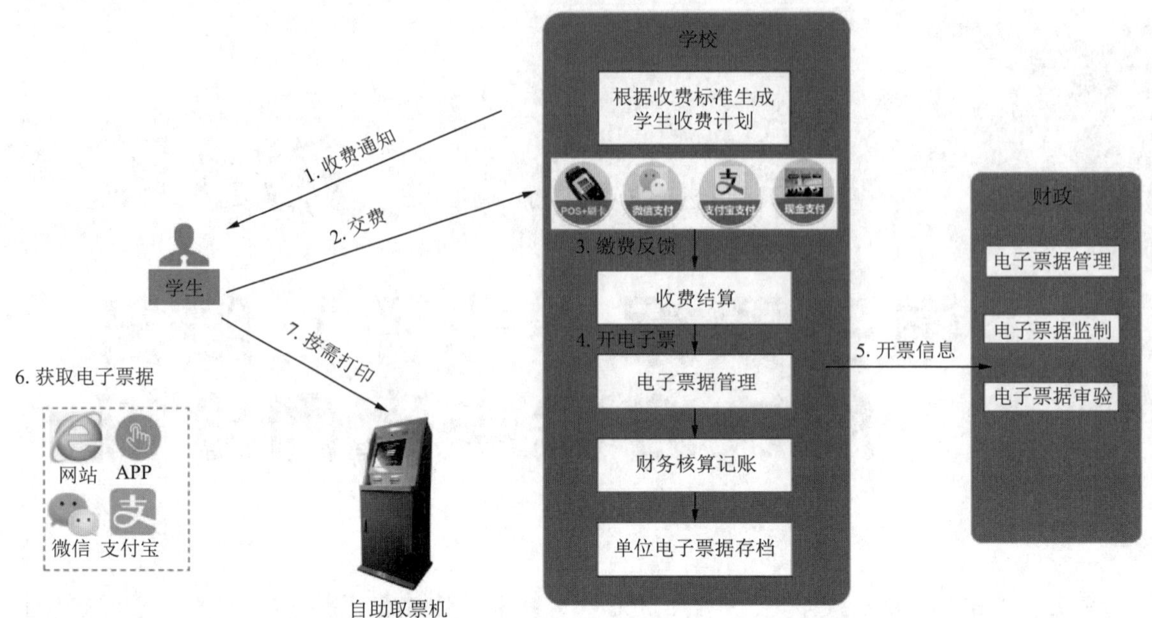

图 8-1　汇缴模式的高校非税票据一体化系统业务流程图

8.1.2　直缴业务流程

直缴模式的高校非税票据一体化系统业务流程如图8-2所示。

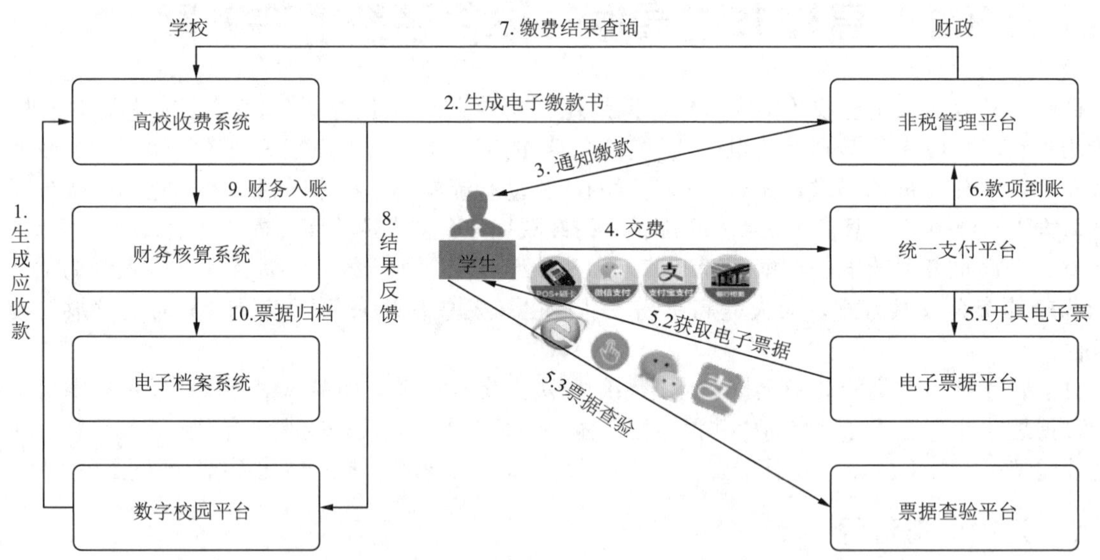

图 8-2　直缴模式的高校非税票据一体化系统业务流程图

8.1.3　硬件配置分析

从图8-1和图8-2可以看出，无论是汇缴模式还是直缴模式的高校非税票据一体化系统，都是由收费系统、财务核算系统、电子档案系统、数字化校园等多个相关业务系统集成，学生收费管理系统、综合票据管理系统、统一缴费平台只需要升级相关功能配置接口即可，不需要重新搭建软硬件环境和网络环境；高校非税票据一体化系统由于是新引入的系统，需要搭建应用环境。高校把该系统部署在财务专用网的外层，方便与外部网络中的财政票据电子化管理系统进行通信，在搭建中大都采用两台服务器，一台用于部署系统应用平台，如采用2个6核CPU、12线程的高配置，以便满足集中开票并发情况，不用再单独配置缓存协调服务器进行负载均衡处理；一台用于安装系统数据库，建议配置是4个6核CPU、64 GB内存、4个300 GB及以上的硬盘。

此外，针对基于U-Key个人签名的单笔电子票据签名不适用于大量数据同时并发的问题，高校非税票据一体化系统建议配备一台专用的签名服务器，用于对电子票据进行签名、验签、加密、解密，防止篡改数据，保证电子票据的安全，实现对多笔电子票据进行批量签名，解决批量开票时的并发问题。

8.1.4　关键技术分析

从图8-1和图8-2所示业务流程所涉及的高校收费、财务核算、电子档案、数字校园、非税管理、统一支付、电子票据、票据查验等模块，根据计算机科学技术知识可推断高校非税票据一体化系统包含程序设计、网络操作系统、数据库管理系统、中间件、加密与数字签名、微服务、Web Service等技术，本节简要概述。

1. 程序设计语言

高校非税票据一体化系统是一套基于计算机网络的典型应用软件，无论是基于浏览器的PC端还是基于App的移动端应用，都是通过C、C++、Java、PHP、Python、H5等高级程序设计语言编写而成。

需要提醒的是，在本书的第2章中提及“财政电子票据数据采用XML格式进行组织”，也就是说XML数据类型是财政电子票据数据要素呈现的主要途径。因此，作者建议本书的读者要适当了解、掌握XML，毕竟它是互联网数据传输的重要工具，可跨越互联网任何平台，不受编程语言和操作系统的限制。因此，有人说“XML是一个拥有互联网最高级别通行证的数据携带者”。

2. 网络操作系统

当下流行的直缴模式高校非税票据一体化系统中的高校收费系统、财务核算系统、电子档案系统、数字校园平台、非税管理平台、统一支付平台、电子票据平台、票据查验平台等，均离不开服务器，而网络操作系统（Network Operating System，NOS）是服务器的核心。一般而言，NOS运行在网络服务器上，除实现单机操作系统的全部功能外，还能提供共享资源管理、网络通信、网络服务、网络管理、互操作等功能的操作系统。

目前，常用的网络操作系统有Windows Server、Linux、UNIX等。Windows Server是微软在2003年开始推出的Windows服务器操作系统，主流的版本有Windows Server 2008、Windows Server 2012、Windows Server 2016、Windows Server 2022。

Linux最大的特点是源代码开放（开源），主流发行版本为CentOS、Ubuntu。CentOS多用于服务器，Ubuntu多用于个人PC桌面场景。

3. 数据库管理系统

数据库管理系统（Database Management System， DBMS）是一种操作和管理数据库的大型软件，用于建立、使用和维护数据库。DBMS对数据库进行统一的管理和控制，以保证数据库的安全性和完整性。用户通过DBMS访问数据库中的数据，数据库管理员（Database Administrator，DBA）也通过DBMS进行数据库的维护工作。

目前，互联网常见的DBMS有Oracle、MySQL、Microsoft SQL Server、PostgreSQL、

MongoDB、Redis、DB2、SQLite等，概述如下：

（1）Oracle

Oracle是一种关系型数据库管理系统，不区分大小写。

（2）MySQL

MySQL是一个开放源代码的关系型数据库管理系统，支持大型数据库（可处理拥有5 000万条记录的数据，数据量过大时建议分库分表以提高查询效率），32位系统表文件最大可支持4 GB，64位系统支持最大的表文件为8 TB，不区分大小写。MySQL 8对源代码进行了重构，对MySQL Optimizer优化器进行了改进，不仅在速度上得到了改善，还为用户带来了更好的性能和体验。

（3）Microsoft SQL Server

关系型数据库管理系统，不区分大小写。

（4）PostgreSQL

PostgreSQL是稳定性极强的关系型数据库管理系统，符合SQL标准，开放源码，具备商业级的DBMS质量。PostgreSQL对数据量大的文本以及SQL处理较快。

（5）MongoDB

MongoDB是当前最流行的NoSQL数据库之一，属于文档型NoSQL。

（6）Redis

Redis是一款非关系型数据库管理系统，Redis命令不区分大小写，Redis的key名要区分大小写。

（7）DB2

DB2是由IBM公司出品、收费类的数据库管理系统，常应用在银行系统中。

（8）SQLite

SQLite是嵌入式小型数据库管理系统，主要应用在手机端；零配置，SQlite3不用安装，不用配置，不用启动，配置或者关闭数据库实例；系统崩溃后不用做任何恢复操作，用户下次使用数据库时自动恢复。

4. 中间件技术

中间件是介于应用系统和系统软件之间的一类软件，它使用系统软件所提供的基础服务（功能），衔接网络上应用系统的各个部分或不同的应用，能够达到资源共享、功能共享的目的。它并没有很严格的定义，但是普遍接受IDC的定义：中间件是一种独立的系统软件服务程序，分布式应用软件借助这种软件在不同的技术之间共享资源，中间件位于客户机服务器的操作系统之上，管理计算资源和网络通信。从这个意义上可以用一个等式来表示中间件：中间件=平台+通信，这也就限定了只有用于分布式系统中才能叫中间件，同时也把它与支撑软件和实用软件区分开来。

从功能上看，中间件包括消息中间件、交易中间件、应用服务器等，详细分类如下：

① 分布式计算中间件，如Hadoop[①]。

② 负载均衡中间件，如LVS（Linux Virtual Server， Linux虚拟服务器）是把许多台物理Linux计算机逻辑上整合成一台超级计算机，对用户来说感觉只有一台计算能力很强的超级服务器。

③ 集群中间件，如Linux-HA和Keepalive等。

④ 静态资源服务中间件，又称静态网站服务器，可由node+express配置而成。

⑤ 动态应用服务中间件，如Tomcat、JBoss、Geronimo、JOnAS等。

① Hadoop 就是一个分布式计算平台，用Java语言开发，包含Common、MapReduce和HDFS三个核心部件。

5. 加密与数字签名

信息加密技术是利用数学或物理手段，对电子信息在传输过程中和存储体内进行保护，以防止泄露的技术，是电子商务、电子政务、数字政府等应用领域采取的主要安全保密措施，也是最常用的安全保密手段。关于数字签名技术，在第3章中已详细说明，此处不再赘述。

高校非税票据一体化系统的信息加密问题，需满足财政部《关于财政非税电子票据业务中密码设备应用有关事宜的通知》（财信〔2019〕25号）要求。

高校非税票据一体化系统的加密与数字签名工作大都由签名验签服务器（又称电子签名服务器）或专用密码机实现，其性能参数举例如下：

- RSA签名：6 000次/秒。
- RSA验签：13 000次/秒。
- RSA制作数字信封：11 000次/秒。
- RSA解密数字信封：6 000次/秒。
- SM2签名：3 500次/秒。
- SM2验签：4 500次/秒。
- SM2制作数字信封：2 500次/秒。
- SM2解密数字信封：3 000次/秒。

6. 微服务

微服务体系结构是一种将服务器应用程序生成为一组小型服务的方法。也就是说，微服务体系结构主要面向后端，虽然该方法也会用于前端。每个服务都在自己的进程中运行，并使用HTTP/HTTPS、Web Socket等协议与其他进程进行通信。每个微服务在特定的上下文边界内实现特定的端到端域或业务功能，每个微服务须自主开发，且可独立部署。此外，每个微服务都应拥有自己的相关域数据模型和域逻辑（主权和分散式数据管理），并且可以基于不同的数据存储技术（SQL、NoSQL）和不同的编程语言。

针对高校非税票据一体化系统，如果该系统中的高校收费、财务核算、电子档案、非税管理、统一支付、电子票据、票据查验等模块都用单体架构设计和实现，则耦合度会很高，系统的开发难度也会很大。如果使用微服务开发该系统，将每个服务都当成一个单体应用来开发，那么收费服务、财务核算服务、电子档案管理服务、非税管理服务、支付服务、电子票据服务、票据查验服务，都将作为一个独立的微服务设计开发，降低系统中模块之间的耦合度，也为系统升级提供便利。

7. Web Service技术

Web Service是一个平台独立（跨编程语言和跨操作系统平台）的，低耦合的，自包含的、基于可编程的Web应用程序，可使用开放的XML标准来描述、发布、发现、协调和配置这些应用程序，特别适用于开发分布式交互操作的应用程序。

Web Service提供了跨编程语言和跨操作系统平台的远程调用技术，使得服务端程序采用Java编写，而客户端程序则可以采用其他编程语言编写，也实现了服务端程序和客户端程序可在不同的操作系统上运行。

高校非税票据一体化系统中的支付宝、微信电子支付功能，就是借助Web Service技术实现的，通过直接调用阿里、腾讯提供的Web Service服务。支付宝接口函数概述如下：

- alipay.trade.app.pay（App支付接口2.0）。
- alipay.trade.wap.pay（手机网站支付接口2.0）。
- alipay.trade.page.pay（统一收单下单并支付页面接口，计算机网站支付）。

- alipay.trade.close（统一收单交易关闭接口）。
- alipay.trade.query（统一收单线下交易查询）。
- alipay.trade.close（统一收单交易关闭接口）。
- alipay.trade.refund（统一收单交易退款接口）。
- alipay.trade.fastpay.refund.query（统一收单交易退款查询）。
- alipay.data.dataservice.bill.downloadurl.query（查询对账单下载地址）。
- alipay.fund.trans.toaccount.transfer（旧版转账到支付宝账户接口）。
- alipay.fund.trans.uni.transfer（单笔转账接口）。
- alipay.fund.trans.order.query（查询转账订单接口）。
- alipay.fund.trans.common.query（转账业务单据查询接口）。
- alipay.data.bill.balance.query（支付宝商家账户当前余额查询）。

8.2 医疗电子票据综合服务平台解决方案

医疗电子票据改革是财政电子票据改革的重中之重，具有很高的社会意义。财政部、国家医保局、国家卫健委于2019年要求全面推行医疗收费电子票据改革，实现一站式医疗服务。医院借助改革契机，为加强自身业务管理，实现开票业务之外还依据个性化需求搭建了满足医院内部管理的平台。通过多样化通知取票渠道、全口径收入凭证电子化、财务精细化管理及智能内控稽核、单位电子档案、院内凭证全面电子化、院外移动诊疗服务等，切实减少患者就医排队缴费时间，降低医院综合运营成本，提高了医院运行管理效率和服务质量。

8.2.1 标准功能

一般地，医疗电子票据管理平台的标准功能图如图8-3所示。

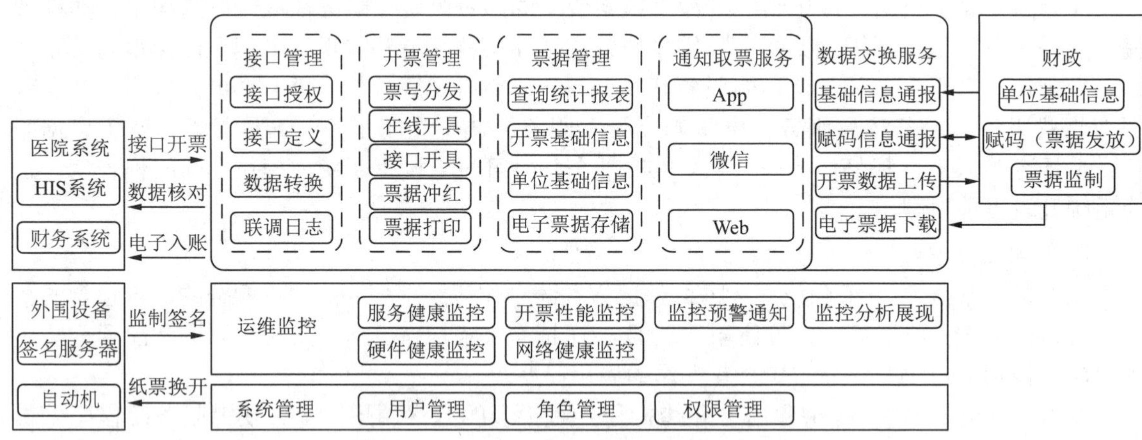

图 8-3 医疗电子票据管理平台标准功能图

8.2.2 业务场景

在医疗行业中，就诊人、医院、医疗电子票据管理平台、医保中心、财政之间业务场景的流程如图8-4所示。

10.查验电子票据
医院
缴费渠道
POS+刷卡
微信支付
支付宝支付
现金支付
2.缴费
3.缴费反馈
1.就诊
收费结算
7.通知
就诊人
8.获取电子票据
9.换开纸票
网站
App
微信
自助机
单位票据审验申请
财务核算
4.请求开具电子票据
5.返回电子票据信息
日结记账
医疗电子票据管理平台
电子票据管理（开具、通知）
电子票据存储
电子票据审验
数据核对
6.开票信息
财政
电子票据监制
财政电子票据存档
电子票据审验
对接医保
医保中心
查验电子票据、资金清分、入账反馈

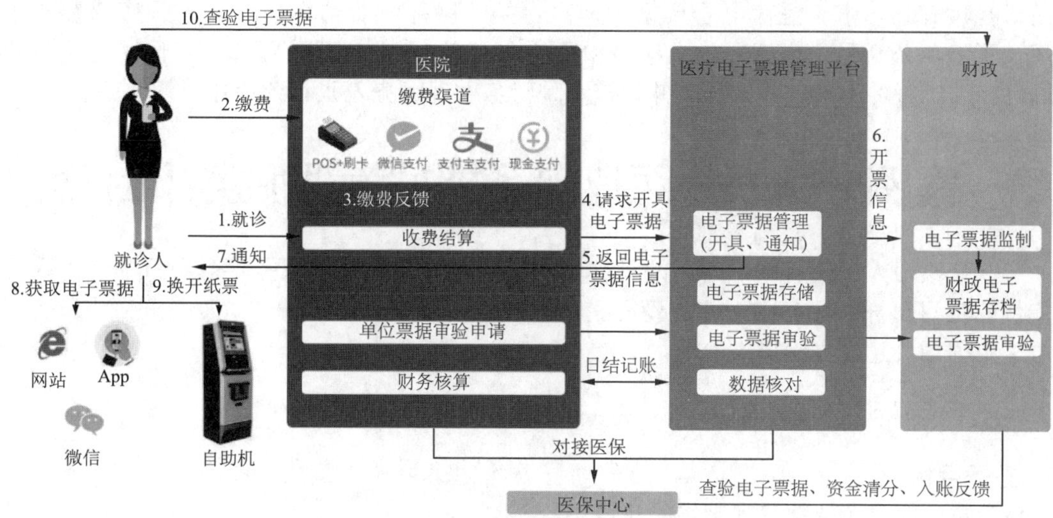

图 8-4　医疗电子票据管理平台整体业务场景图

8.2.3　解决方案

福建博思软件股份有限公司设计的财政电子票据医疗行业应用解决方案如图8-5所示。

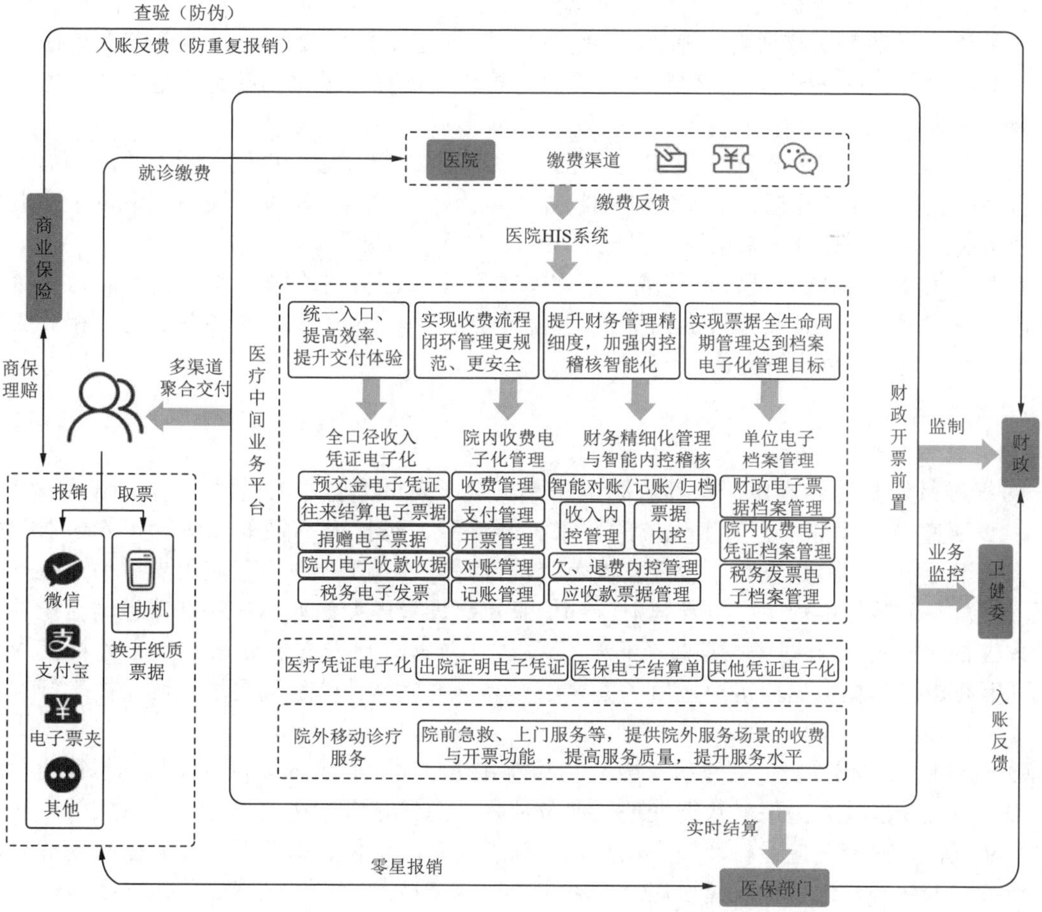

查验（防伪）
入账反馈（防重复报销）
商业保险
商保理赔
就诊缴费
医院
缴费渠道
缴费反馈
医院HIS系统
多渠道聚合交付
医疗中间业务平台
统一入口、提高效率、提升交付体验
实现收费流程闭环管理更规范、更安全
提升财务管理精细度，加强内控稽核智能化
实现票据全生命周期管理达到档案电子化管理目标
全口径收入凭证电子化
预交金电子凭证
往来结算电子票据
捐赠电子票据
院内电子收款收据
税务电子发票
院内收费电子化管理
收费管理
支付管理
开票管理
对账管理
记账管理
财务精细化管理与智能内控稽核
智能对账/记账/归档
收入内控管理
票据内控
欠、退费内控管理
应收款票据管理
单位电子档案管理
财政电子票据档案管理
院内收费电子凭证档案管理
税务发票电子档案管理
医疗凭证电子化
出院证明电子凭证
医保电子结算单
其他凭证电子化
院外移动诊疗服务
院前急救、上门服务等，提供院外服务场景的收费与开票功能，提高服务质量，提升服务水平
报销
取票
微信
支付宝
电子票夹
其他
自助机
换开纸质票据
财政开票前置
监制
财政
业务监控
卫健委
入账反馈
实时结算
零星报销
医保部门

图 8-5　财政电子票据医疗行业应用解决方案

在图8-4和图8-5中，医疗电子票据管理平台接收医疗收费结算信息开具医疗收费电子票据，通过医院的公众号、生活号、小程序和医院App等多种方式送达就诊人；同时，开具的电子票据可存储到医院本地进行归档，并对接医院财务实现财务入账和会计处理。

8.3 案例分析——医疗电子票据管理服务平台项目

本节以马鞍山人民政府网站公示的马鞍山市医疗电子票据管理服务平台项目为例，简要摘述该案例的项目目标、业务需求、建设方案、软硬件清单等，旨在通过抛砖引玉，为读者撰写医疗电子票据项目建设方案提供参考。

8.3.1 项目目标

1. 业务目标

马鞍山市医疗电子票据管理系统的建设宗旨：

① 完成马鞍山市人民医院、马鞍山市妇幼保健医院、马鞍山市中医院、马鞍山市第四人民医院（以下简称四家医院）的电子票据业务改革，解决医疗收费的票据交付方式，打通患者就医挂号、就诊、交费、票据交付全闭环电子化管理，切实做到便民、利民。后续完成全市医疗机构接入市医疗电子票据管理系统。

② 简化资料、方便群众、提升就医体验。助力医院互联网+推广应用，在医院拓宽互联网挂号、就诊、缴费等医疗服务渠道的同时，结合医疗电子票据改革，打通患者就医挂号、就诊、交费、票据交付全闭环电子化管理，为患者提供全流程无纸化的就医体验，减少患者在各个环节的排队时间。

③ 打通医疗电子票据改革实施应用“最后一公里”。以《会计档案管理办法》和《关于全面推行医疗收费电子票据管理改革的通知》等政策为建设依据，建设马鞍山市全市医疗机构票据管理系统，打通医疗电子票据改革实施应用的“最后一公里”。

④ 医疗信息资源的数据资产获取。获取本项目覆盖范围内的医院现有医疗信息资源的数据资产，在数据信息一体化建设的前提下，整合医疗电子票据信息，对各医院进行相关数据管理，为卫健委领导提供决策支持。

2. 技术目标

（1）软件目标

① 标准性和规范性。由于医疗收费电子票据属于财政票据中心管理，因此在系统建设过程中，必须遵循财政部“金财工程”的技术标准体系，包括但不限于《财政业务基础数据规范》《基于金财工程应用支撑平台开发规范（试行）》《基于金财工程应用支撑平台数据交换规范（试行）》等标准规范，以及《财政部信息化建设管理办法》《财政部信息化建设项目验收管理办法》《金财工程建设项目管理暂行办法》《财政票据管理办法》《会计档案管理办法》《财政电子票据数据规范》《电子签名法》等标准化文件的建设要求，确保技术标准规范统一。

② 先进性、实用性。所有系统、数据、功能和接口需求必须依据业务流程分析得出，满足马鞍山市卫健委以及各医院对数据处理、业务流程和总体技术架构的要求。注重实效，具有灵活的可配置性，应能适应运行环境变化和其他软件接口的变化，适应精度和有效实现的变化，适应业务的变化与改进。系统建设应合理利用当前网络技术、支付技术、终端设备技术，满足当前财政改革和医疗业务工作的实际需求，确保系统的实用性及先进性，同时应把握科技、社

会及财政管理发展趋势，为未来的改革发展留有充分的扩展空间。

③ 可扩展性。在系统开发的各个阶段，重视系统的可扩展性，以适应用户未来在需求上可能出现的变化。在设计上具有适应业务变化的能力，如系统用户数量及业务量的增长、规则或代码的变化、业务单据的变更等，在整体设计上保证业务变化造成的影响局部化。

④ 可靠性。在系统设计和开发过程中，要充分考虑系统当前和将来可能承受的工作量，使系统的处理能力和响应时间能够满足用户对信息处理的需求。在硬件和系统软件正常运行的前提下，系统可以持续高效运行。

（2）硬件目标

为了满足对医疗电子票据的管理，在医疗健康云平台上建设分布式集群以部署市级医疗电子票据平台，分布式集群要求部署在6台物理服务器上，形成跨域分布式集群（统管市级电子票据平台和各医院前置服务器）。集群上以容器模式部署电子票据平台、Web服务（负载均衡、反向代理）、电子票据数据库、文件系统服务、缓存协调服务等。马鞍山市人民医院、妇幼保健院、第四人民医院、中医院分别新增1台前置服务器，部署在医院局域网防火墙外，安装集群软件和医院端业务软件，完成集群管理、数据传输，并可实现网络异常情况下的本地开票功能。同时每个前置服务器节点和市卫健委业务平台形成大集群。在卫健委集群中，可实现利用统一的Web方式管控各医院端前置服务器运行状态和业务。

医疗机构现有的安全环境参差不齐，后期医疗单位根据政策要求逐步完善。为本项目系统建设，配置所需的硬件资源，形成集群资源，为全市医疗电子票据系统建设做好资源准备。本系统是为了确保马鞍山市医疗电子票据管理系统的业务连续性，需要满足持续稳定运行的业务要求。目标是：落实对三级系统的安全保护要求，通过实现基于安全策略模型和标记的强制访问控制以及增强系统的审计机制，使得系统具有在统一安全策略管控下，保护敏感资源的能力。

3. 预期绩效

（1）社会效益

项目建设与安徽省大数据战略应高度契合，作为利用大数据实现政府服务创新与解决民生问题的重要内容，是安徽省互联网、大数据和实体经济深度融合的一项重要示范性项目，对于促进财税管理方式转变，充分履行财政管理工作职能，具有深远的意义。

实施医疗电子票据管理系统，将有利于医疗收费票据规范生成和开具，是单位财务收支和会计核算的电子原始凭证，是财政、卫健委、医疗机构、医保、审计、纪检监察等部门进行监督检查的重要依据，是按照国家有关规定申请医疗费用报销的有效凭证，与纸质财政票据有同等效力。实现医疗收费票据电子票据从开具、流转、查验、报销、入账记录等全流程信息共享与监管，进一步提高财政票据管理工作效率，为财政、卫健委、社保、审计、监察等部门提供数据支持。解决老百姓的收费票据交付，打通患者就医挂号、就诊、交费、票据交付全闭环电子化管理，切实做到便民、利民、惠民。

（2）经济效益

医疗电子票据管理系统建设要求结合云计算、大数据、人工智能等新IT技术，为管理工作带来创新与变革。它不仅带来技术上的进步，更有政府治理模式的革新，为社会带来直接而巨大的经济效益。

本项目为产生非直接经济效益型，为各个医院的业务工作提供信息支持，强化了安全及可靠性。医疗电子票据管理系统的建设，不直接产生收入，但可以带来巨大的间接经济效益，本项目投入使用后，民众只需在网上花1 min即可轻松完成电子票据交付业务。同时，基于本项目实现电子数据代替纸质票据、数字签名代替手工盖章、网络传输取代人工传递，同时在每个电子票据传输环节都进行电子化处理，可以节约大量的纸质票据开具费用，节约纸张与打印费用。

8.3.2 需求分析

1. 业务需求

（1）业务数据

在业务数据的构成上，马鞍山市医疗电子票据管理系统的数据主要由以下部分组成：基础数据、业务数据、统计分析数据及文件数据，各种数据包含的数据信息如下：

基础数据：主要包括用票单位基础数据、主管部门基础数据、票据类型基础数据、收费项目基础数据、登录用户数据、系统权限数据等。

业务数据：主要包括票据申领数据、票据发放数据、票据用票数据、票据审核数据等。

统计分析：主要包括票据出入库类分析数据、票据库存类分析数据、综合分析数据等。

文件数据：主要包括票据相关政策文件、电子票据文件、通知公告相关附件等。

其中，基础数据、业务数据、统计分析数据存储于数据库中，文件数据则以文件的形式存储在物理磁盘中。而业务数据和文件数据为日常数据产生较多的部分，系统的数据规模主要也是考虑这两部分的数据量。在业务数据量方面，本项目建设的医疗机构共包括4家医院，业务数据量见表8-1。

表 8-1　马鞍山市医疗电子票据管理系统业务数据量信息表

序号	医疗机构	门诊（日就诊人次）	住院（月就诊人次）	预测日开票量（万张）
1	马鞍山市人民医院	5 000	3 700	2.175
2	马鞍山市妇幼保健医院	3 500	1 500	1.25
3	马鞍山市第四人民医院	500	1 300	0.45
4	马鞍山中医院	195	420	0.153 8

从本项目的建设与原有系统关系方面看，本项目所建设的平台，为新建项目，在医院开票环节为业务工作提供信息支持，在不影响现有业务系统运行的情况下，进行系统对接。二级及以上医疗机构通过应急开票端对接，基层医疗机构以HIS系统接口对接实现在线使用卫健委医疗电子票据管理服务平台，实现开票信息传递，并与省（市）财政电子票据系统对接实现赋码与开票监制。

（2）硬软件运行环境需求

在硬件方面，医疗机构的开票业务量不同，其所需的硬件资源也存在差异。以下为根据不同开票量所需软硬件资源的建议配置，各医院可根据自身情况进行评估。建议日开票量估算以：医院日就诊人次×2.5公式为准；软硬件配置中的数据存储部分以近三年业务规划作为一个周期而整理得到。该医疗电子票据管理服务平台医疗健康云平台资源需求描述如下。

马鞍山市医疗电子票据管理系统（市卫健委端）对硬件的配置及运行环境需求见表8-2。

表 8-2　马鞍山市医疗电子票据管理系统（市卫健委端）硬件配置及运行环境需求信息表

序号	类别	配置要求	数量	说明
1	物理服务器一	参数详见附录 D	4 台	
2	物理服务器二	参数详见附录 D	2 台	
3	准入控制	参数详见附录 D	1 台	确保接入设备及平台的合法性、有效性
4	签名服务器	参数详见附录 D	1 台	利旧使用市财政局设备系统
5	集群软件	参数详见采购清单	4 节点	

续表

序号	类别	配置要求	数量	说明
6	操作系统	CentOS 7.0-7.8 版本		
7	数据库	MySQL		
8	安全设备	满足附录 D 规定的等保要求		利旧卫健委机房现有设备

马鞍山市医疗电子票据管理系统（医院端）的系统部署环境及硬件需求见表8-3。

表 8-3　马鞍山市医疗电子票据管理系统（医院端）系统部署环境及硬件需求信息表

编号	名称	技术指标参考	数量	备注
1	集群软件节点	参数详见附录 D	4	分别部署在 4 家医院端
2	物理服务器三	参数详见附录 D	4	部署在 4 家医院端

说明：资源已考虑到全市三年业务数据的增量。

为满足财政电子票据改革的需要，严格遵循财政部的财政电子票据管理改革的标准规范和业务要求，接入医疗电子票据，完成电子票据的开具、送达、查验、入账、归档，并实现与“安徽省财政电子票据管理系统”的无缝对接。实现四家医院各项医疗收费结算即时生成电子票据，解决缴费过程繁杂、票据管理与核销等问题，有效缩短民众窗口的等待时间，提高服务效率。

经对比分析，统建的集中部署模式，一方面可以通过硬件设备共用，提高硬件设施的饱和应用，采用集中代签，节约建设成本。另一方面卫健委可以获取项目建设覆盖范围内的全量数据，形成数据资产，并为卫健委的决策提供支持。

2. 功能需求

严格遵循财政部“关于印发《关于稳步推进财政电子票据管理改革的试点方案》的通知”（财综〔2017〕32号）、安徽省财政厅、卫健委、医保局联合转发“关于全面推行医疗收费电子票据管理改革的通知”（皖财综〔2019〕1131号）、安徽省财政厅文件《安徽省财政厅关于全面推进我省财政电子票据管理工作的通知》（皖财综〔2020〕32号）文件，完成医疗卫生机构要改造信息系统，调整业务流程，实现与财政、卫生健康等系统对接，按规定启用全国统一的医疗收费票据式样及数据规范，确保财政电子票据改革工作顺利开展。

在申领和发放阶段需要与财政电子票据系统对接，实现票据申领和发放；开具阶段需要与单位先签名，然后流转到财政电子票据平台进行签名，在此过程中电子票据从单位流转到财政，需要和财政系统对接；传输环节，单位通过多种传输渠道把电子票据信息通知给患者，需要和通知渠道的App、微信公众号、医院的自助机等设备进行对接；查验环节，电子票据系统和安徽省财政的票据查验网站，进行电子票据信息及真伪的查验，需要和安徽省财政查验平台系统对接；在入账环节，各医院完成票据验签后，进行电子票据入账的相关操作，医疗电子票据系统生成汇总单提供给医院财务系统；电子票据的归档环节，财政电子票据作为原始凭证，财政部门、开票单位、交款单位需分别进行归档，分别作为备查、记账和报销凭证的原始档案。

马鞍山市医疗电子票据管理系统的功能需求如下：

（1）基础信息管理需求

马鞍山市医疗电子票据管理系统要求实现对四家医院的基础信息管理和开票基础信息管理，也包含单位基础信息同步、开票点管理、收费员管理、收入项目查询、项目分组、单位证书管理、业务类别维护、编码对照等。

（2）电子票据管理及开具需求

马鞍山市医疗电子票据管理系统要求实现单位票据向财政电子票据管理系统申领、票据入库、票据下发、票据申退、数据采集、数据上报等功能；同时，要求实现医疗电子票据在线开具、接口开具、票据冲红、票据打印、票据查询等功能。

（3）多种方式告知及交付需求

根据医疗单位现有情况及实际需求，实现医疗电子票据多种方式告知及交付需求，如告知单、取票小程序和线上App/公众号、互联网医院等。

（4）查询统计报表需求

实现提供库存结余表、医疗电子票据明细表、医疗电子票据汇总表、交费渠道汇总表、部门开票点汇总表、部门收费员汇总表等报表。

（5）电子票据存储需求

可提供电子票据获取、核对、整理、输出、查询等功能。

（6）系统管理需求

可根据实际业务情况，创建医院用户信息维护、角色管理、权限管理等功能。用户信息需从医院集成系统主数据中获取。

（7）应急开票需求

需要满足在卫健委与医院极端断网情况下先行完成开票业务。

（8）医疗信息资源数据再开发的需求

实现医疗收费票据监管分析系统。提供数据采集、数据整理、数据质量检查、数据应用监管、数据分析建模等功能，整理形成医疗数据资源目录，并提供数据信息公开与共享应用管理流程，结合数据脱敏与数据权限管理等功能，形成医疗数据资源公开平台。

3. 性能需求

（1）计算需求分析

CPU估算。根据一般的经验值与多家厂商（IBM、HP、MySQL等）的评测值，MySQL数据库在主频2 GHz CPU的平均处理能力见表8-4。

表 8-4　MySQL 数据库在主频 2 GHz CPU 的平均处理能力信息一览表

逻辑读 /s	物理读写 /s	IO 消耗率	CPU 使用率
100 000	25 000	0.5	≤ 50%

从表8-4可以看到，假定一个2 GHz的CPU，平均每秒处理的逻辑读个数为100 000个，物理读写的个数为25 000个，那么60 000个逻辑读与18 000个物理读写需要1核CPU满负荷才能完成，考虑到CPU的总体工作负担与IO负担的换算比例为1:0.5，同时CPU还要负担其他负载，如操作系统管理、内存管理、数据库管理、SQL解析管理等，并且CPU不能100%负荷运行。

CPU个数的要求是：每台数据库服务器CPU个数 = 1/0.5/0.5 = 4核（主频2 GHz以上）。

此外，考虑到数据库服务器对CPU的占用，数据库服务器的CPU估算方法为：数据库服务器CPU个数 = 4核 × 2（主频2 GHz以上）。

（2）内存需求分析

根据数据库CPU核心与内存比例采用1:4的常用配比来计算，每台数据库软件内存估算为32 GB。考虑到MySQL数据库服务器内存使用率建议低于60%，同时操作系统自身对内存的使用，建议每台数据库服务器的内存为64 GB。

按照系统使用情况，应用服务器内存约为数据服务器的1/4，即为16 GB；Web服务器内存约为数据服务器的1/8，即为8 GB。

（3）外存需求分析

数据主要分成三类，一类为静态数据类，一类为动态数据类，另外一类为数据库管理系统自身所需的基础数据，如回滚段、临时表空间、日志归档等。静态数据类是指数据在系统初始化完成后数据量变化不是很大，相对保持在一定范围之内，不会随着业务系统的使用而成线性增长，这类数据主要包含系统基础数据配置、用户信息、权限等；动态数据类是指随着业务系统的使用，数据量呈线性增长；由于数据库系统自身所需的存储空间与数据库系统的环境配置有很大关系，因此这里不做估算。以下估算按照马鞍山医院总量估算，每家医院可按实际自身预估开票量合理分配硬件资源。

动态数据类外存需求分析：根据估算，马鞍山市医疗机构年开票量在2 400万份左右（包括财政电子票据和机打票据），在系统设计中，每份财政电子票据在系统中存储大约需要20 KB（包含医疗明细清单数据），按照该容量，业务数据占用存储空间的估算方法为：每年业务数据存储空间=2 400 W×20 KB≈458 GB。按照系统设计和业务特点，生产系统按照“保留3年”的数据规划。基于此，业务数据存储空间大约为：业务数据存储空间=458 GB×3≈1.4 TB。另外，考虑到业务表上会根据实际情况使用到索引等，该部分所需要的空间按照业务数据的20%计算，业务数据存储空间实际为：业务数据总存储空间=1.4 TB×（1+20%）≈1.7 TB。考虑到操作系统、数据库以及静态类数据的存储空间需求，因此建议数据库服务器存储空间应不小于2 TB。

静态数据类外存需求分析：电子票据文件系统中保存了财政部电子票据数据规范中的电子票据签名后的XML数据和pdf文件，其中pdf文件是展示文件（包含医疗明细清单），每个电子票据所需要保存的数据平均大小约为100 KB，医疗电子票据平台每年开票量约为2 400万份，容量估算如下：每年存储容量≈2 400 W×100 KB≈2.24 TB。按照系统设计和业务特点，生产系统中按照“保留3年”的数据规划，业务数据存储空间大约为：业务数据存储空间=2.24 TB×3≈6.72 TB。

网络需求分析。网络层主要包括：防火墙（UTM）、入侵防御、防病毒网关、VPN（加密机）、DDoS、网闸、异常流量分析、病毒监测预警以及入侵检测等。各医疗机构的年票量从数万到数百万不等。按照开票量最高的医疗机构为计算标准，年开票量547.5 W计算，平均日开票量预估为1.5 W张。单次处理流量，开票上传：平均一张票20 KB；票据归档下载：票据+清单，平均一张票50 KB。开票上传根据医院现有的业务办理情况，每天上午9:00～11:00为业务高峰期。在估算上认为院方80%的票在这一时段进行开具。网络流量的估算方法：15 000张（开票量/天）×20 KB（单张票数据量）×0.8（80%）/10 800（3 h）×10（峰值系数）×8（Byte换算为bit）≈1.74 Mbit/s。票据归档下载由于是定时任务，其对于业务时效性要求不高，但由于本次系统建设需下载和存储全院的电子票据，因此每家医疗机构建议带宽不小于2Mbit/s，以保证医院相关信息系统所在网络环境通过专线和财政连接。

同时，项目建设覆盖4家医院的其他网络资源需求为（各医院自行准备）：一台前置服务器所放机柜位置；网络链路（VPDN专网2 Mbit/s或卫生专网）；如医院有本地备份的需求，建议可根据自身开票量准备3 TB的存储服务器（按照三级医院三年的储备量为基准估算）。

8.3.3　建设方案

1. 总体结构

根据马鞍山市医疗电子票据管理服务云平台项目建设目标，结合马鞍山市卫健委、市财政的具体要求，设计的项目总体结构如图8-6所示。

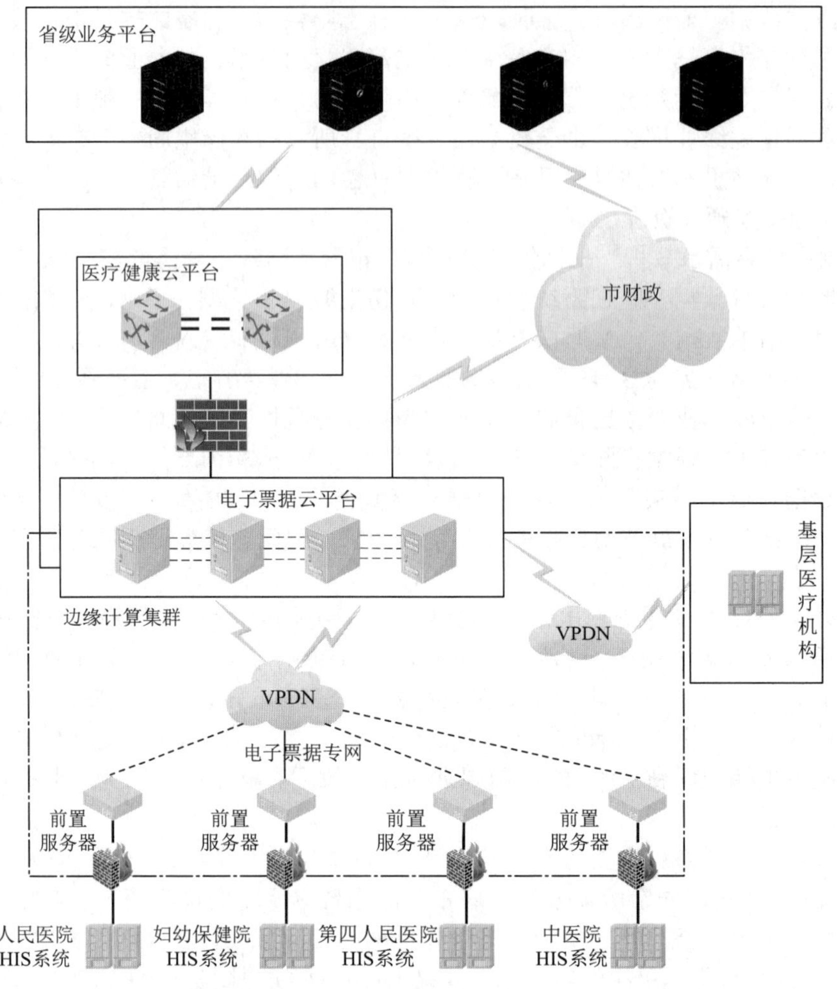

图 8-6　马鞍山市医疗电子票据管理服务平台总体结构图

马鞍山市医疗电子票据管理服务云平台整体采用云、边一体化架构设计，并充分利用云计算、边缘计算的优势。全市电子票据业务采用大集中部署方式，市卫健委集群软件上部署医疗电子票据管理服务云端业务平台，持久化存储全市医疗电子票据系统大集中数据；医院端部署前置服务。

马鞍山市医疗电子票据管理系统的上述架构，可实现：

① 卫健委云平台和医院端软件（前置服务器）互为“双活”，正常情况下，由云平台软件实现所有业务功能，在网络中断或者云平台异常情况下，由医院端软件接管业务，实现电子票据业务的在线不中断，从而有效规避集中模式下的单点故障隐患。

② 通过卫健委云平台集群，统一管理、监管、运维各医院前置服务的状态、性能和业务，确保电子票据业务网的高效、统一，并可通过Web GUI实现业务和数据的可管、可控、可查。

③ 在卫健委云平台集群和医院端前置服务器的IAAS层利用网络切片技术，实现医院局域网、电子票据业务网、卫生专网之间的隔离，避免了上述网络之间的直连直通。

2. 系统架构

马鞍山医疗电子票据管理平台的系统架构如图8-7所示。

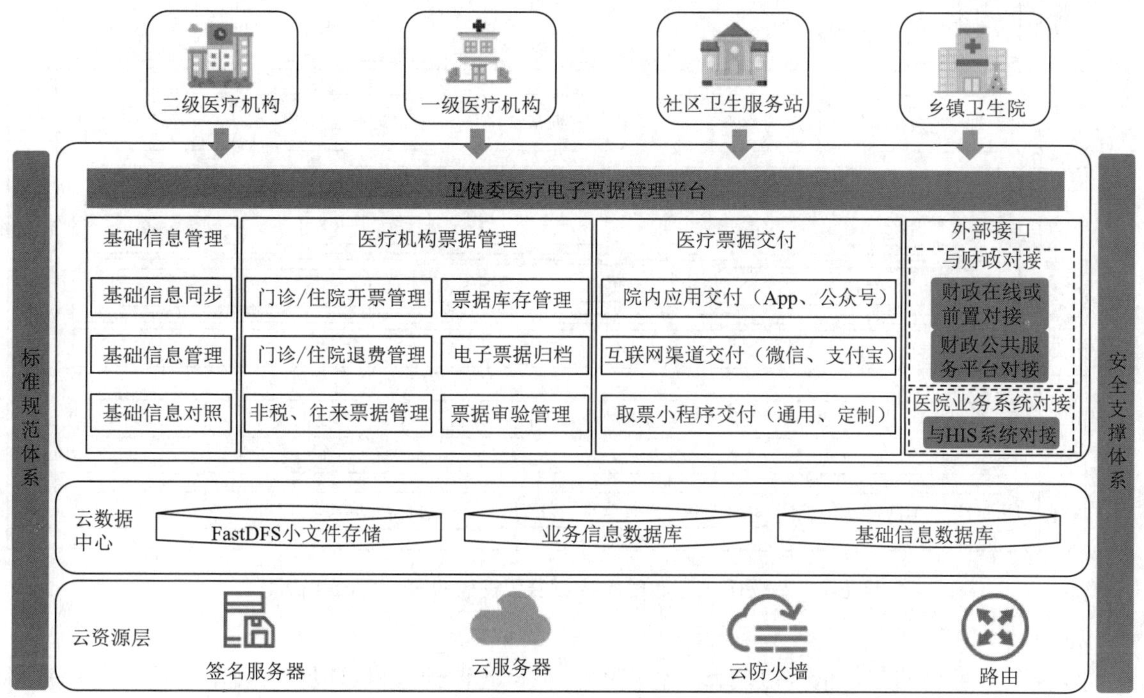

图 8-7　马鞍山市医疗电子票据管理平台系统架构图

（1）展现层

医疗机构电子票据管理平台展现层表现为系统用户操作Web界面及手机端的操作页面。平台用户通过系统Web界面进行票据库存管理、开票、票据核销等相关的业务操作，而就医患者通过手机端进行缴费、获取票据等相关的业务操作。

（2）应用层

医疗机构电子票据管理平台应用层核心功能包括基础信息管理、医疗机构票据管理子系统、票据交付子系统、医疗票据核定子系统、医疗机构自动打票系统与电子票据管理系统的外部接口。

（3）数据层

医疗机构电子票据管理平台数据层主要是数据信息的存储，包括FastDFS小文件存储、业务信息数据库、基础信息数据库。

（4）物理层

医疗机构电子票据管理平台物理层表现为实体的系统载体，包括自助打票机、签名服务器、应用服务器、数据库服务器和医疗电子票据专网。

3. 监管分析平台架构

深入挖掘医院现有医疗信息资源的数据价值，在数据信息一体化建设的前提下，整合医疗电子票据信息，建设医疗收费票据监管分析系统。提供数据采集、数据整理、数据质量检查、数据应用监管、数据分析建模等功能，整理形成医疗数据资源目录，并提供数据信息公开与共享应用管理流程，结合数据脱敏与数据权限管理等功能，形成医疗数据资源公开平台，方便卫健委对各医疗机构进行医疗票据使用情况、医疗资源分配情况等内容的查询与公开监督。

马鞍山市卫健委医疗收费票据监管分析平台架构如图8-8所示。

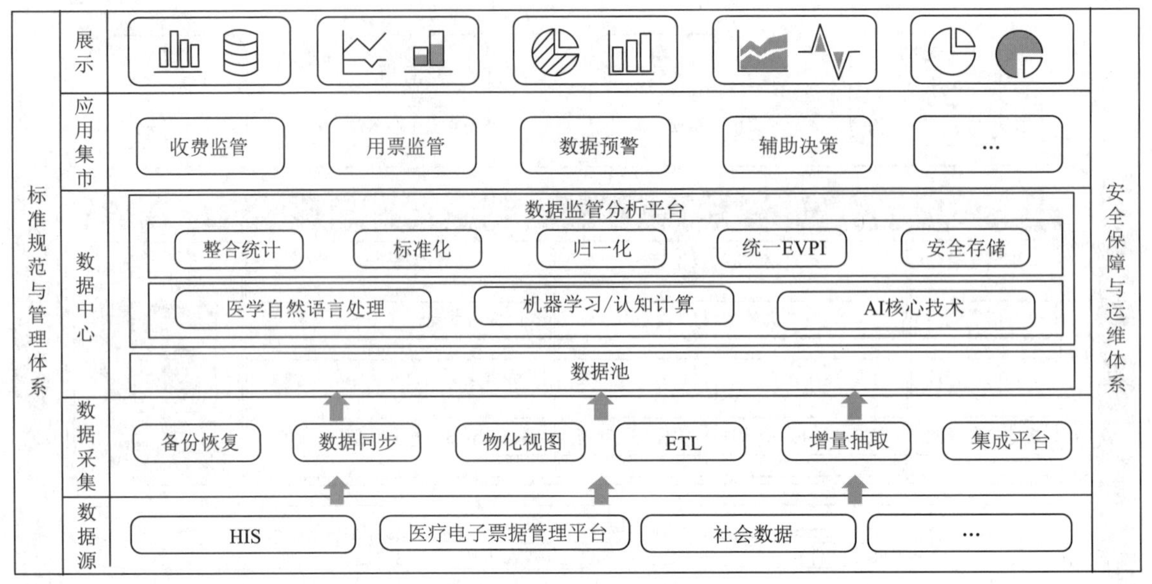

图 8-8　马鞍山市卫健委医疗收费票据监管分析平台架构图

（1）医疗服务监控

分析医疗机构的就诊情况（门诊、住院），根据此数据分析可以优化配置各医院的医疗机构资源（如长期超过该医院最大的接诊量，则可考虑增加医疗人员扩建医疗场所等，也为医院评级等提供相关依据），提升医疗质量管理。同时对门急诊人次、住院人次增减率的情况进行监控，在异常增减率出现时及时预警，便于卫健委及时向医院了解增减率异常的原因。对于医疗机构，院领导可以根据门诊、住院病人流量情况，科学排班实现弹性工作制，解决病人集中带来的问题，采取增加导医、导诊护工，住院医生、快速检验等措施，更好地为病人提供优质、满意的医疗服务，尽量降低医疗成本，避免卫生资源浪费。在门诊量、住院量低谷期，可以适当安排医务人员进修培训等，提高业务素质。

（2）医疗收入监控

医院业务收入是反映医院运营的经济效益、管理水平高低的重要指标之一，它不仅体现了医护人员、行政管理、后勤人员劳动的经济成果，也体现了医院在当今医疗市场激烈竞争中的地位。通过统计分析所办医院收入情况包括门急诊收入、住院收入以及收入增长率及收入构成，有利于卫健委及时了解医院的收入情况，对医院决算和财务收支情况进行审计监督，有利于对医院财务管理工作，指导医院的内部审计工作，提高医院的经营管理水平和服务质量。

（3）医疗负担情况监控

了解居民医疗费用负担现状，探索降低费用负担方法。通过收集各医院门急诊、住院费用数据，分析门诊及住院患者均次费用及变化趋势。并对均次费用中药品费占比、卫生材料费占比、检查费占比等情况的分析，了解医疗负担中各项目的占比情况。根据结果引导患者合理流向，严控过度消费，降低费用负担水平，实现医疗费用负担与增长更趋均衡合理。同时可为政府加大医疗保障力度，加大政府投入，提高对经济困难人群的医疗补助，减轻医疗负担。

（4）医疗保障情况监控

统计门急诊、住院患者医疗保障总费用情况。包括医保患者就诊人次、医保患者费用情况，有助于了解基本医疗保障水平现状，有助于政府增加卫生医疗保障措施和优化医疗保障制度。

4. 部署实施架构

马鞍山市医疗电子票据管理系统基于云进行部署，形成市卫健委、医院二级架构。

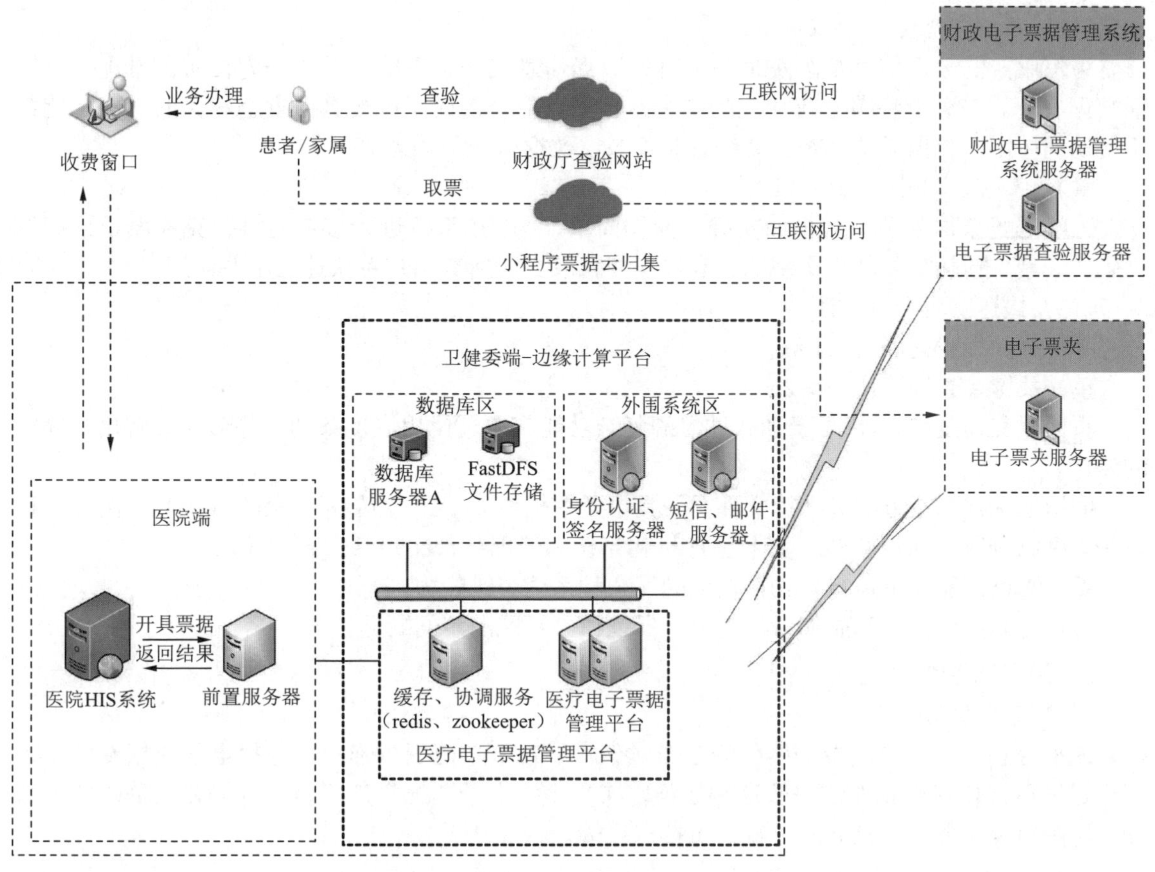

图 8-9　马鞍山市医疗电子票据管理系统部署架构图

（1）市卫健委端

为了满足对医疗电子票据的管理，在医疗健康云平台上建设分布式集群以部署市级医疗电子票据平台，分布式集群要求部署在6台物理服务器上，形成跨域分布式集群（统管市级电子票据平台和各医院前置服务器）。集群上以容器模式部署电子票据平台、Web服务（负载均衡、反向代理）、电子票据数据库、文件系统服务、缓存协调服务等。本项目需要一台数字签名服务器对电子票据进行签名应用，支持利旧，可在财政局现有服务器上的应用程序进行扩容。同时，在现有医疗健康云平台部署卫健委医疗收费票据监管分析平台，满足卫健委对接入医疗电子票据管理平台的医疗机构进行监管分析。

（2）医院端

马鞍山市人民医院、妇幼保健院、第四人民医院、中医院分别新增1台前置服务器，部署在医院局域网防火墙外，安装集群软件和医院端业务软件，完成集群管理、数据传输，并可实现网络异常情况下的本地开票功能。同时每个前置服务器节点和市卫健委业务平台形成大集群。在卫健委集群中，可实现利用统一的Web方式管控各医院端前置服务器运行状态和业务。

8.3.4 技术路线

1. 业务平台先进性

（1）系统安全性

医院业务的数据信息是医院最为关键的数据信息之一，系统能采取全方位防范措施，以保证数据安全。在各个环节上有相应的安全措施来保障，因此系统要具备安全相关的功能，比如系统访问控制、数据通信加密、系统日志记录、数据备份与恢复等。

（2）系统易用性

医院电子票据管理平台页面友好、操作简单，与HIS系统进行接口对接，完成电子票据的赋码、开具、传输等处理，医院的原有操作变化较少，所有用户可快速上手并应用。

（3）快速响应和可靠性

平均页面加载速度为≤1 s。

单一关键字查询速度为≤2 s。

页面提交速度≤1 s，对于加载过慢的复杂功能应通过使用进度条动画等形式缓解用户等待的焦虑。

门诊住院结算业务生成结算文件并开具电子票据≤5 s，文件传输（2 400 bit/s）给医疗机构系统，并收到收妥回应≤5 s，接收医疗机构系统的处理结果文件≤15 s。

系统需保证能稳定运行，具备较强的冗余和系统容错能力。

具备可靠系统备份和故障恢复能力，保证核心系统的不间断运行。

2. 架构先进性

（1）集群优势

该平台利用云、边、端一体化的分布式架构，在全市范围内形成“医疗电子票据专网”，便于通过可视化集群软件统一管理和运维，实现市级电子票据管理平台（部署在集群软件上）和各医院前置服务器节点间的可视、可控、可管。

（2）业务专网优势

该平台的前置服务器部署在医院局域网之外，有效隔离了“医疗电子票据专网”与医院局域网之间的业务逻辑，便于梳理清楚各自的网络边界和运维界限。

（3）安全优势

该平台的前置服务器采用网络切片技术，规避了传统模式下以“前置机+双网卡”带来的网络连接风险（如勒索病毒）。

（4）部署和成本优势

该平台的医院端只需要增加单台物理前置服务器（部署医院端业务软件），“医疗电子票据专网”各节点通过“云签”模式，共享签名服务器，减小医院端的投资，并实现极简化部署。

（5）数据优势

马鞍山全市医疗电子票据数据汇总至市卫健委电子票据管理平台，进行数据备份和冗余，进而保证数据的及时、有效、安全。

（6）高可用优势

“医疗电子票据专网”集群内，各节点间形成高可用，实现业务可靠性的多重保障，便于实现全市范围硬件资源共享和后期的弹性扩容。

（7）应用优势

该平台的各节点间数据通过私有协议加密传输，在消除信息孤岛的前提下，确保信息传递安全可靠。同时，全域数据统一时间戳，便于财政相关业务系统进行数据汇总、清洗和应用。

（8）管理优势

该平台通过Web GUI界面进行管理平台登录，可兼容从PC端到移动端，涵盖Windows、Linux、Mac OS、UNIX等各类操作系统的浏览器工具。不仅可通过GUI界面控制一切功能，而且能够浏览每个节点的历史活动和全部日志等。

习题与实践

一、判断题

1. 基于UKey个人签名的单笔电子票据签名方式，不适用于大量数据、电子签名并发的高校非税票据一体化系统。（　　）

2. 一般地，建议高校非税票据一体化系统配备专用的签名服务器，用于对电子票据进行签名、验签、加密、解密，防止篡改数据，保证电子票据的安全，实现对多笔电子票据进行批量签名，并解决批量开票时的并发问题。（　　）

3. 一般地，医疗电子票据管理系统医院端的前置服务器，部署在医院局域网防火墙外，安装集群软件和医院端业务软件，完成集群管理、数据传输，并可实现网络异常情况下的本地开票功能。（　　）

二、多项选择题

一般地，在医疗电子票据管理系统中，医院端子系统需要实现电子票据的（　　）功能。

A. 票据申领　　B. 票据入库　　C. 票据下发

D. 票据开具　　E. 票据交付

三、启发与思考

以马鞍山市医疗电子票据管理服务平台项目为例，思考相似工程案例的项目目标（包含业务、技术、预期目标）、需求分析（包含业务、功能、性能需求）、建设方案、技术路线、软硬件选型等版块的实施方法，为（参与）撰写工程项目建设方案服务。

附　　录

附录A　电子《非税收入一般缴款书》数据规范（试行）

1. 范围

本规范规定了电子《非税收入一般缴款书》的格式、数据要素信息及组织结构，电子《非税收入一般缴款书》开具、传输、报销、入账、归档时应遵循本规范。

2. 数据类型

电子《非税收入一般缴款书》数据采用XBRL格式进行组织，数据要素类型包括标准XBRL数据类型和自定义数据类型，见附表A-1。

附表 A-1　非税收入一般缴款书的数据类型

符　号	说　明
String	表示包含数字（0 ~ 9）、x- 字符集、中文字符集任意组成的字符串
Currency	表示金额，符号位可选，单位为元，整数部分最长 18 位，小数部分固定两位，不能包含逗号等分隔符，如 8979.05
Integer	表示整数，符号位可选，数值部分最长 8 位，如 88888
Date	表示日期，格式为 yyyy-mm-dd（年月日）。如 2022-06-11
Time	表示时间，格式为 HH:MM:SS（时分秒）。如 11:28:21
Decimal	表示金额以外的浮点型数字，如面积、分成比例等。不能包含逗号等分隔符，如 12.053

3. 数据要素及组织结构

（1）总体结构

电子《非税收入一般缴款书》数据由头部、票面信息、数字签名几部分构成，其总体结构见附表A-2。

附表 A-2　非税收入一般缴款书的总体结构

序号	字段名称	中文名称	类型	长度	强制 / 可选	说明
1	EINVOICE	电子非税收入一般缴款书	根节点		M	
2	├ HEADER	电子非税收入一般缴款书头部	节点		M	
3	├ EINVOICE_DATA	电子非税收入一般缴款书票面信息	节点		M	
4	└ EINVOICE_SIGNATURE	电子非税收入一般缴款书数字签名	节点		M	

说明：

“强制/可选”的“M”代表该字段在库表中必须体现和使用，“O”代表该字段在库表中必须体现但可自行选择使用。

（2）电子《非税收入一般缴款书》头部

电子《非税收入一般缴款书》头部包括的要素信息有：电子《非税收入一般缴款书》标签、标识、版本等，详见附表A-3。

附表 A-3　非税收入一般缴款书的头部要素信息

序号	字段名称	中文名称	类型	长度	强制 / 可选	说明
1	HEADER	电子非税收入一般缴款书头部	节点		M	
2	├EINVOICE_TAG	电子非税收入一般缴款书标签	String	8	M	格式为“电子非税收入以一般缴款书标识 – 监管机构行政区划代码”。其中，电子非税收入一般缴款书标识为“CZ-EI”；区划代码为 2 位数字
3	├EINVOICE_ID	电子非税收入一般缴款书标识	String	19	M	电子非税收入一般缴款书的唯一标识，生成规则为“电子非税收入一般缴款书代码 - 号码”的反转
4	└VERSION	版本	String	38	M	电子非税收入一般缴款书规范版本，固定值为 2.0.0.1

（3）电子《非税收入一般缴款书》票面信息

电子《非税收入一般缴款书》票面信息包括的要素信息有：票面基本信息、票面明细信息、辅助明细信息等，见附表A-4。

附表 A-4　非税收入一般缴款书的票面信息要素

序号	字段名称	中文名称	类型	长度	强制 / 可选	说明
1	EINVOICE_DATA	电子非税收入一般缴款书票面信息	节点		M	
2	├MAIN	票面基本信息	节点		M	
3	│├EINVOICE_NAME	电子非税收入一般缴款书名称	String	100	M	
4	│├EINVOICE_CODE	电子非税收入一般缴款书代码	String	8	M	
5	│├NON_TAX_PAY_NO	电子非税收入一般缴款书票号	String	10	M	
6	│├NON_TAX_PAY_CODE	政府非税收入缴款识别码	String	100	M	
7	│├RANDOM_NUMBER	校验码	String	6	M	
8	│├EINVOICE_SPECIMEN_CODE	电子非税收入一般缴款书模板代码	String	10	M	
9	│├SUPERVISOR_AREA_CODE	电子非税收入一般缴款书监管机构代码	String	6	M	
10	│├BILL_DATE	开票日期	Date		M	
11	│├BILL_TIME	开票时间	Time		M	
12	│├PAID_AMT	缴款金额	Currency		M	
13	│├EXEC_AGENCY_PARTY	执收单位	节点		M	
14	││├EXEC_AGENCY_CODE	执收单位代码	String	21	M	

续表

序号	字段名称	中文名称	类型	长度	强制 / 可选	说明
15	│ │ ├EXEC_AGENCY_NAME	执收单位名称	String	300	M	
16	│ │ ├REC_ACCT_TYPE	收款账户类型代码	String	1	M	1：财政专户 2：汇缴专户 3：科目 4：单位监管账户 5：国库单一账户 9：其他
17	│ │ ├PAYEE_ACCT_NAME	收款人全称	String	300	M	
18	│ │ ├PAYEE_ACCT_NO	收款人账号	String	40	M	科目类型账户可为空
19	│ │ └PAYEE_ACCT_BANK_NAME	收款人开户银行	String	180	M	科目类型账户可为空
20	│ ├PAYER_PARTY	缴款人	节点		M	
21	│ │ ├PAYER_PARTY_TYPE_CODE	缴款人类型	String	1	O	1：个人 2：单位
22	│ │ ├PAYER_PARTY_CODE	缴款人代码	String	30	O	单位一般为统一社会信用代码；个人一般为身份证号
23	│ │ ├PAYER_NAME	缴款人全称	String	300	M	
24	│ │ ├PAYER_ACC_NO	缴款人账号	String	40	M	柜台现金缴款可为空
25	│ │ └PAYER_OPEN_BANK	缴款人开户银行	String	180	M	柜台现金缴款可为空
26	│ ├PAY_IN_MET_CODE	收缴方式代码	String	1	M	1：直接缴库 2：集中汇缴 3：就地缴库 4：集中缴库 5：税务部门征收入库
27	│ ├BIZ_CODE	业务流水号	String	50	O	
28	│ ├REMARK	备注	String	600	O	
29	│ ├AUTHOR	经办人	String	120	M	
30	│ ├CHECKER	复核人	String	120	O	
31	│ ├SUPERVISOR_REMARK	财政部门备注	String	600	O	
32	│ ├MAIN_EXT	基本信息扩展	节点		O	基本信息扩展时在此节点下添加
33	│ │ ├RELATED_INVOICE_CODE	关联票据代码	String	8	O	预留扩展字段，开具红票时在此填写原票据代码
34	│ │ └RELATED_INVOICE_NUMBER	关联票据号码	String	10	O	预留扩展字段，开具红票时在此填写原票据号码
35	│ ├INVOICING_PARTY_SEAL	执收单位印章	节点		O	
36	│ │ ├SEAL_ID	印章编号	String	32	M	
37	│ │ ├SEAL_NAME	印章名称	String	100	M	
38	│ │ └SEAL_HASH	印章 Hash	String	256	M	

续表

序号	字段名称	中文名称	类型	长度	强制/可选	说明
39	│ ├SUPERVISOR_PARTY_SEAL	财政部门印章	节点		O	
40	│ │ ├SEAL_ID	印章编号	String	32	M	
41	│ │ ├SEAL_NAME	印章名称	String	100	M	
42	│ │ └SEAL_HASH	印章 Hash	String	256	M	
43	├DETAILS	票面明细信息	节点		M	
44	│ └ITEM	项目	节点		M	
45	│ │ ├NON_TAX_CODE	政府非税收入执收项目代码	String	21	M	
46	│ │ ├NON_TAX_PROJ_CODE	政府非税收入执收项目识别码	String	12	M	未启用前，与执收项目代码保持一致
47	│ │ ├NON_TAX_NAME	政府非税收入执收项目名称	String	240	M	
48	│ │ ├PAY_NUMBER	执收数量	Decimal	15,4	M	
49	│ │ ├CHARGE_STAND_UNIT	收缴标准计量单位	String	10	O	
50	│ │ ├CHARGE_STAND_NAME	收缴标准名称	String	300	O	
51	│ │ ├CHARGE_STAND	收缴标准	Decimal	15,4	O	
52	│ │ ├PAID_DETAIL_AMT	收缴项目金额	Currency		M	
53	│ │ └ITEM_REMARK	项目备注	String	600	O	

（4）电子《非税收入一般缴款书》数字签名

电子《非税收入一般缴款书》数字签名包括：开票单位数字签名、财政部门监制数字签名两类。两类签名原文不同，计算方法相同。其组织方式见附表A-5。

附表 A-5　非税收入一般缴款书的数字签名组织方式

序号	字段名称	中文名称	类型	长度	强制/可选	说明
1	EINVOICE_SIGNATURE	电子非税收入一般缴款书数字签名	节点		M	
2	├INVOICING_PARTY_SIGNATURE	执收单位数字签名	节点		M	
3	│ ├SIGNED_INFO	签名信息	节点		M	
4	│ │ ├REFERENCE	签名原文引用	String		M	
5	│ │ ├SIGNATURE_ALGORITHM	签名算法	String		M	国际通用算法使用SHA256withRSAEncryption，国密算法使用 SM3withSM2Encryption
6	│ │ └SIGNATURE_FORMAT	签名格式类型	String	6	M	

续表

序号	字段名称	中文名称	类型	长度	强制 / 可选	说明
7	│├SIGNATURE_TIME	签名时间	String		M	格式为 yyyyMMddHHmmss +hhmm(年月日时分秒时区)，长度为 19 位。如 20211103174312+0800
8	│├SIGNATURE_VALUE	签名值	String		M	
9	│└KEY_INFO	证书信息	节点		M	
10	│││├SERIAL_NUMBER	证书编号	String		M	
11	││└X509ISSUER_NAME	X.509 证书颁发者名称	String		M	
12	└SUPERVISOR_PARTY_SIGNATURE	财政部门监制数字签名	节点		M	
13	│├SIGNED_INFO	签名信息	节点		M	
14	││├REFERENCE	签名原文引用	String		M	
15	││├SIGNATURE_ALGORITHM	签名算法	String		M	国际通用算法使用 SHA256 withRSAEncryption，国密算法使用 SM3withSM2Encryption
16	││└SIGNATURE_FORMAT	签名格式类型	String	6	M	
17	│├SIGNATURE_TIME	签名时间	String		M	格式为 yyyyMMddHHmmss+ hhmm（年月日时分秒时区），长度为 19 位。如：20211103174312+0800
18	│├SIGNATURE_VALUE	签名值	String		M	
19	│└KEY_INFO	证书信息	节点		M	
20	││├SERIAL_NUMBER	证书编号	String		M	
21	││└X509ISSUER_NAME	X.509 证书颁发者名称	String		M	

执收单位数字签名原文为：电子非税收入一般缴款书头部（HEADER）、电子非税收入一般缴款书票面信息（EINVOICE_DATA）；财政部门监制数字签名原文为：执收单位数字签名原文的Hash值、执收单位数字签名（INVOICING_PARTY_SIGNATURE）。

附录B　预算管理一体化系统技术标准（电子《非税收入一般缴款书》）

为满足电子《非税收入一般缴款书》试点工作需要，《预算管理一体化系统技术标准》根据业务管理实际对《非税收入一般缴款书》相关内容进行修订，包括“政府非税收入”中《非税收入一般缴款书表》《非税收入一般缴款书明细表》两张逻辑库表，以及与其相关的“逻辑库表要素”“代码集”等内容。

1. 逻辑库表（见附表B-1）

字段类型定义规则增加Time类型。

附表 B-1 逻辑库表

符号	说明
Time	表示时间，格式为 HHMMSS（时分秒）。如 112821 新增类型

2. 非税收入一般缴款书表（见附表B-2）

表名：NT_PAY_VOUCHER。

说明：执收单位开具电子《非税收入一般缴款书》，缴款人根据电子《非税收入一般缴款书》上携带的缴款识别码缴款，缴款成功后，财政部门追加财政监制电子签名，生成正式电子《非税收入一般缴款书》。

附表 B-2 非税收入一般缴款书表

序号	字段名称	中文名称	类型	长度	强制/可选	库表要素编号	备注	修订情况
1	NT_PAY_VOUCHER_ID	缴款书主键	String	38	M	BE00001	主键	
2	NON_TAX_PAY_CODE	政府非税收入缴款识别码	GBString	100	M	BE07014		
3	MOF_DIV_CODE	财政区划代码	NString	9	M	BE00017		
4	EXEC_AGENCY_CODE	执收单位代码	NString	21	M	BE12055		
5	EINVOICE_NAME	电子非税收入一般缴款书名称	GBString	100	O	BE12143		新增字段
6	EINVOICE_CODE	电子非税收入一般缴款书代码	NString	8	O	BE12144		新增字段
7	NON_TAX_PAY_NO	电子非税收入一般缴款书票号	NString	10	M	BE12015		修改中文名称、类型和长度
8	RANDOM_NUMBER	校验码	String	6	O	BE12145		新增字段
9	AUTHOR	经办人	GBString	120	M	BE12103		修改中文名称、类型
10	CHECKER	复核人	GBString	120	O	BE12156		新增字段
11	BILL_DATE	开票日期	Date		M	BE12016		
12	BILL_TIME	开票时间	Time		M	BE12146		新增字段
13	EFF_DATE	电子非税收入一般缴款书有效期	Date		O	BE12058	不设置有效期的可为空	
14	PAYER_PARTY_TYPE_CODE	缴款人类型代码	NString	1	O	BE12147		新增字段
15	PAYER_PARTY_CODE	缴款人代码	String	30	O	BE12148		新增字段
16	PAYER_NAME	缴款人全称	GBString	300	M	BE12017		
17	PAYER_ACC_NO	缴款人账号	String	40	M	BE12106	柜台现金缴款可为空	
18	PAYER_OPEN_BANK	缴款人开户银行	GBString	180	M	BE12107	柜台现金缴款可为空	
19	ACT_PAYER_NAME	实际缴款人全称	GBString	300	M	BE12018	未缴款时为空	

续表

序号	字段名称	中文名称	类型	长度	强制／可选	库表要素编号	备注	修订情况
20	ACT_PAYER_ACC_NO	实际缴款人账号	String	40	M	BE12019	柜台现金缴款可为空	
21	ACT_PAYER_OPEN_BANK	实际缴款人开户银行	GBString	180	M	BE12020	柜台现金缴款可为空	
22	TOTAL_PAY_AMT	应缴金额合计	Currency		M	BE12059		
23	DUE_AMT	应缴金额	Currency		M	BE12024		
24	DELAY_AMT	滞纳金金额	Currency		O	BE12060	无滞纳金可为空	
25	PAID_AMT	缴款金额	Currency		M	BE12025		
26	REC_ACCT_TYPE	收款账户类型	NString	1	M	BE12061		
27	PAYEE_ACCT_NAME	收款人全称	GBString	300	M	BE13012		
28	PAYEE_ACCT_NO	收款人账号	String	40	M	BE13013	科目类型账户可为空	
29	PAYEE_ACCT_BANK_NAME	收款人开户银行	GBString	180	M	BE13014	科目类型账户可为空	
30	PAID_DATE	缴款日期	Date		M	BE12026		
31	PAY_WAY_CODE	缴款渠道代码	NString	2	M	BE12023		
32	BELONG_ORG_CODE	收入归属区划	NString	9	M	BE12062		
33	RECORD_DATE	入账日期	Date		M	BE12027		
34	PAY_IN_MET_CODE	收缴方式代码	NString	1	M	BE07016		
35	BUS_TYPE	非税数据类型	String	1	M	BE12063		
36	BIZ_CODE	业务流水号	String	50	O	BE12149		新增字段
37	REMARK	备注	GBString	600	O	BE12073		新增字段
38	SUPERVISOR_REMARK	财政部门备注	GBString	600	O	BE12073		新增字段
39	RELATED_INVOICE_CODE	关联票据代码	NString	8	O	BE12151		新增字段
40	RELATED_INVOICE_NUMBER	关联票据号码	NString	10	O	BE12152		新增字段
41	NON_TAX_PAY_XML	电子非税收入一般缴款书数据内容	Binary		O	BE12153		新增字段
42	EINVOICE_SPECIMEN_CODE	电子非税收入一般缴款书模板代码	NString	10	O	BE12150		新增字段
43	SUPERVISOR_AREA_CODE	电子非税收入一般缴款书监管机构代码	NString	6	O	BE12154		新增字段
44	UPDATE_TIME	更新时间	DateTime		M	BE00023	保留字段，各业务表都需设置，用于向中央增量传输数据	
45	IS_DELETED	是否删除	Integer	1	M	BE00030		

续表

序号	字段名称	中文名称	类型	长度	强制 / 可选	库表要素编号	备注	修订情况
46	CREATE_TIME	创建时间	DateTime		M	BE00036		

业务主键至少包括：非税收入缴款识别码（NON_TAX_PAY_CODE）。

3. 非税收入一般缴款书明细表（见附表B-3）

表名：NT_PAY_VOUCHER_DETAIL。

说明：存储电子《非税收入一般缴款书》包含的执收项目以及对应金额明细信息。

附表 B-3　非税收入一般缴款书明细表

序号	字段名称	中文名称	类型	长度	强制 / 可选	库表要素编号	备注	修订情况
1	SORT_NO	序号	String	38	M	BE00001	主键	
2	NT_PAY_VOUCHER_ID	电子非税收入一般缴款书主键	String	38	M	BE00001		
3	NON_TAX_PROJ_CODE	政府非税收入执收项目识别码	NString	12	M	BE07003		
4	NON_TAX_CODE	政府非税收入执收项目代码	NString	21	M	BE07002		
5	CHARGE_STAND_NAME	收缴标准名称	GBString	300	O	BE07004		
6	CHARGE_STAND	收缴标准	Decimal	15，4	O	BE07021		
7	CHARGE_STAND_UNIT	收缴标准计量单位	GBString	10	M	BE07005		
8	PAY_NUMBER	执收数量	Decimal	15，4	M	BE12064		
9	DUE_AMT	应缴金额	Currency		M	BE12024		
10	PAID_DETAIL_AMT	收缴项目金额	Currency		M	BE12155		新增字段
11	ITEM_REMARK	项目备注	GBString	600	O	BE12073		新增字段
12	UPDATE_TIME	更新时间	DateTime		M	BE00023	保留字段，各业务表都需设置，用于向中央增量传输数据	
13	IS_DELETED	是否删除	Integer	1	M	BE00030		
14	CREATE_TIME	创建时间	DateTime		M	BE00036		

业务主键至少包括：非税收入执收项目识别码（NON_TAX_PROJ_CODE）。

逻辑库表要素见附表B-4。

附表 B-4　逻辑库表要素

序号	库表要素编号	名称	英文短名	类型	长度	值域	字段说明	参考来源	修订情况
1	BE00001	主键	ID	String	38		主键		
2	BE00017	财政区划代码	MofDivCode	NString	9	VD08001 财政区划代码表的代码列	财政区划是以行政区划为基础，结合政府预算分级管理情况而划分的区域。开发区、园区等没有行政区划及代码的，按照《中华人民共和国行政区划代码》（GB/T 2260—2007）相应号段增设		
3	BE00023	更新时间	UpdateTime	DateTime			维护本条信息项的更新时间		
4	BE00030	是否删除	IsDeleted	Integer	1		标记记录是否删除		
5	BE00036	创建时间	CreateTime	DateTime					
6	BE07002	非税收入执收项目代码	NonTaxCode	NString	21		按规定程序由财政和相关部门审批确认后，用于非税执收单位执收的项目的代码	来源基础数据规范3.0版 DE10002	
7	BE07003	非税收入执收项目识别码	NonTaxProjCode	NString	12		各级财政部门向财政部申请获取的政府非税收入执收项目的全国唯一标识。识别码长度为12位，由行政区划码、顺序码两部分组成	来源基础数据规范3.0版 DE10017	
8	BE07004	收缴标准名称	ChargeStandName	GBString	300		财政、价格部门按照有关法律法规，核定政府非税收入征收标准的规范名称		
9	BE07005	收缴标准计量单位	ChargeStandUnit	GBString	10		收缴标准的计量单位		
10	BE07014	非税收入缴款识别码	NonTaxPayCode	GBString	100		各级财政部门在征收非税收入时按照财政部《政府非税收入缴款识别码规范》通过系统自动生成，用于控制与追踪每笔政府非税收入执收业务的全国统一标识	来源基础数据规范3.0版 DE10016	

续表

序号	库表要素编号	名称	英文短名	类型	长度	值域	字段说明	参考来源	修订情况
11	BE07016	收缴方式代码	PayInMetCode	NString	1	VD05004 收缴方式代码表的代码列	政府非税收入征收上缴财政收款账户（国库单一账户、财政汇缴专户、财政专户）的管理方式		
12	BE07021	收缴标准	ChargeStand	Decimal	15,4		财政、价格部门按照有关法律法规核定征收的政府非税收入收缴标准		修改类型
13	BE12015	电子非税收入一般缴款书票号	NonTaxPayNo	NString	10		各级财政部门按照电子非税收入一般缴款书管理相关规定，通过系统自动产生		修改中文名称、类型和长度
14	BE12016	开票日期	BillDate	Date			单位开具票据的日期。格式为：YYYYMMDD，“YYYY”表示年，“MM”表示月，“DD”表示日，如 20190909		
15	BE12017	缴款人全称	PayerName	GBString	300		法定缴款义务人的规范名称		
16	BE12018	实际缴款人全称	ActPayerName	GBString	300		实际缴纳政府非税收入的缴款人或缴款单位的规范名称		
17	BE12019	实际缴款人账号	ActPayerAccNo	String	40		实际缴纳政府非税收入的缴款人或缴款单位的账号		
18	BE12020	实际缴款人开户银行	ActPayerOpenBank	GBString	180	VD00006 银行行别代码表名称列	实际缴纳政府非税收入的缴款人或缴款单位的开户银行的名称		
19	BE12023	缴款渠道代码	PayWayCode	NString	2	VD05003 交款渠道代码表的代码列	各商业银行基于统一的接口报文规范、信息交换控制机制建立的全国统一的政府非税收入电子化缴费通道代码		
20	BE12024	应缴金额	DueAmt	Currency	18,2		按照有关法律法规规定应缴纳的政府非税收入的金额	来源基础数据规范 3.0 版 DE01010	
21	BE12025	缴款金额	PaidAmt	Currency	18,2		缴款单位或缴款人通过银行实际缴纳非税收入的金额	来源基础数据规范 3.0 版 DE01010	

续表

序号	库表要素编号	名称	英文短名	类型	长度	值域	字段说明	参考来源	修订情况
22	BE12026	缴款日期	PaidDate	Date			缴款单位或缴款人实际缴纳非税收入资金的日期。格式为：YYYYMMDD，“YYYY”表示年，“MM”表示月，“DD”表示日，如 20190909		
23	BE12027	入账日期	RecordDate	Date			非税收入资金实际进入财政收款账户的日期。除需要收单机构日终清算业务外，入账日期应与缴款日期相同		
24	BE12055	执收单位代码	ExecAgencyCode	NString	21		负责开具电子非税收入一般缴款书	《政府非税收入收缴电子化管理接口报文规范（2017）》	
25	BE12058	电子非税收入一般缴款书有效期	EffDate	Date			电子非税收入一般缴款书缴款的有效期	《政府非税收入收缴电子化管理接口报文规范（2017）》	
26	BE12059	应缴金额合计	TotalPayAmt	Currency	18,2		按照有关法律法规规定应缴纳的政府非税收入的金额	《政府非税收入收缴电子化管理接口报文规范（2017）》	
27	BE12060	滞纳金金额	DelayAmt	Currency	18,2		未按时缴款而产生的滞纳金	《政府非税收入收缴电子化管理接口报文规范（2017）》	
28	BE12061	收款账户类型	RecAcctType	NString	1		非税收入的收款账户类型	《政府非税收入收缴电子化管理接口报文规范（2017）》	
29	BE12062	收入归属区划	BelongOrgCode	NString	9		正常与执收区划一致，特殊时才使用本字段	《政府非税收入收缴电子化管理接口报文规范（2017）》	
30	BE12063	非税数据类型	BusType	String	1	VD14004 数据类型代码表代码列	区分电子非税收入一般缴款书状态		

续表

序号	库表要素编号	名称	英文短名	类型	长度	值域	字段说明	参考来源	修订情况
31	BE12064	执收数量	PayNumber	Decimal	15,4		缴款明细的数量	《政府非税收入收缴电子化管理接口报文规范（2017）》	
32	BE12073	说明	Remark	GBString	600		说明事项		
33	BE12103	经办人	Author	GBString	120		电子非税收入一般缴款书的经办人名称	《政府非税收入收缴电子化管理接口报文规范（2017）》	修改中文名称、类型
34	BE12106	缴款人账号	PayerAccNo	String	40		缴纳政府非税收入的缴款人或缴款单位的账号		
35	BE12107	缴款人开户银行	PayerOpenBank	GBString	180	VD00006 银行行别代码表名称列	缴纳政府非税收入的缴款人或缴款单位的开户银行的名称		
36	BE12143	电子非税收入一般缴款书名称	EinvoiceName	GBString	100		电子非税收入一般缴款书的名称		新增要素
37	BE12144	电子非税收入一般缴款书代码	EinvoiceCode	NString	8		电子非税收入一般缴款书的代码		新增要素
38	BE12145	校验码	RandomNumber	String	6		电子非税收入一般缴款书上的校验码		新增要素
39	BE12146	开票时间	BillTime	Time			电子非税收入一般缴款书的开票时间		新增要素
40	BE12147	缴款人类型代码	PayerPartyTypeCode	NString	1	VD14013 缴款人类型的代码列	缴款人类型的代码		新增要素
41	BE12148	缴款人代码	PayerPartyCode	String	30		缴款人是单位的填写统一社会信用代码，缴款人是个人的填写身份证号码		新增要素
42	BE12149	业务流水号	BizCode	String	50		电子非税收入一般缴款书的业务流水号		新增要素

续表

序号	库表要素编号	名称	英文短名	类型	长度	值域	字段说明	参考来源	修订情况
43	BE12150	电子非税收入一般缴款书模板代码	EinvoiceSpecimenCode	NString	10		电子非税收入一般缴款书模板的代码		新增要素
44	BE12151	关联票据代码	RelatedInvoiceCode	NString	8		预留扩展字段，开具红票时在此填写原票据代码		新增要素
45	BE12152	关联票据号码	RelatedInvoiceNumber	NString	10		预留扩展字段，开具红票时在此填写原票据号码		新增要素
46	BE12153	电子非税收入一般缴款书数据内容	NonTaxPayXml	Binary			电子非税收入一般缴款书数据文件		新增要素
47	BE12154	电子非税收入一般缴款书监管机构代码	SupervisorAreaCode	NString	6		电子非税收入一般缴款书监管机构的代码		新增要素
48	BE12155	收缴项目金额	PaidDetailAmt	Currency			实际缴款明细金额		新增要素
49	BE12156	复核人	Checker	GBString	120		电子非税收入一般缴款书的复核人		新增要素
50	BE13012	收款人全称	PayeeAcctName	GBString	300		收款人的账户名称		
51	BE13013	收款人账号	PayeeAcctNo	String	40		收款人的银行账号	来源基础数据规范3.0版DE09009	
52	BE13014	收款人开户银行	PayeeAcctBankName	GBString	180	VD00006 银行行别代码表名称列	收款人的开户银行		

代码集

VD00006 银行行别代码

编码方法：采用层次码，用3位数字表示。其中第1位为类别代码，用于区分不同业务活动的银行机构，便于金融统计数据的提取；第2、3位为顺序编码，用于标识每一家银行机构。

第1层代码含义如下：

0—中央银行；1—国有大型商业银行；2—政策性银行；3—其他商业银行；4—非银行金融机构；5、6、7—外资银行；8—待分配；9—特许参与者。

银行行别代码见附表B-5。

附表 B-5 银行行别代码表

代码	名称	说明
001	中国人民银行	
011	国家金库	
102	中国工商银行	
103	中国农业银行	
104	中国银行	
105	中国建设银行	
107	国家开发银行	
202	中国进出口银行	
203	中国农业发展银行	
301	交通银行	
302	中信银行	
303	中国光大银行	
304	华夏银行	
305	中国民生银行	
306	广东发展银行	
307	平安银行	
308	招商银行	
309	兴业银行	
310	上海浦东发展银行	
311	东莞商业银行	
313	城市商业银行	
314	农村商业银行	
315	恒丰银行	
316	浙商银行	
317	农村合作银行	
318	渤海银行股份有限公司	
319	徽商银行股份有限公司	
401	城市信用合作社	
402	农村信用合作社	
403	中国邮政储蓄银行	
…	…	

VD05003缴款渠道

编码方法：采用顺序码，用2位数字表示。

缴款渠道代码见附表B-6。

附表 B-6 缴款渠道代码表

代码	名称	说明
01	柜台缴款	通过银行柜台缴纳政府非税收入的缴款方式
02	自助终端	通过银行自助终端缴纳政府非税收入的缴款方式
03	企业网银	通过登录企业网银缴纳政府非税收入的缴款方式
04	个人网银	通过登录个人网银缴纳政府非税收入的缴款方式

续表

代码	名称	说明
05	手机银行	通过登录手机银行缴纳政府非税收入的缴款方式
06	网上支付	根据执收单位、政务服务等业务网站提供的非税应缴信息通过银行网关、第三方支付等方式在线完成缴款的缴款方式
07	POS 机查缴	通过 POS 机查询缴款缴纳政府非税收入的缴款方式
08	POS 机刷卡	根据非税系统推送到 POS 机具的应缴信息完成刷卡缴款的缴款方式
11	银行划缴	对于经常性的、固定缴款人的缴款业务，由代理银行按照与执收单位、缴款人签订的委托划缴协议根据执收单位的划缴指令逐笔或批量从签约账户将应缴款项划缴至财政收款账户的缴款方式
12	虚拟账号缴款	对于通过非代理银行大额缴款的业务，按照指定的收款人虚拟账号跨行转账缴纳政府非税收入的缴款方式
19	其他	以上渠道之外的缴款渠道

VD05004收缴方式

编码方法：采用顺序码，用1位数字表示。

收缴方式代码见附表B-7。

附表 B-7　收缴方式代码表

代码	名称	说明	修订情况
1	直接缴库	由缴款单位或缴款人按有关法律法规规定，通过财政部门建立的缴款渠道，直接将应缴非税收入缴入财政收款账户的收缴方式	
2	集中汇缴	由征收单位按照有关法律法规规定，将所收的应缴非税收入汇总缴入财政收款账户的收缴方式	
3	就地缴库	由缴款单位或缴款人按有关法律法规规定，直接向人行国库或国库经收处缴纳非税收入的收缴方式	
4	集中缴库	基层缴款单位将应缴非税收入通过银行汇解到上级主管部门，由主管部门汇总缴入人行国库或国库经收处的收缴方式	
5	税务部门征收入库	按照非税收入征管职责划转方案等文件要求，由税务部门征收、代征入库的收缴方式	新增

VD08001 财政区划

财政区划编码方法见附表B-8。

附表 B-8　财政区划编码方法

级次	一级（2 位）		二级（2 位）		三级（2 位）		四级（3 位）		
位数	1	2	3	4	5	6	7	8	9
范围	省 自治区 直辖市		地级市 地区 自治州 盟		市辖区、县级市 县、自治县 旗、自治旗 特区、林区		街道、镇 乡、民族乡 苏木、民族苏木 县辖区		
全辖编码规则	3、4 位为 99 如北京市全辖 119900000		5、6 位为 99 如石家庄市全辖 130199000		7 ~ 9 位为 999 如海淀区全辖 110108999				
本级编码规则	3、4 位为 00 如北京市本级 110000000		5、6 位为 00 如石家庄市本级 130100000		7 ~ 9 位为 000 如海淀区本级 110108000				
辖区编码规则	3、4 位为 98 如北京市辖区 119800000		5、6 位为 98 如石家庄市辖区 130198000		7 ~ 9 位为 998 如海淀区辖区 110108998				

全局性编码规则：

① 财政区划代码使用9位数字编码，编码规则2-2-2-3，其中不足9位的在代码后补零。

② 财政区划存在对应的行政区划（GB/T 2260中华人民共和国行政区划代码）时，使用行政区划代码，其中行政区划代码不足9位的在代码后补零。

③ 财政区划省级（一级）、地市级（二级）、区县级（三级）包含全辖、辖区与本级三类代码（详见附表B-9），其中本级承担业务管理功能，全辖与辖区为汇总识别代码，数据统计时全辖数据=本级数据+辖区数据，辖区和全辖仅在统计汇总时使用。

④ 全国代码（109900000）、中央本级代码（100000000）、中央辖区代码（109800000）。

⑤ 财政区划代码一级对应1、2位，对应省级（省、自治区、直辖市），省全辖汇总代码的3、4位为99（如北京市全辖汇总119900000），省本级代码的3、4位为00（如北京市本级110000000），省辖区代码的3、4位为98（如北京市辖区119800000）。

⑥ 财政区划代码二级对应3、4位，对应地市级（地级市、地区、自治州、盟），财政区划代码的5、6位为99时对应地市全辖汇总（如石家庄市全辖汇总130199000），财政区划代码的5、6位为00时对应地市本级（如石家庄市本级130100000），财政区划代码的5、6位为98时对应地市辖区（如石家庄市辖区130198000）。

⑦ 财政区划代码三级对应5、6位，对应区县级（市辖区、县级市、县、自治县、旗、自治旗、特区、林区），财政区划代码的7~9位为999时对应区县辖区汇总（如海淀区全辖110108999），财政区划代码的7~9位为000时对应区县本级（如海淀区本级110108000），财政区划代码的7~9位为998时对应区县辖区（如海淀区辖区110108998）。

⑧ 财政区划代码四级对应7~9位，对应乡镇级（街道、镇、乡、民族乡、苏木、民族苏木、县辖区）。

附表 B-9　财政区划代码表

代码	名称	说明
109900000	全国	全国汇总
100000000	中央本级	
109800000	中央辖区	中央辖区汇总
119900000	北京市	直辖市全辖汇总
110000000	北京市本级	
119800000	北京市辖区	直辖市辖区汇总
110101999	东城区	
…	…	
110108999	海淀区	区县全辖汇总
110108000	海淀区本级	
110108998	海淀区辖区	区县辖区汇总
110108001	万寿路街道办事处	
110108002	永定路街道办事处	
…	…	
139900000	河北省	省全辖汇总
130000000	河北省本级	
139800000	河北省辖区	省辖区汇总
130199000	石家庄市	地市全辖汇总
130100000	石家庄市本级	

续表

代码	名称	说明
130198000	石家庄市辖区	地市辖区汇总
…	…	

VD14004非税数据类型

编码方法：采用顺序码，用1位数字表示。

非税数据类型代码见附表B-10。

附表 B-10　非税数据类型代码表

代码	名称	说明
1	正常	正常开出并缴款的电子非税收入一般缴款书的状态
2	暂存款确认	用于匹配暂存款的电子非税收入一般缴款书的状态

VD14013缴款人类型（新增）

编码方法：采用顺序码，用1位数字表示。

缴款人类型代码见附表B-11。

附表 B-11　缴款人类型代码表

代码	名称	说明
1	个人	缴款人为个人
2	单位	缴款人为单位

附录C　MD5算法分析及其实现

1. MD5算法分析

（1）待加密信息处理

显而易见，如果要对一个字符串进行MD5计算，那么肯定要从该字符串的处理入手。鉴于一个字符的长度是1 B，即8位（bit）的长度。MD5对待加密的字符串的处理是将一个字符串分割成每512位为一个分组，形如$N\times512+R$，其中R是余下的位数且可分为几种情况：

$R=0$时，需要补位，单补上一个512位的分组，因为还要加入最后64位的字符串长度。

$R<448$时，则需要补位到448位，后面添加64位的字符串长度。

$R>448$时，除了补满这一分组外，还要再补上一个512位的分组，后面添加64位的字符串长度。

补位的形式是先填充一个1，再接无数个0，直到补足512位。

（2）MD5的链接变量及基本操作

MD5有四个32位的称为链接变量的整数参数，该参数可定义为A、B、C、D，其取值为：A=0x01234567，B=0x89abcdef，C=0xfedcba98，D=0x76543210。但考虑到内存数据存储大小端的问题，将其赋值为：A=0x67452301，B=0xefcdab89，C=0x98badcfe，D=0x10325476。同时 MD5 算法规定了四个非线性操作函数（& 是与，| 是或，~ 是非，^ 是异或）：

$F(X,Y,Z)=(X\&Y)|((\sim X)\&Z)$

$G(X,Y,Z)=(X\&Z)|(Y\&(\sim Z))$

$H(X,Y,Z)=X\text{^}Y\text{^}Z$

$I(X,Y,Z)=Y\text{^}(X|(\sim Z))$

这些函数是这样设计的：如果X、Y和Z的对应位是独立和均匀的，那么结果的每一位也应是独立和均匀的。

利用上面的四种操作，生成四个重要的计算函数。首先，声明四个中间变量a、b、c、d，赋值：a = A, b = B, c = C, d = D。然后定义这四个计算函数为：

FF(a, b, c, d, M[j], s, ti)表示 a = b + ((a + F(b, c, d) + Mj + ti) <<< s)

GG(a, b, c, d, M[j], s, ti)表示 a = b + ((a + G(b, c, d) + Mj + ti) <<< s)

HH(a, b, c, d, M[j], s, ti)表示 a = b + ((a + H(b, c, d) + Mj + ti) <<< s)

II(a, b, c, d, M[j], s, ti)表示 a = b + ((a + I(b, c, d) + Mj + ti) <<< s)

其中M[j]表示消息的第j个子分组（从0～15），<<表示循环左移s，常数ti是4294967296 × abs(sin(i))的整数部分，i取值从1～64，单位是弧度。

（3）循环计算

定义好上述的四个计算函数后，就可以实现MD5的真正循环计算了。这个循环的循环次数为512位分组的个数。每次循环执行64不计算，上述4个函数每个16次，具体如下：

```
//第一轮循环计算
FF(a,b,c,d,M[0],7,0xd76aa478);
FF(d,a,b,c,M[1],12,0xe8c7b756);
FF(c,d,a,b,M[2],17,0x242070db);
FF(b,c,d,a,M[3],22,0xc1bdceee);
FF(a,b,c,d,M[4],7,0xf57c0faf);
FF(d,a,b,c,M[5],12,0x4787c62a);
FF(c,d,a,b,M[6],17,0xa8304613);
FF(b,c,d,a,M[7],22,0xfd469501) ;
FF(a,b,c,d,M[8],7,0x698098d8) ;
FF(d,a,b,c,M[9],12,0x8b44f7af) ;
FF(c,d,a,b,M[10],17,0xffff5bb1) ;
FF(b,c,d,a,M[11],22,0x895cd7be) ;
FF(a,b,c,d,M[12],7,0x6b901122) ;
FF(d,a,b,c,M[13],12,0xfd987193) ;
FF(c,d,a,b,M[14],17,0xa679438e) ;
FF(b,c,d,a,M[15],22,0x49b40821);

//第二轮循环计算
GG(a,b,c,d,M[1],5,0xf61e2562);
GG(d,a,b,c,M[6],9,0xc040b340);
GG(c,d,a,b,M[11],14,0x265e5a51);
GG(b,c,d,a,M[0],20,0xe9b6c7aa) ;
GG(a,b,c,d,M[5],5,0xd62f105d) ;
GG(d,a,b,c,M[10],9,0x02441453) ;
GG(c,d,a,b,M[15],14,0xd8a1e681);
GG(b,c,d,a,M[4],20,0xe7d3fbc8) ;
GG(a,b,c,d,M[9],5,0x21e1cde6) ;
GG(d,a,b,c,M[14],9,0xc33707d6) ;
GG(c,d,a,b,M[3],14,0xf4d50d87) ;
GG(b,c,d,a,M[8],20,0x455a14ed);
GG(a,b,c,d,M[13],5,0xa9e3e905);
GG(d,a,b,c,M[2],9,0xfcefa3f8) ;
GG(c,d,a,b,M[7],14,0x676f02d9) ;
GG(b,c,d,a,M[12],20,0x8d2a4c8a);

//第三轮循环计算
HH(a,b,c,d,M[5],4,0xfffa3942);
```

```
HH(d,a,b,c,M[8],11,0x8771f681);
HH(c,d,a,b,M[11],16,0x6d9d6122);
HH(b,c,d,a,M[14],23,0xfde5380c) ;
HH(a,b,c,d,M[1],4,0xa4beea44) ;
HH(d,a,b,c,M[4],11,0x4bdecfa9) ;
HH(c,d,a,b,M[7],16,0xf6bb4b60) ;
HH(b,c,d,a,M[10],23,0xbebfbc70);
HH(a,b,c,d,M[13],4,0x289b7ec6);
HH(d,a,b,c,M[0],11,0xeaa127fa);
HH(c,d,a,b,M[3],16,0xd4ef3085);
HH(b,c,d,a,M[6],23,0x04881d05);
HH(a,b,c,d,M[9],4,0xd9d4d039);
HH(d,a,b,c,M[12],11,0xe6db99e5);
HH(c,d,a,b,M[15],16,0x1fa27cf8) ;
HH(b,c,d,a,M[2],23,0xc4ac5665);

//第四轮循环计算
II(a,b,c,d,M[0],6,0xf4292244) ;
II(d,a,b,c,M[7],10,0x432aff97) ;
II(c,d,a,b,M[14],15,0xab9423a7);
II(b,c,d,a,M[5],21,0xfc93a039) ;
II(a,b,c,d,M[12],6,0x655b59c3) ;
II(d,a,b,c,M[3],10,0x8f0ccc92) ;
II(c,d,a,b,M[10],15,0xffeff47d);
II(b,c,d,a,M[1],21,0x85845dd1) ;
II(a,b,c,d,M[8],6,0x6fa87e4f) ;
II(d,a,b,c,M[15],10,0xfe2ce6e0);
II(c,d,a,b,M[6],15,0xa3014314) ;
II(b,c,d,a,M[13],21,0x4e0811a1);
II(a,b,c,d,M[4],6,0xf7537e82) ;
II(d,a,b,c,M[11],10,0xbd3af235);
II(c,d,a,b,M[2],15,0x2ad7d2bb);
II(b,c,d,a,M[9],21,0xeb86d391);
```

（4）结果输出

处理完所有512位分组后，得到一组新的A、B、C、D的值，将这些值按ABCD的顺序级联，就得到了MD5散列值。当然，输出依然要考虑内存存储的大小端问题。

2. MD5算法实现

根据前面分算法分析，接下来具体说明如何实现这一算法，暂时不考虑字符串的分组预处理，假设只有1组，就是说长度不会超过448位。多组的操作也是一样的，只需要增加循环计算的次数，所以实际从上述分析的第二步开始。

（1）初始化操作

前面已经提到过，在开始MD5需要定义算法规定的数组、操作函数以及初始化4个链接变量。操作函数用宏定义来实现。关于链接变量的初始化操作需要在对消息加密前操作，定义如下的初始化函数：

```
/*对MD5结构体进行初始化操作*/
void MD5Start(MD5Contex *context)
{
    context->count[0]=0;
```

```
    context->count[1]=0;

  //初始化链接变量
  context->state[0] = 0x67452301;
  context->state[1] = 0xEFCDAB89;
  context->state[2] = 0x98BADCFE;
  context->state[3] = 0x10325476;
}
```

（2）MD5值计算

MD5值的计算及结构体的更新代码如下：

```
/*将要加密的信息传递给初始化过的MD5结构体，无返回值*/
/*context: 初始化过了的MD5结构体*/
/*input: 需要加密的信息，可以任意长度*/
/*inputLen: 指定input的长度*/
void MD5Update(MD5Contex *context, uint8_t *input,uint32_t inputlen)
{
    uint32_t i = 0,index = 0,partlen = 0;
    index = (context->count[0] >> 3) & 0x3F;
    partlen = 64 - index;
    context->count[0] += inputlen << 3;
    if(context->count[0] < (inputlen << 3))
    {
        context->count[1]++;
    }
    context->count[1] += inputlen >> 29;

    if(inputlen >= partlen)
    {
        memcpy(&context->buffer[index],input,partlen);
        MD5Process(context->state,context->buffer);
        for(i = partlen;i+64 <= inputlen;i+=64)
        {
        MD5Process(context->state,&input[i]);
        }
        index = 0;
    }
    else
    {
        i = 0;
    }
    memcpy(&context->buffer[index],&input[i],inputlen-i);
}
```

MD5的主体循环部分实现代码如下：

```
/*对512位信息（即block缓冲区）进行一次处理，每次处理包括四轮*/
/*uint32_t *state: MD5结构体中的state[4]，用于保存信息加密的结果*/
/*uint8_t *block: 欲加密的512位信息*/
static void MD5Process(uint32_t *state, uint8_t *block)
{
  uint32_t a = state[0];
  uint32_t b = state[1];
```

```
uint32_t c = state[2];
uint32_t d = state[3];
uint32_t x[64];

MD5Decode(x,block,64);

/*第一轮计算*/
FF(a, b, c, d, x[ 0], constMove[0],constTable[0][0]);
FF(d, a, b, c, x[ 1], constMove[1],constTable[0][1]);
FF(c, d, a, b, x[ 2], constMove[2],constTable[0][2]);
FF(b, c, d, a, x[ 3], constMove[3],constTable[0][3]);
FF(a, b, c, d, x[ 4], constMove[0],constTable[0][4]);
FF(d, a, b, c, x[ 5], constMove[1],constTable[0][5]);
FF(c, d, a, b, x[ 6], constMove[2],constTable[0][6]);
FF(b, c, d, a, x[ 7], constMove[3],constTable[0][7]);
FF(a, b, c, d, x[ 8], constMove[0],constTable[0][8]);
FF(d, a, b, c, x[ 9], constMove[1],constTable[0][9]);
FF(c, d, a, b, x[10], constMove[2],constTable[0][10]);
FF(b, c, d, a, x[11], constMove[3],constTable[0][11]);
FF(a, b, c, d, x[12], constMove[0],constTable[0][12]);
FF(d, a, b, c, x[13], constMove[1],constTable[0][13]);
FF(c, d, a, b, x[14], constMove[2],constTable[0][14]);
FF(b, c, d, a, x[15], constMove[3],constTable[0][15]);

/*第二轮计算*/
GG(a, b, c, d, x[ 1], constMove[4],constTable[1][0]);
GG(d, a, b, c, x[ 6], constMove[5],constTable[1][1]);
GG(c, d, a, b, x[11], constMove[6],constTable[1][2]);
GG(b, c, d, a, x[ 0], constMove[7],constTable[1][3]);
GG(a, b, c, d, x[ 5], constMove[4],constTable[1][4]);
GG(d, a, b, c, x[10], constMove[5],constTable[1][5]);
GG(c, d, a, b, x[15], constMove[6],constTable[1][6]);
GG(b, c, d, a, x[ 4], constMove[7],constTable[1][7]);
GG(a, b, c, d, x[ 9], constMove[4],constTable[1][8]);
GG(d, a, b, c, x[14], constMove[5],constTable[1][9]);
GG(c, d, a, b, x[ 3], constMove[6],constTable[1][10]);
GG(b, c, d, a, x[ 8], constMove[7],constTable[1][11]);
GG(a, b, c, d, x[13], constMove[4],constTable[1][12]);
GG(d, a, b, c, x[ 2], constMove[5],constTable[1][13]);
GG(c, d, a, b, x[ 7], constMove[6],constTable[1][14]);
GG(b, c, d, a, x[12], constMove[7],constTable[1][15]);

/*第三轮计算*/
HH(a, b, c, d, x[ 5], constMove[8],constTable[2][0]);
HH(d, a, b, c, x[ 8], constMove[9],constTable[2][1]);
HH(c, d, a, b, x[11], constMove[10],constTable[2][2]);
HH(b, c, d, a, x[14], constMove[11],constTable[2][3]);
HH(a, b, c, d, x[ 1], constMove[8],constTable[2][4]);
HH(d, a, b, c, x[ 4], constMove[9],constTable[2][5]);
HH(c, d, a, b, x[ 7], constMove[10],constTable[2][6]);
HH(b, c, d, a, x[10], constMove[11],constTable[2][7]);
HH(a, b, c, d, x[13], constMove[8],constTable[2][8]);
```

```
  HH(d, a, b, c, x[ 0], constMove[9],constTable[2][9]);
  HH(c, d, a, b, x[ 3], constMove[10],constTable[2][10]);
  HH(b, c, d, a, x[ 6], constMove[11],constTable[2][11]);
  HH(a, b, c, d, x[ 9], constMove[8],constTable[2][12]);
  HH(d, a, b, c, x[12], constMove[9],constTable[2][13]);
  HH(c, d, a, b, x[15], constMove[10],constTable[2][14]);
  HH(b, c, d, a, x[ 2], constMove[11],constTable[2][15]);

  /*第四轮计算*/
  II(a, b, c, d, x[ 0], constMove[12],constTable[3][0]);
  II(d, a, b, c, x[ 7], constMove[13],constTable[3][1]);
  II(c, d, a, b, x[14], constMove[14],constTable[3][2]);
  II(b, c, d, a, x[ 5], constMove[15],constTable[3][3]);
  II(a, b, c, d, x[12], constMove[12],constTable[3][4]);
  II(d, a, b, c, x[ 3], constMove[13],constTable[3][5]);
  II(c, d, a, b, x[10], constMove[14],constTable[3][6]);
  II(b, c, d, a, x[ 1], constMove[15],constTable[3][7]);
  II(a, b, c, d, x[ 8], constMove[12],constTable[3][8]);
  II(d, a, b, c, x[15], constMove[13],constTable[3][9]);
  II(c, d, a, b, x[ 6], constMove[14],constTable[3][10]);
  II(b, c, d, a, x[13], constMove[15],constTable[3][11]);
  II(a, b, c, d, x[ 4], constMove[12],constTable[3][12]);
  II(d, a, b, c, x[11], constMove[13],constTable[3][13]);
  II(c, d, a, b, x[ 2], constMove[14],constTable[3][14]);
  II(b, c, d, a, x[ 9], constMove[15],constTable[3][15]);

  state[0] += a;
  state[1] += b;
  state[2] += c;
  state[3] += d;
}
```

（3）输出转换

最后，将计算所得的MD5值进行输出格式整理，时期按应有的顺序输出。

```
/*获得最终的MD5值，无返回值*/
/*digest: 保存最终的加密串*/
/*context: 前面初始化并填入了信息的md5结构*/
void MD5Final(MD5Contex *context, uint8_t *digest)
{
  uint32_t index = 0,padlen = 0;
  uint8_t bits[8];
  index = (context->count[0] >> 3) & 0x3F;
  padlen = (index < 56)?(56-index):(120-index);
  MD5Encode(bits,context->count,8);
  MD5Update(context,padding,padlen);
  MD5Update(context,bits,8);
  MD5Encode(digest,context->state,16);
}
```

附录D　马鞍山市医疗电子票据管理服务平台项目采购清单

马鞍山市医疗电子票据管理服务平台项目采购清单

<table>
<tr><th>序号</th><th colspan="2">建设内容</th><th colspan="3">技术指标及参数</th><th>数量</th><th>计量单位</th><th>单价（万元）</th><th>总价（万元）</th><th>安装位置及作用</th></tr>
<tr><td>1</td><td colspan="2">第三方验收</td><td colspan="3">项目实施完成后，由业主单位聘请具备信息化项目验收能力的单位开展第三方验收工作，第三方验收报告报市数据资源管理局备案，参与验收单位需满足以下条件：
1．具备独立承担民事责任能力的在中华人民共和国境内注册的法人或其他组织营业执照副本复印件；
2．验收单位相关测评服务人员应该具有信息化项目验收测评专业技术和相关工作经验，提供至少两名技术人员资质证书复印件（信息化行业中级及以上职称）；
3．在“信用中国”（www.creditchina.gov.cn）没有列为失信被执行人、重大税收违法案件当事人名单、政府采购严重违法失信行为记录名单；在中国政府采购网（www.ccgp.gov.cn）没有被处罚禁止参加政府采购活动；建设单位对验收单位进行查询，并将查询结果进行书面记录后留存；
4．不得与本项目监理单位为同一家</td><td>1</td><td>项</td><td>1.5</td><td>1.5</td><td></td></tr>
<tr><td>2</td><td colspan="2">等保测评</td><td colspan="3">1．定级、备案：协助完成内部信息系统及医院对外综合服务系统分析与材料准备、协助信息系统定级评审、协助备案；
2．差距分析：按照信息系统安全等级保护二级的要求，分别派遣项目组成员驻招标方现场进行现状调研，了解目前系统所有现状，并进行差距分析，分析出与等级保护二级要求的差距，形成相应的《卫健委内部安全等级保护差距分析方案》；
3．等级测评：根据国家安全等级保护二级标准要求开展测评工作</td><td>1</td><td>项</td><td>5</td><td>5</td><td>3 年一次</td></tr>
<tr><td>3</td><td colspan="2">第三方监理服务</td><td colspan="3">监理公司需具备专业技术及项目建设过程管理能力</td><td>1</td><td>项</td><td>1.5</td><td>1.5</td><td></td></tr>
<tr><td>4</td><td>软件系统</td><td>医疗电子票据管理服务平台</td><td>医疗电子票据管理平台</td><td>基础信息管理</td><td>从财政获取单位基础信息，支持本地进行医疗基础信息的维护，是医疗平台应用的基础模块。
初始设置：提供单位数据的初始化，提供定时或者手工同步的功能，对单位开票界面进行配置。
基础数据：单位基础信息与收缴控制信息、可用收费项目信息、可用票据种类信息，设置业务系统与财政基础信息的对照关系</td><td>1</td><td>套</td><td>5</td><td>114</td><td>项目的主要建设内容</td></tr>
</table>

续表

序号	建设内容				技术指标及参数	数量	计量单位	单价（万元）	总价（万元）	安装位置及作用
				医疗票据管理	票据全生命周期管理，包括纸质票据和电子票据申领、分发、申退、审验、销毁等业务管理。 期初库存：提供单位导入期初库存的功能，单位票据管理人员通过期初库存确认功能进行审核，审核通过后，由单位统一填录期初库存。 票据申领：用于开票点向上级票管申领票据，由开票点用户在线填写申领单，并提交给上级票管，上级票管接收到申领信息，经审批后，并下发票号信息，开票点进行入库确认。 票据分发：为单位提供内部电子票据分发管理，支持人工分发和自动分发两种模式，包括纸质票据和电子票据分发管理功能。 票据申退：单位出现多领、错领的情况下，通过该功能将票据退回到上级单位或财政。 退库确认：上级管理点核对下级申退票据无误后，确认下级退库信息。 库存作废：因票据遗失、损毁或财政政策变更需要将纸质票据进行批量作废，可在系统填写库存作废申请，提交上级财政审核。 票据审验：采集开票数据，将已开具的票据信息（包含：开票明细、收缴情况、作废情况明细、冲销情况明细等）上报上级财政审验。 票据销毁：已使用的纸质票据保管时间超过财政要求的保管年限后，可在医院电子票据管理平台提交销毁申请，财政审核通过后单位打印销毁申请单，进行纸质票据销毁	1	套	15		
				医疗票据开具	医疗电子票据平台的核心功能模块，与 HIS 系统对接实现医院医疗（门诊 / 住院）电子票据的开具、冲红、打印、查询等核心业务。此外，平台还提供非税、往来、捐赠票据开具功能，实现医院内部全业务、全口径的开票管理。 电子票据开具：支持单位用户直接登录系统，录入开票信息，选择收费项目、收费清单、交费渠道明细信息开具电子票据，同时支持非税、往来票据开具。 电子票据冲红：实现将未打印或已打印的电子票据进行冲红。 电子票据打印：支持将电子票据打印成纸质票据，破损或不清晰等原因，提供重开功能。如果因机器原因，未成功打印票据，但平台已执行打印，可将原纸质票号重新打印到纸质票据上。 电子票据查询：支持单位用户登录系统查询已开具的电子票据信息。 批量导入开票：支持单位用户登录系统批量导入开票信息开具电子票据。 开机打票：未升级电子票据的业务，支持开具机打票。 退费开票：单位办理退费业务时，需要登录系统查询原票，并进行退费开票处理。 原票补录：为了加强单位财务管理的严谨性，部分交款人提供的退费票据，可能不是单位电子票据平台开具的，此时若需要退费，需要将退费的原票据补录登记到系统中。 系统接口：提供与单位CA服务器厂商对接联调接口以及提供根据医院门诊、住院、体检、挂号电子票据开具接口，与医院 HIS 系统对接	1	套	20		

续表

序号	建设内容				技术指标及参数	数量	计量单位	单价（万元）	总价（万元）	安装位置及作用
				医疗票据对账	对开票数据与业务数据进行对账 自动对账：根据开票点汇总开票总笔数、总金额，与医院 HIS 系统数据进行核对，生成差异票 手工对账：依据业务日期按照票据种类、收费项目、交费渠道、业务类别的数据生成总览表，供财务人员核对使用	1	套	2		
				医疗票据存档	从财政下载电子票据进行电子存档，用于单位进行电子票据查阅、交付，支持医疗机构本地查看电子票据。 单位开票总览：提供开票数据总览功能，包括电子票据查询、电子票据接收情况、电子票据归档情况等。 电子票据归档检索（明细）：为单位提供电子票据归档检索明细的功能，用户按照日期、接收状态查询电子票据归档结果。 电子票据归档检索（按月）：为单位提供电子票据按月归档检索的功能，查看每月电子票据归档的汇总信息及票据的总览。 单位开票与归档差异表：因各种网络或技术原因导致电子票据未制作成功，为保证存档的安全可靠，系统自动核对单位开票与财政下载的电子票据，生成单位开票与归档差异表，用户可批量勾选重新从财政下载电子票据	1	套	3		
				医疗票据交付	实现单位通过各种渠道（单位 App、互联网渠道等）将电子票据交付于缴款人。 单位 App/ 公众号：与单位自建 App/ 公众号对接，为其提供电子票据 H5 挂件的方式，单位只需要将电子票夹的入口挂接到单位 App/ 公众号上，交款人通过该入口进去电子票夹进行取票。 取票小程序：通过取票小程序将电子票据推送给交款人（标准）	1	套	5		
				综合报表查询	医疗机构本级及下级机构的各票据种类库存情况查询以及开票情况查询。 库存情况查询：用于查看本机构及下级机构各票据种类某个时间区间的领用明细、发放明细、期初库存、申领、使用及库存情况。 开票情况查询：查看本机构的电子和纸质票据开票明细、医疗电子票据汇总表、交费渠道汇总表、收费员票据使用情况表和医疗票据补录情况表	1	套	2		
				系统管理	医疗机构的用户、角色、权限配置，业务系统与医疗电子票据平台对接的应用接入管理	1	套	2		

续表

序号	建设内容				技术指标及参数	数量	计量单位	单价（万元）	总价（万元）	安装位置及作用
			应急开票业务系统	应急开票业务系统	1．模式切换，单位本地与卫健委医疗电子票据管理平台出现网络异常时，可自动切换或手动切换启动应急开票服务。待网络恢复后，可自动切换或手动切换回正常开票模式。 2．数据同步，应急开票业务系统实时从卫健委医疗电子票据管理平台中获取开票点基础数据，保证应急开票业务系统与卫健委医疗电子票据管理平台对应的基础数据一致。 3．心跳连接，应急开票业务系统不定时（频率可设置）请求卫健委医疗电子票据管理平台连接，记录心跳连接的反馈结果。 4．赋码管理，在应急开票时进行票号消耗，由应急开票业务系统赋码，每开具一张电子票据，扣除一个票号。 5．库存管理，应急开票业务系统需实时通过卫健委医疗电子票据管理平台将开票点可用库存信息同步至本地，以便随时启动应急开票服务。当开票点库存低于阈值时，可自动向卫健委医疗电子票据管理平台发起票据申领。 网络长时间中断，本地票据不满足现行使用时，可在卫健委医疗电子票据管理平台上对断网医疗机构批量分发应急票据库存，分发成功后导出加密的应急库存文件。通过线下、互联网等多种方式，由医院在应急开票业务系统的库存管理模块中，手动导入应急库存文件，应急开票业务系统读取文件信息，并自动入库。 6．开票管理，在应急开票情况下，所有开票点可通过应急开票业务系统开具电子票据，应急开票业务系统先在本地对开票数据进行校验、赋码，加密暂存在本地，待网络恢复后请求卫健委医疗电子票据管理平台进行开票处理。 在应急开票情况下，所有开票点请求冲红票据时，应急开票业务系统先在本地对冲红数据进行校验、赋码，加密暂存在本地，待网络恢复后请求卫健委医疗电子票据管理平台进行冲红处理。 7． 数据结转，应急开票业务系统可每日定时将数据上报给卫健委医疗电子票据管理平台进行数据核对，核对完成后，对于核对得到的差异数据，应急开票业务系统需进行补偿处理，将差异数据补上传给卫健委医疗电子票据管理平台，在数据未核对一致前，应急开票业务系统本地数据不清除。当卫健委医疗电子票据管理平台数据结转之后，应急开票业务系统主动从卫健委医疗电子票据管理平台获取结转数据信息，包括开具的票号段、冲红的票号段、可换开的票号段等。 8．接口设计，包括电子票据开具接口、开具结果查询、冲红接口、打印接口、电子票据流通状态等	4	套	8		
			医疗收费票据监管分析平台	数据采集与预处理	医疗收费电子票据数据进行采集和处理。 数据采集：自动按照增量的方式采集各医疗机构的机构基础信息新增、变更、各医疗机构的开票数据、冲红数据、收费明细信息、业务数据等。 数据处理：对采集获取的数据进行数据清洗、数据转换处理	1	套	1		

续表

序号	建设内容			技术指标及参数	数量	计量单位	单价（万元）	总价（万元）	安装位置及作用
			数据分析	对采集到的医疗收费电子票据开票进行处理分析。 医疗机构用票总览：医疗机构用票总览主要分析卫健委监管下的各医疗机构的总体用票情况，包含开票量、开票金额及各票据种类的开票占比分析，从整体上宏观把控医疗机构的用票数据（包含开具、冲红、换开等）。 医疗收支结构分析：通过统计分析卫健委管辖的各医院机构的收入情况包括门急诊收入、住院收入、体检收入以及门诊、住院收入增长率及各类医疗服务项目收入构成比例、药品收入占比等，有利于及时了解医院的收入情况，对医院决算和财务收支情况进行审计监督，有利于对加强医院财务管理工作，指导医院的内部审计工作，提高医院经营管理水平服务。 门诊/住院医疗费用分析：通过分析单个医疗机构门诊、住院科室开票的具体情况，结合门诊、住院就诊次均费用增长率、票面支付金额信息等，综合分析主要分析单个医疗机构的各类业务办理的开票及就诊实际情况。 医疗收费价格监管：通过将各医疗机构的实际收费情况同医疗服务收费价目表中的收费标准进行综合对比分析，全面了解某一项目在同等级医疗机构之间的收费差异，或了解同一医院的各个服务项目的收费情况，从而实现卫健委对各医疗机构的收费价格监管，及时纠正各医疗机构的违规收费行为，在一定程度上保护患者的医疗权益。 医疗机构负担与保障分析：分析各医疗机构的门诊、住院业务的就诊总体情况、就诊次均费用情况、各医疗服务项目的占比情况、次均就诊费用变化趋势、门诊及住院门诊次均药品费用增幅比例等信息，从侧面反映各医疗机构当前的医疗服务质量情况，并结合就诊患者负担费用信息情况，严控过度消费，降低就诊患者的医疗费用负担水平，实现医疗费用负担与收入趋向均衡合理化发展。 医疗机构用票检查：通过预设各医疗机构的筛查指标，从采集库中筛选过滤符合检查指标的对应票据数据，满足卫健委对医疗机构的用票数据的监管。 监控预警指标设置：支持对监控预警指标进行统一管理，可按照多个分析主题的指标内容分类进行设置，用户可根据实际业务情况灵活调整预警指标数值，满足监控预警分析的实际需要	1	套	20		
			统计查询	提供各类定制化统计查询报表，查询不同医疗机构的开票汇总信息、开票明细信息、医疗机构记账情况等内容	1	套	4		
			系统管理	组织机构、用户、角色的新增、编辑、删除功能。 用票检查管理：通过指标维护，前端根据指标条件过滤出对应的数据筛查结果并予以展示。 收入映射管理：将各个医疗机构从财政同步的项目与财政发文中的标准医疗项目及项目对应的收入类型关联映射对照	1	套	3		

续表

序号	建设内容		技术指标及参数	数量	计量单位	单价（万元）	总价（万元）	安装位置及作用
5	硬件系统	物理服务器一	集群软件：纯分布式矩阵架构，支持容器和虚拟机模式，可对独立的容器应用配置安全策略	4	节点	7.5	30	
			部署在卫健委，形成集群资源。 2U 机架式，2 颗国产 X86 架构处理器，CPU 总核心数≥ 16C，单颗 CPU 主频≥ 2.3 GHz；≥ 64 GB 。DDR4 内存，≥ 8 块 2 TB SATA 硬盘，≥ 2 个千兆网口，≥ 2 个万兆光口（含光模块），5 年原厂质保	4	台			
		物理服务器二	4 颗 Xeon Gold 6230 CPU，≥ 512 GB 内存，≥ 3 块 1.2 TB SAS 硬盘 RAID5 缓存 2 GB 以上，≥ 4 端口千兆网卡，≥ 2 块单端口万兆光网卡含模块跳线，≥ 2 块单端口 16GB FC HBA 适配器含模块跳线，满配冗余电源和风扇，导轨，5 年原厂质保	2	台	14	28	
			集群软件节点：纯分布式矩阵架构，支持容器和虚拟机模式，可对独立的容器应用配置安全策略	4	节点	16	24	
		物理服务器三	医院端的前置服务器，与卫健委的硬件资源形成集群： 1U 机架式，国产 X86 架构处理器，CPU 主频≥ 2.3 GHz；≥ 16 GB DDR4 内存，≥ 2 块 2 TB SATA 硬盘，≥ 2 个千兆网卡，5 年原厂质保	4	台			
		准入控制	提供≥ 6 个 1 000 Base-Tx，可控制≥ 2 个千兆光口，支持基于行为的仿冒检测，IP/MAC 伪装连接、异常访问、异常协议，支持统一 IP 地址可视化管理，5 年原厂质保	1	台	7	7	
6	系统接口	接口改造费用	4 家医疗机构（市人民医院、中医院、妇幼保健院、第四人民医院）HIS 业务系统、自助机适应性改造	1	套	16	16	
7	系统集成	系统集成费用	系统集成费用	1	项	6	6	
8	数据库软件	数据库软件	含正版操作系统	1	套	1	1	
		小计				234		本项目预算内资金
9	其他	签名服务器	标准设备，双电源 400 W ～ 600 W，2 核 4 线程 CPU × 1，8 GB 内存，1 TB 硬盘，网络接口：千兆电口 × 4； RSA 签名：6 000 次 / 秒； RSA 验签：13 000 次 / 秒； RSA 制作数字信封：11 000 次 / 秒； RSA 解密数字信封：6 000 次 / 秒； SM2 签名：3 500 次 / 秒； SM2 验签：4 500 次 / 秒； SM2 制作数字信封：2 500 次 / 秒； SM2 解密数字信封：3 000 次 / 秒	1	台			可进行财政局设备扩容利旧
10	其他	安全硬件设备	利旧卫健委机房现有安全设备					

续表

序号	建设内容				技术指标及参数	数量	计量单位	单价（万元）	总价（万元）	安装位置及作用
11	接入使用	其他医疗机构接入医疗电子票据平台	二级及以上医院	物理服务器三	集群软件节点：纯分布式矩阵架构，支持容器和虚拟机模式，可对独立的容器应用配置安全策略。 1U 机架式，国产 X86 架构处理器，CPU 主频≥ 2.3 GHz；≥ 16 GB DDR4 内存，≥ 2 块 2 TB SATA 硬盘，≥ 2 个千兆网卡，5 年原厂质保					
				应急开票业务系统	1．模式切换，单位本地与卫健委医疗电子票据管理平台出现网络异常时，可自动切换或手动切换启动应急开票服务。待网络恢复后，可自动切换或手动切换回正常开票模式。 2．数据同步，应急开票业务系统实时从卫健委医疗电子票据管理平台中获取开票点基础数据，保证应急开票业务系统与卫健委医疗电子票据管理平台对应的基础数据一致。 3．心跳连接，应急开票业务系统不定时（频率可设置）请求卫健委医疗电子票据管理平台连接，记录心跳连接的反馈结果。 4．赋码管理，在应急开票时进行票号消耗，由应急开票业务系统赋码，每开具一张电子票据，扣除一个票号。 5．库存管理，应急开票业务系统需实时通过卫健委医疗电子票据管理平台将开票点可用库存信息同步至本地，以便随时启动应急开票服务。当开票点库存低于阈值时，可自动向卫健委医疗电子票据管理平台发起票据申领。 网络长时间中断，本地票据不满足现行使用时，可在卫健委医疗电子票据管理平台上对断网医疗机构批量分发应急票据库存，分发成功后导出加密的应急库存文件。通过线下、互联网等多种方式，由医院在应急开票业务系统的库存管理模块中，手动导入应急库存文件，应急开票业务系统读取文件信息，并自动入库。 6．开票管理，在应急开票情况下，所有开票点可通过应急开票业务系统开具电子票据，应急开票业务系统先在本地对开票数据进行校验、赋码，加密暂存在本地，待网络恢复后请求卫健委医疗电子票据管理平台进行开票处理。 在应急开票情况下，所有开票点请求冲红票据时，应急开票业务系统先在本地对冲红数据进行校验、赋码，加密暂存在本地，待网络恢复后请求卫健委医疗电子票据管理平台进行冲红处理。 7．数据结转，应急开票业务系统可每日定时将数据上报给卫健委医疗电子票据管理平台进行数据核对，核对完成后，对于核对得到的差异数据，应急开票业务系统需进行补偿处理，将差异数据补上传给卫健委医疗电子票据管理平台，在数据未核对一致前，应急开票业务系统本地数据不清除。当卫健委医疗电子票据管理平台数据结转之后，应急开票业务系统主动从卫健委医疗电子票据管理平台获取结转数据信息，包括开具的票号段、冲红的票号段、可换开的票号段等。 8．接口设计，包括电子票据开具接口、开具结果查询、冲红接口、打印接口、电子票据流通状态等	待统计	项			其他医疗机构接入医疗电子票据平台的费用（有效期 3 年），不在本项目预算内。 后期各医院电子票据与 HIS 对接费用，由医院自行承担

续表

序号	建设内容		技术指标及参数			数量	计量单位	单价（万元）	总价（万元）	安装位置及作用
				数据收集与维护	对接入机构进行业务调研、流程梳理、数据采集等实施准备。收集医院基础信息，包括医疗机构相关业务科室、收费窗口、收费员、收款渠道、医院印章、医疗票据样式，单位基础信息、单位可用票据、可用项目、开票点信息、单位印章、票据模板、电子票据告知单模板等信息。进行基础数据维护，申请赋码等	待统计	项			
			区县卫健委（社区卫生服务中心、乡镇卫生院）	开票账户开通	1. 与 HIS 系统对接，实现业务系统的连通； 2. 对申请接入的基层医疗机构进行基础信息维护，数据收集，账户开通及向省（市）财政电子票据系统申请赋码等操作，实现在线登录开票功能	待统计	项			

参 考 文 献

[1] 斯里瓦斯塔瓦，斯里瓦斯塔夫. 解决方案架构师修炼之道[M]. 陈亮，王磊，周训杰，等译. 北京：机械工业出版社, 2021.

[2] 财政部网络安全和信息化领导小组办公室. 关于印发《财政电子票据数据规范》和《财政电子票据对接报文规范》的通知[EB/OL]. https://www.tjxq.gov.cn/zwgk/zfxxgk/zfgbm/czj/fdzdgk/xzsf/ 202112/t20211222_5757930.html, 2021-12-21.

[3] 林康平, 孙杨. 数据存储技术[M]. 北京：人民邮电出版社, 2021.

[4] 张银川, 杨铖, 张钿钿, 等. 区块链在票据管理的应用[J]. 时代金融, 2020(14): 96-97.

[5] 董文汇. 财政电子票据系统在D高校的应用[J]. 财务与会计, 2022(5): 79-80.

[6] 孙维成, 傅艳. 财政电子票据在高校中的应用研究：以Z大学为例[J]. 中国管理信息化, 2020, 23(15): 88 - 92.

[7] 王敏, 王国平. 财政电子票据在高校继续教育领域应用探析[J]. 预算管理与会计, 2020(2): 31-34.

[8] 王敏, 王国平, 荀宝莉. 财政电子票据在高校继续教育领域的应用探析[J]. 会计师, 2020(1): 83-84.

[9] 国家税务总局教材编写组．信息技术（中级）[M]. 北京：中国税务出版社, 2016.

[10] 马鞍山市数据资源管理局. 马鞍山市医疗电子票据管理服务平台项目方案公示[EB/OL]. https://www.mas.gov.cn/zxzx/tzgg/20622341.html, 2021-11-29.